Unternehmenskauf in Rußland

QUELLEN ZUR RECHTSVERGLEICHUNG
aus dem Osteuropa-Institut der Freien Universität Berlin
herausgegeben von Herwig Roggemann
Band 52

Veröffentlichung in Deutschland
ISBN 3-87061-634-2

Veröffentlichung in Österreich
ISBN 3-7046-1299-5

Christine Hüper

Unternehmenskauf in Rußland

Der Kauf von Unternehmensanteilen, Unternehmen und sonstigem Staatsvermögen im russischen Zivil- und Privatisierungsrecht

Verlag Österreich

BERLIN VERLAG
Arno Spitz GmbH

Die Deutsche Bibliothek – CIP-Einheitsaufnahme

Hüper, Christine:
Unternehmenskauf in Rußland : der Kauf von Unternehmensanteilen, Unternehmen und sonstigem Staatsvermögen im russischen Zivil- und Privatisierungsrecht / Christine Hüper. Wien : Verl. Österreich ; Berlin : Berlin Verl. A. Spitz, 1998
(Quellen zur Rechtsvergleichung : Aus dem Osteuropa-Institut der Freien Universität Berlin ; Bd. 52)
Zugl.: Berlin, Freie Univ., Diss., 1998
ISBN 3-87061-634-2 (Berlin Verl. A. Spitz)
ISBN 3-7046-1299-5 (Verl. Österreich)

© 1998

BERLIN VERLAG Arno Spitz GmbH
Pacelliallee 5 • 14195 Berlin

Veröffentlichung in Österreich:
Verlag Österreich
Rennweg 12a • Postfach 129 • 1037 Wien

Inhaltsverzeichnis

Abkürzungsverzeichnis 11

I. Einleitung 15

II. Rechtsgrundlagen 26
1. Zivilrechtliche und privatisierungsrechtliche Regelungen ... 26
2. Systematik des Privatisierungsrechts 29
   a) Verhältnis zwischen Rechtsakten der Legislative und der Exekutive 30
   b) Verhältnis zwischen Rechtsakten der Bundes- und der Regionalgewalten 31
      aa) Verhältnis zwischen dem Privatisierungsrecht des Bundes und der Regionalgewalten 31
      bb) Verhältnis zwischen dem Eigentumsrecht des Bundes und der Regionalgewalten 35
3. Zwischenergebnis 39

III. Kaufgegenstand 40

1. Share Deal 47
   a) Aktien 48
   b) Staatliche Beteiligungen an gemischten Gesellschaften ... 62
2. Asset Deal 64
   a) Kleinbetriebe 65
   b) Vermögen liquidierter und zu liquidierender Staatsbetriebe 66
   c) Ausgegliedertes Vermögen von Staatsbetrieben 68
   d) Grundstücke 69

Inhaltsverzeichnis

    e) Bauliche Anlagen 78
        aa) Genutzte bauliche Anlagen 79
        bb) Unvollendete bauliche Anlagen 81
3. Besonderheiten bei Pachtbetrieben 82
4. Besonderheiten bei insolventen Staatsbetrieben 85
5. Zwischenergebnis 89

IV. Kaufpreis 90

1. Ermittlung 90
    a) Beteiligungen und Anlagevermögen 90
    b) Grundstücke 95
    c) Bauliche Anlagen 97
2. Kaufpreiszahlung 99
3. Besteuerung 101
4. Zwischenergebnis 102

V. Vertragsbeteiligte und Zustimmung Dritter 103

1. Verkäufer 103
2. Käufer 105
3. Zustimmungsbedürftigkeit durch Dritte 107
    a) Kartellaufsicht 108
    b) Gewerbeaufsicht 112
4. Zwischenergebnis 113

VI. Vertragsschluß, Nichtigkeits- und Anfechtungsgründe 114

1. Vertragsschluß 114
2. Nichtigkeit und Anfechtung 116
3. Durchschlagen der Anfechtung von Ausschreibungs- oder Auktionsprotokollen und Verwaltungsakten auf Kaufverträge 121
4. Zwischenergebnis 122

VII. Eigentumsübergang ... 124

1. Sachen ... 124
2. Rechte ... 127
3. Besonderheiten beim Erwerb von Aktien ... 128
4. Besonderheiten beim Kauf ganzer Unternehmen ... 129
5. Gutgläubiger Erwerb ... 131
6. Zwischenergebnis ... 132

VIII. Vertragliche Pflichten ... 133

1. Vorvertragliche Pflichten ... 133
   a) Verkaufsankündigung ... 133
   b) Erteilung des Zuschlags ... 134
2. Vertragliche Pflichten ... 136
   a) Share Deal ... 140
      aa) Ausschreibung mit Investitionsbedingung ... 140
      bb) Ausschreibung mit Sozialbedingung ... 143
      cc) Erwerb von Aktien nach der Privatisierungsvariante Drei ... 144
   b) Asset Deal ... 145
      aa) Kleinbetriebe ... 145
         (1) Ausschreibung mit Investitionsbedingung ... 146
         (2) Ausschreibung mit Sozialbedingung ... 148
      bb) Besonderheiten bei den übrigen Privatisierungsvarianten ... 149
      cc) Grundstücke ... 150
      dd) Bauliche Anlagen ... 152
         (1) Genutzte bauliche Anlagen ... 153
         (2) Unvollendete bauliche Anlagen ... 153
3. Zwischenergebnis ... 154

IX. Vertragliche Haftung ... 155

1. Allgemeine vertragliche Haftung ... 155

Inhaltsverzeichnis

2. Haftung aus kaufvertraglichen Gewährleistungsvorschriften . 156
   a) Rechtsmängel 157
   b) Sachmängel 157
3. Haftung aus zusätzlichen Garantien 160
4. Zwischenergebnis 160

X. Haftungsübernahme 162

1. Deliktische Haftung 164
   a) Umwelthaftung 166
   b) Produkthaftung 169
   c) Arbeitgeberhaftung 170
2. Vertragliche Haftung 171
3. Öffentlich-rechtliche Haftung 173
   a) Haftung für öffentlich-rechtliche Abgaben 173
   b) Ordnungsrechtliche Haftung 179
4. Zwischenergebnis 181

XI. Vertragsübergang 183

1. Arbeitsverträge 184
2. Versicherungsverträge 186
3. Nutzungsverhältnisse an Immobilien 186
4. Sonstige Schuldverhältnisse 188
5. Zwischenergebnis 189

XII. Rechtsschutz 190

1. Zivilrechtsschutz 202
   a) Rechtsweg 202
   b) Klagebefugnis 204
   c) Vorverfahren 207
   d) Zuständigkeit, Klagefrist 207
   e) Klagegegenstand 209

f) Rechtsmittel 209
g) Gerichtsgebühren 211
h) Einstweiliger Rechtsschutz 211
i) Zwangsvollstreckung 212
2. Öffentlich-rechtlicher Rechtsschutz 214
 a) Rechtsweg 214
 b) Klagebefugnis 216
 c) Vorverfahren 217
 d) Zuständigkeit, Klagefrist 217
 e) Klagegegenstand 218
 f) Rechtsmittel 219
 g) Gerichtsgebühren 219
 h) Zwangsvollstreckung 219
3. Zwischenergebnis 220

XIII. Besonderheiten der Privatisierung in einzelnen Branchen 221

1. Energiewirtschaft 222
 a) Erdölindustrie 222
 b) Erdgasindustrie 225
 c) Stromversorgung 227
 d) Kohleindustrie 228
 e) Atomindustrie 229
2. Kommunikations- und Medienindustrie 230
 a) Rundfunk und Post 230
 b) Telefon 232
 c) Verlagswesen 232
3. Transport- und Verkehrsindustrie 233
4. Holz- und Papierindustrie 234
5. Rüstungsindustrie 235
6. Lebensmittelindustrie 236
7. Forschung 236
8. Bauindustrie 237
9. Zwischenergebnis 237

XIV. **Besonderheiten bei der Beteiligung ausländischer Investoren** 238

1. Beschränkungen des Erwerbs bestimmter Industrien 238
2. Devisenrechtliche Beschränkungen 240
3. Anwendbares Recht 241
4. Zwischenergebnis 241

XV. **Zusammenfassung der Ergebnisse und Ausblick** ... 242

Literaturverzeichnis 249

Abkürzungen

Abs.	Absatz
AG	Gesetz "Über die Aktiengesellschaften"
AIG	Gesetz "Über ausländische Investitionen"
AktO	"Ordnung über die Aktiengesellschaften"
AntimonG	Gesetz "Über den Wettbewerb und die Begrenzung monopolistischer Tätigkeit auf Warenmärkten"
AO	Abgabenordnung
ArbG	Arbeitsgesetzbuch
Art.	Artikel
BauMin	Bauministerium
Bd.	Band
BGB	Bürgerliches Gesetzbuch
BNA	Bjulleten Normatiwnych Aktow Ministerstw i Wedomstw
BodenG	Bodengesetz
bspw.	beispielsweise
BTI	Bjuro Technitscheskoj Inwentarisazii (Büro für technische Inventur)
BuStD	Bundessteuerdienst
ChiP	Chosjajstwo i Prawo
ders.	derselbe
DevG	Gesetz "Über die Devisenkontrolle"
dies.	dieselbe(n)
EinfG	Einführungsgesetz
EntschG	"Regeln über den Ersatz von Schäden, die Arbeitnehmer bei Erfüllung ihrer Arbeitspflichten durch Körperverletzung, Berufskrankheit oder andere Gesundheitsschädigung erleiden, durch den Arbeitgeber"
ErdkörperG	Gesetz "Über den Erdkörper"

Abkürzungsverzeichnis

ESh	Ekonomika i Shisn
EStG	Gesetz "Über die Einkommensteuer für natürliche Personen"
f., ff.	folgende
FI	Fond Imuschtschestwa (Vermögensfonds)
GewStG	Gesetz "Über die Gewerbesteuer"
GiP	Gosudarstwo i Prawo
GKAP	Gosudarstwenny Komitet po Antimonopolnoj Politike (Antimonopolkomitee)
GKI	Gosudarstwenny Komitet po Uprawleniju Gosudarstwennowo Imuschtschestwa (Komitee zur Verwaltung des Staatsvermögens)
GrundStG	Gesetz "Über die Zahlungen für den Boden"
HGB	Handelsgesetzbuch
HdB.	Handbuch
Hrsg.	Herausgeber
Instr.	Instruktion
jur.	juristisch
KapVerkStG	Gesetz "Über die Steuer auf Transaktionen mit Wertpapieren"
KollG	Gesetz "Über Betriebsvereinbarungen und Tarifverträge"
KommG	Gesetz "Über die allgemeinen Prinzipien der örtlichen Selbstverwaltung in der Russischen Föderation"
KonkG	Gesetz "Über die Zahlungsunfähigkeit (Bankrott) von Unternehmen"
KontrollVO	Verordnung "Über das Verfahren zur Kontrolle über den Erwerb von Anteilen an Personengesellschaften und einfachen Namensaktien von Aktiengesellschaften und das Verfahren zur Bestimmung von Personen, die untereinander ihr Vermögen kontrollieren"
KultusMin	Kultusministerium
MilizO	"Ordnung über die örtliche Miliz in der Russischen Föderation"
MinFin	Finanzministerium
Mio.	Million(en)

Abkürzungsverzeichnis

MüKo	Münchner Kommentar zum BGB
MwStG	Gesetz "Über die Mehrwertsteuer"
No.	Nummer
OER	Osteuropa Recht
OS	Oberster Sowjet
PatG	Patentgesetz
PD	Präsidialdekret
PolG	Gesetz "Über die Miliz"
Pos.	Position
PrivG	Privatisierungsgesetz
RegVO	Regierungsverordnung
RF	Russische Föderation
RIW	Recht der Internationalen Wirtschaft
Ross. Gaseta	Rossiskaja Gaseta
Ross. Just.	Rossiskaja Justizija
Ross. Westi	Rossiskije Westi
ROW	Recht in Ost und West
RSFSR	Rossiskaja Sozialistitscheskaja Federatiwnaja Sowetskaja Respublika
Rz.	Randziffer
S.	Seite
SA PiP	Sobranije Aktow Presidenta i Prawitelstwa
SGiP	Sozialistitscheskoje Gosudarstwo i Prawo
SP	Sobranije Postanowlenii
SS	Sobranije Sakonodatelstwa Rossiskoj Federazii
SSSR	Sojus Sowetskich Sozialistitscheskych Respublik
Staud.	Staudinger, Kommentar zum BGB
StaG	Gesetz "Über die Staatsanwaltschaft"
stellv.	stellvertretende(r)
SteuerG	Gesetz "Über die Grundlagen des Steuersystems"
u. a.	und andere
UdSSR	Union der Sozialistischen Sowjetrepubliken
UmwSchG	Gesetz "Über den Schutz der natürlichen Umwelt"
UmwMin	Umweltministerium
UntG	Gesetz "Über Unternehmen und unternehmerische Tätigkeit"

Abkürzungsverzeichnis

VerbrSchG	Gesetz "Über den Schutz der Verbraucher"
VersG	Gesetz "Über die Versicherung"
vgl.	vergleiche
VO	Verordnung
Vol.	Volume
VVG	Versicherungsvertragsgesetz
WertpapG	Gesetz "Über den Wertpapiermarkt"
WGO	WGO Monatshefte für osteuropäisches Recht
WiRO	Wirtschaft und Recht in Osteuropa
WirtGG	Gesetz "Über das Wirtschaftsgericht"
WirtPO	Wirtschaftsprozeßordnung
WSND	Wedomosti Soweta Narodnych Deputatow
WWAS	Westnik Wyschtschewo Arbitrashnowo Suda
WWS	Wedomosti Werchownowo Soweta
WZG	Gesetz "Über Waren- und Dienstleistungszeichen sowie Herkunftsbezeichnungen"
z. B.	zum Beispiel
ZGB	Zivilgesetzbuch
ZivGrdlG	Grundlagen der Zivilgesetzgebung der UdSSR und der Republiken
ZPO	Zivilprozeßordnung

I. Einleitung

Der Kauf von Unternehmensanteilen, Unternehmen und sonstigem Staatsvermögen in der russischen Privatisierung ist von großer praktischer Relevanz. In allen sozialistischen Staaten waren die Produktionsmittel nahezu durchweg verstaatlicht. Unternehmensanteile, Unternehmen, Grundstücke und sonstiges Produktivvermögen waren nicht verkehrsfähig und konnten daher auch nicht Gegenstand eines Kaufvertrages sein[1]. Mit dem Zusammenbruch der UdSSR und dem gleichzeitigen Ende des sozialistischen Wirtschaftssystems 1991 begann man, wie in den ehemals sozialistischen Staaten Osteuropas[2], auch in Rußland mit marktwirtschaftlichen Reformen, deren Kernstück die Entstaatlichung der Wirtschaft durch den Verkauf von Staatsbetrieben an private Investoren ist[3]. Sechs Jahre nach dem Beginn dieser Umgestaltungen

---

[1] Vgl. *Suchanow*, Das System juristischer Personen, SGiP 11/1995/43; *Kantorowitsch*, Privater Handel und Wirtschaft nach der geltenden Gesetzgebung, S. 218; *Gujew*, Die Grundlagen der Zivilgesetzgebung der UdSSR und der Republiken, S. 20; allg. *Brunner/Schmid/Westen*, Wirtschaftsrecht der osteuropäischen Staaten.

[2] Vgl. *Moecke*, Stand der Privatisierung in Osteuropa, RIW 1996, S. 24; *Roggemann*, Unternehmensumwandlung und Privatisierung in Osteuropa, ROW 1992, S. 36; ders., Wandel der Eigentumsordnung in Osteuropa, ROW 1993, S. 321; Privatisierungsinstitutionen in Ost und West. Ansätze zu einem Transformationsvergleich, ROW 1994, S. 104; ders., Eigentum in Osteuropa; ders./*Kuss*, Unternehmensumwandlung und Privatisierung in Osteuropa; dies., Wirtschaften und Investieren in Osteuropa; *Schroeder*, Grundbegriffe und Formen der Privatisierung in Osteuropa; *Smit/Pechota*, Privatization in Eastern Europe. Legal, Economic and Comparative Aspects.

[3] Zu den wirtschafts- und politikwissenschaftlichen Aspekten der Privatisierung vgl. *Brunner*, Politische und ökonomische Transformation in Osteuropa, *Clarke*, International Privatisation; *Claudy*, Der Privatisierungs-

I. Einleitung

ist die Privatisierung in Rußland, wie auch in den anderen osteuropäischen Ländern[4], noch nicht abgeschlossen. Es ist damit abzusehen, daß es, anders als in Ostdeutschland, wo extrem schnell und radikal privatisiert wurde, noch für einen längeren Zeitraum eine mehr oder weniger große Zahl staatlicher Betriebe, bzw. solcher mit gemischten staatlichen und privaten Beteiligungen, geben wird, die erst allmählich verkauft werden[5].

Um welche Größenordnungen es sich hierbei handelt, verdeutlicht ein Blick auf den Stand der russischen Privatisierung[6]. Im Rahmen der sogenannten kleinen Privatisierung wurden die in größeren Struktureinheiten zusammengefaßten Betriebe des Kleingewerbes und des Handels ausgegliedert und verkauft. Dieser Abschnitt der Privatisierung war Ende 1994 bereits weitgehend abgeschlossen[7].

prozeß in Rußland; *Dallago/Ajani/Grancelli*, Privatization and Entrepreneurship in Post-Socialist Countries; *Herr/Westphal*, Transformation in Mittel- und Osteuropa - Makroökonomische Konzepte und Fallstudien; *Herr/Westphal/Tomann/Weisfeld*, Bedingungen ökonomischer Entwicklung in Zentralosteuropa; *Krüßmann*, Privatisierung und Umstrukturierung in Rußland; *Siebert*, The Transformation of Socialist Economies; *Svejnar*, The Czech Republic and Economic Transition in Eastern Europe; *Offe*, Der Tunnel am Ende des Lichts. Erkundungen der politischen Transformation im Neuen Osten; *Roggemann/Sundhaussen*, Umgestaltungsprozesse in den postsozialistischen Ländern; *Thieme*, Privatisierungsstrategien im Systemvergleich.

[4] Vgl. *Moecke*, Stand der Privatisierung in Osteuropa, RIW 1996, S. 24; Moscow Times vom 18. Januar 1996, Key Sectors Lag in East Europe Selloff Sweep.

[5] Vgl. *Roggemann*, Zum Verhältnis von Eigentum und Privatisierung in den postsozialistischen Ländern, ROW 1996, S. 89 (93).

[6] Vgl. Redaktionsbeitrag, Eigentum. Die Ergebnisse der Privatisierung, ESh 19/1996/12; Mitarbeitern des Bundesstatistikamtes *Koblinskaja*; Die Privatisierung im Speigel der Statistik; ESh 40/1996/6; *Tartanow*, Die Privatisierung: Im Aktiv - der entgangene Gewinn, ESh 7/1997/1; *Schuwalowa*, Die Häkchen von *Koch*, Ekonomitscheskaja Nedelja 18/1997/6.

[7] Vgl. auch *Hüper*, Das neue russische Privatisierungsrecht, WiRO 1995, S. 45; *Rau*, Jüngste Entwicklungen des russischen Privatisierungsrechts und erste Ergebnisse seiner Anwendung, WiRO 1994, S. 11.

I. Einleitung

Zeitgleich begann man, größere Betriebe in Aktiengesellschaften umzuwandeln und einen Teil der Aktien an die Betriebsangehörigen und, über ein bis Mitte 1994 praktiziertes Anteilsscheinsystem, auch an die Bevölkerung zu verteilen. Je nach Bedeutung des Unternehmens und seiner Attraktivität für Anleger, wurden die anderen Aktien verkauft oder ihr vorläufiger Verbleib im Staatseigentum angeordnet. Während die Privatisierung der meisten mittleren Betriebe bis Ende 1995 überwiegend abgeschlossen war, ist der Staat bis heute, teils notgedrungen, teils aufgrund spezieller gesetzlicher Anordnung, noch Eigentümer von Beteiligungen an zahlreichen Großbetrieben, deren Verkauf sich aus politischen wie wirtschaftlichen Gründen als überaus schwierig erweist. Manche Beteiligungen können deshalb nicht veräußert werden, weil sich aufgrund der hohen Verschuldung und schlechten wirtschaftlichen Aussichten des Betriebes schlicht kein Käufer finden würde und der Staat keine Mittel hat, ihn vor einem Verkauf zu sanieren. Die Unternehmensliquidierung im Wege des Insolenzverfahrens hingegen ist aus sozialpolitischen Gründen nicht durchsetzbar, so daß der status quo beibehalten werden muß.

Die russische Rohstoffindustrie hingegen, zu der große Erdöl- und Erdgasgesellschaften und Produzenten seltener und wertvoller Metalle gehören, wird heiß umworben. Jedoch fehlt es inländischen Anlegern am Kapital und ausländische Investoren werden aus politischen Gründen abgewiesen[8]. Auch bei der Privatisierung von Großbetrieben aus den Bereichen Transport und Verkehr oder Kommunikation ist der Wille zur Privatisierung oftmals da, jedoch steckt die Regierung vielfach seit Jahren in Verhandlungen mit ausländischen Investoren oder internationalen Konsortien, die aufgrund der schwierigen russischen Verhältnisse nur äußerst langsam vorankommen. Im Sommer 1996 befanden sich noch Aktien von 2140 Unternehmen, davon 780 des Energiesektors, im Staatsbesitz[9].

---

[8] Vgl. den historischen Vergleich in der Moscow Times vom 30. April 1996, Russia's First Foreign Investment Pioneers.

[9] Moscow Times vom 1. Juni 1996, State to Sell Shares in Oil Firms, Prize Blue-Chips; vgl. auch Moscow Times vom 7. Februar 1997, Government Names Stakes to be Offered.

I. Einleitung

Im Gegensatz zur sonstigen Privatisierung kommt die Entstaatlichung von Immobilien in Rußland nur ganz langsam voran. Grundstücke sind, ähnlich wie zu sozialistischen Zeiten, weiterhin fast nicht verkehrsfähig. Der bisherige alleinige Eigentümer, der Staat, verkauft nur bestimmte Arten von Grundstücken an einen eingeschränkten Käuferkreis. Unternehmen wurden und werden ohne die dazugehörigen Betriebsgrundstücke verkauft. Der spätere Erwerb des Bodens ist zwar vorgesehen, beruht jedoch wegen des Widerstandes der Legislative gegen eine Landreform nur auf untergesetzlichen rechtlichen Vorschriften und wird daher so gut wie nicht praktiziert[10]. Auch bei städtischen mit Büro- oder Mehrfamilienhäusern bebauten Grundstücken hat sich seit dem Sozialismus kaum etwas an den Eigentumsverhältnissen geändert. Privateigentum existiert daher faktisch nur an Datschengrundstücken und landwirtschaftlich genutzten Flächen.

Trotz der praktischen Bedeutung der russischen Privatisierung und des Unternehmenskaufs in der Privatisierung ist das Privatisierungsrecht im allgemeinen bisher kaum wissenschaftlich bearbeitet worden. In noch größerem Maße gilt das für die Möglichkeiten des Erwerbs in der Privatisierung und die dabei auftretenden Rechtsprobleme. Mit der vorliegenden Arbeit wird daher in gewisser Weise Neuland betreten. Während es in Deutschland zahlreiche Schriften gibt, die die mit dem Unternehmenskauf verbundenen rechtlichen Probleme von verschiedenen Seiten beleuchten[11], fehlt es in Rußland bis heute weitgehend an Untersuchungen sowohl der allgemeinen zivilrechtlichen als auch der privatisierungsrechtlichen Aspekte des Kaufs von Unternehmen. Ein-

---

[10] Vgl. Kurskorrektur. Aus dem Bericht des Komitees zur Verwaltung des Staatsvermögens "Die Ergebnisse der Privatisierung im Jahre 1995 und der Gang der Ausführung des Präsidialdekrets No. 478 vom 11. Mai 1995 "Über Maßnahmen zur Sicherstellung der garantierten Einnahmen in den Bundeshaushalt aus der Privatisierung" und der Aufgaben im Jahre 1996", S. 32.

[11] *Beisel/Klumpp*, Der Unternehmenskauf; *Picot*, Kauf und Restrukturierung von Unternehmen; *Holzapfel/Pöllath*, Der Unternehmenskauf; *Hölters*, Handbuch des Unternehmenskaufs.

I. Einleitung

zelne Monographien[12] haben sich lediglich mit öffentlich-rechtlichen Teilaspekten der Privatisierung auseinandergesetzt, zur kaufvertraglichen Seite gibt es so gut wie keine Publikationen[13]. In Zeitschriftenaufsätzen finden sich überwiegend nur Berichte über öffentlich-rechtliche Aspekte von Privatisierungsrechtsstreitigkeiten und Beiträge über die politischen Schwierigkeiten der Bodenprivatisierung[14]. Dies hat

[12] *Daijew*, Die öffentlich-rechtliche Regulierung der Umwandlung in Aktiengesellschaften in der Russischen Föderation; *Gontscharenko* u. a., Die Vorbereitung eines Unternehmens zur Privatisierung und Umwandlung in eine Aktiengesellschaft; *Kamyschanski*, Die rechtliche Regelung der Privatisierung staatlicher und kommunaler Unternehmen und ihre Effektivität; *Majkowa*, Besonderheiten der Immobilienprivatisierung; *Nosow*, Verwaltungsakte bei der Privatisierung staatlicher und kommunaler Unternehmen; *Subkowa*, Die Privatisierung staatlicher und kommunaler Unternehmen auf Versteigerungen.

[13] Bis auf *Masewitsch/Tscheutschewa*, Der Unternehmensverkauf, Delo i Prawo 7/1996/26; *Masewitsch*, Die rechtliche Regulierung von Immobilienbeziehungen, Prawo i Ekonomika 12/1996/17, 13-14/1996/4; *Pjatkow*, Das Staatsunternehmen als Gegenstand eines Kaufvertrages, Chosjajstwo i Prawo 1/1998/80.

[14] *Andrejewa*, Zur Frage über die rechtliche Regelung der Bodenverhältnisse, WWAS 5/1994/92; *Beljajew*, In der neuen Etappe der Privatisierung, Shurnal dlja Akzionerow 6/1995/2; *Bereshnaja*, 12:1 für die Arbeitskollektive, Westnik Priwatisazii 14/1994/74; *Dolbanow*, Die Privatisierung des russischen Anteils in Gemeinschaftsunternehmen, Panorama Priwatisazii 13/1994/32; *Ikonizkaja* u. a., Probleme bei der Entwicklung des Bodenrechts in der Russischen Föderation, GiP 8/1993/3; *Jusupow*, Die Pacht als Etappe der Privatisierung, Prawowedenije 5/1992/86; *Klejn/Tschubarow*, Der Kauf verpachteten Vermögens als Art der Privatisierung, Sakonodatelstwo i Ekonomika 14/1992/5; *Ljubimowa*, Das Wirtschaftsgericht stellte die Nichtigkeit fest, ChiP 9/1994/113; dies., Der Immobilienverkauf in Moskau, Sakon 12/1994/88; *Lysichin*, Die Privatisierung von staatlichen und kommunalen Unternehmen: Rechtliche Regelungen, Rynok Zennych Bumag 5/1994/43; *Maximow/Sesekin*, Im Prozeß der Privatisierung auftretende Fragen der Regulierung von Eigentumsbeziehungen, die mit Objekten des geschützten geistigen Eigentums im Zusammenhang stehen, ChiP 10/1995/121; dies., Technologie unter den Bedingungen der Privatisierung, ChiP 1/1996/127; *Mamaj*, Besonderheiten von Streitigkeiten im

I. Einleitung

seinen Grund vor allem darin, daß die Lehre vom Vertrag und den eigentumsrechtlichen Beziehungen in Rußland insgesamt sehr unterentwickelt ist. Als Hauptursache hierfür ist anzusehen, daß die Austauschbeziehungen im Sozialismus durch die im Rahmen der Planwirtschaft gegebenen administrativen Anordnungen geregelt wurden. Beides, Verträge und eigentumsrechtliche Beziehungen, spielten bis vor kurzem im Wirtschaftsleben daher so gut wie keine Rolle[15].

Die theoretische Weiterentwicklung ist indes dringend erforderlich, denn die mit dem Erwerb in der Privatisierung verbundenen Rechtsprobleme sind in der Praxis durchaus von Bedeutung. Seit 1994 ist in Rußland eine drastisch ansteigende Zahl von Privatisierungsrechtsstreitigkeiten zu bemerken[16]. Leider werden, wenn überhaupt, nur Entscheidungen oberster Bundesgerichte veröffentlicht. Die, zunächst vor den örtlichen Gerichten ausgetragenen, Streitigkeiten werden daher nur dann bekannt, wenn ein bis zwei Jahre später ein Revisionsurteil ergeht. Während in Deutschland Fragen der Gewährleistung beim Unternehmenskauf im Vordergrund stehen, geht es bei russischen Prozessen im Zusammenhang mit einem Unternehmenskauf in der Privatisierung typischerweise um Klagen auf Nichtigerklärung von im Vorfeld der Privatisierung ergangenen rechtswidrigen Verwaltungs-

---

Zusammenhang mit der Privatisierung von Unternehmen, ChiP 10/1994/72; *ders.*, Die Umwandlung in Aktiengesellschaften und Privatisierung von Unternehmen im Prisma gerichtlicher Streitigkeiten, ChiP 8/1995/91; *Nefedow*, Einige Rechte des Eigentümers eines privatisierten Unternehmens, ChiP 2/1996/112; *Sokolow*, Es läuft die zweite, die Geldetappe der Privatisierung, Shurnal dlja Akzionerow 5/1995/7; *Schtscheltschikow*, Die Unternehmensprivatisierung: Die Gesetzgebung und Probleme der wirtschaftsgerichtlichen Praxis, ChiP 11/1995/78; *Syrodojew*, Das Recht auf den Boden: Gestern und heute, Sakon 11/1995/89; *Tschubajs*, Nach der Scheckprivatisierung: Wie geht es weiter? Panorama Priwatisazii 11/1994/3; *Wasilew*, Pachtbeziehungen und Privatisierung, Sakon 10/1994/86.

[15] So wurde der Verfasserin noch 1993 von dem St. Petersburger Zivilrechtsprofessor *Jegorow* erklärt, daß es beim Unternehmenskauf in der Privatisierung gar keine rechtlichen Probleme gebe und sie sich besser ein anderes Thema suchen solle.

[16] Vgl. auch Moscow Times vom 24. Mai 1996, Arbitration Court Inundated with Tender Reviews.

I. Einleitung

akten, die in der Regel zur Rückabwicklung der daraufhin geschlossenen Verträge führen. Zahlreiche Prozesse werden auch um die Anfechtung von in der Privatisierung geschlossenen Rechtsgeschäften, den Inhalt und die Durchsetzung kaufvertraglicher Pflichten und die Haftungsübernahme des Käufers geführt.

Als Thema der Arbeit war ursprünglich "Der Unternehmenskauf- und -pachtvertrag im russischen Zivil- und Privatisierungsrecht" geplant. Die Unternehmenspacht erwies sich später jedoch als nicht relevant. Das russische Privatisierungsrecht sah lediglich die treuhänderische Verwaltung staatlicher Aktienpakete, nicht aber die Verpachtung von Unternehmen vor. Die im Rahmen der Perestroika an Angestellte verpachteten Betriebe wurden verkauft, eine erneute Verpachtung war nicht vorgesehen. Auch im sonstigen zivilrechtlichen Verkehr war die Unternehmenspacht nicht populär. Sie wurde daher nicht mit in die Arbeit aufgenommen. Gleichzeitig mußte der Begriff des Unternehmenskaufs ausgedehnt werden. In Deutschland versteht man darunter den Erwerb entweder eines ganzen Betriebes oder einer mindestens 75 %igen Beteiligung an einer Gesellschaft. Eine solch enge Definition hätte den Gegenstand der Arbeit zu sehr eingeengt, da in der russischen Privatisierung nur Kleinstbetriebe als ganze Unternehmen verkauft werden. Die in den Verkauf gehenden gesellschaftsrechtlichen Beteiligungen an größeren Betrieben betragen fast ausschließlich unter 50 %, in der Regel sogar deutlich weniger. Daher wird der Beteiligungskauf überhaupt, und nicht nur der Kauf kontrollierender Beteiligungen, behandelt.

Das Privatisierungsrecht unterscheidet grundsätzlich zwischen dem Verkauf von Unternehmensbeteiligungen, dem Share Deal, und dem Verkauf der Vermögenswerte von ganzen Unternehmen, dem Asset Deal. Innerhalb dieser Kategorien wird eine weitere Differenzierung zwischen Betrieben mit einem besonderen Status, wie Pacht- oder insolventen Unternehmen, getroffen. Weiterhin gelten Sondervorschriften für den Verkauf von Immobilien. Um bereits vorab auf diese Besonderheiten hinzuweisen, wurde dies unter dem Oberbegriff "Erwerb sonstigen Staatsvermögens" neben dem Unternehmens- und dem Beteiligungskauf bereits in den Titel der Arbeit aufgenommen.

Dem Anwendungsbereich des russischen Privatisierungsgesetzes folgend, wurde der Erwerb von Wohnungen in der Privatisierung und

I. Einleitung

die Entstaatlichung der Landwirtschaft nicht behandelt. Dafür gelten jeweils Spezialgesetze. Wohnungen werden unentgeltlich an die Bewohner vergeben. Das landwirtschaftliche Eigentum hingegen zählt nicht zum staatlichen und wird unter den Mitgliedern der Kollektivwirtschaft aufgeteilt.

Dem Aufbau der Arbeit und Gang der Untersuchung liegen die bei einem Kaufvertrag gewöhnlich zu beachtenden Gesichtspunkte zugrunde, zu denen vor allem Vertragsschluß, Nichtigkeits- und Anfechtungsgründe, Rechte und Pflichten der Parteien sowie Haftungsfragen zu zählen sind. Indes ist es nur beschränkt möglich, in einem derart speziellen Rechtsgebiet, wie der Privatisierung, nach einem für rein zivilrechtliche Verträge entwickelten Schema zu arbeiten. Bei einigen Fragen, wie der Aufgliederung in die verschiedenen Kaufgegenstände, diktierte die Systematik des Privatisierungsrechts die logische Gliederung. Bei anderen, wie der nach dem Rechtsschutz, mußten auch die Besonderheiten des russischen Prozeßrechts dargestellt werden, weil sie bei der in der Praxis sehr bedeutsamen Anfechtbarkeit von Privatisierungsgeschäften eine große Rolle spielen. Insgesamt wurde versucht, das gesamte Spektrum von Problemen abzudecken, die bei einem Erwerb in der Privatisierung von Bedeutung sind. Die größte Schwierigkeit lag hierbei darin, die zersplitterten Teilregelungen des Privatisierungsrechts in eine sinnvolle Ordnung zu bringen.

Nach der Einleitung folgt ein Überblick über das auf den Kauf von Unternehmen, Unternehmensbeteiligungen und sonstigem Staatsvermögen in der Privatisierung anwendbare Recht. Die Unübersichtlichkeit des Privatisierungsrechts, mit seinen unzähligen Rechtsakten aller Ebenen der Gesetzgebung, machte es erforderlich, sich nicht nur auf die Nennung der wichtigsten Rechtsgrundlagen zu beschränken, sondern auch Erläuterungen zur Gesetzeshierarchie zu geben. Zwar gelten auch in Rußland hierfür die allgemeinen Grundsätze. Infolge der politischen Instabilität sind jedoch die Kompetenzen der verschiedenen Gesetz- bzw. Verordnungsgeber nicht klar voneinander abgegrenzt oder werden gar ignoriert. Die Vorschriften sind daher nicht aufeinander abgestimmt, was die Anwendung der Grundsätze der Gesetzeshierarchie schwer macht. In den Erläuterungen wird versucht, die Ursachen für solche Normenkonflikte zu zeigen, um so Ansätze für ihre Lösung zu gewinnen.

I. Einleitung

Im nachfolgenden dritten Kapitel der Arbeit, das dem Kaufgegenstand gewidmet ist, wird dargestellt, welches staatliche Vermögen, zu welchem Zeitpunkt, überhaupt als Gegenstand eines Kaufvertrages in der Privatisierung infrage kommt. Der jederzeitige Erwerb durch beliebige Käufer, und im gleichen Verfahren, ist in der russischen Privatisierung nicht möglich. Das Privatisierungsrecht unterscheidet vielmehr verschiedene Arten staatlichen Vermögens, für deren Verkauf je besondere Regeln gelten. Dieser Unterscheidung wird auch bei der Darstellung des Kaufgegenstands gefolgt.

Im vierten Kapitel, Kaufpreis, wird vor allem auf die für die Ermittlung des Kaufpreises heranzuziehenden Rechtsvorschriften eingegangen. Hier unterscheidet das Privatisierungsrecht lediglich zwischen Aktien und Anlagevermögen einerseits, und Immobilien andererseits.

Es folgen Ausführungen zu den Vertragsbeteiligten im fünften Kapitel. Für den Käufer und den Verkäufer gelten hier kaum Besonderheiten. Hinsichtlich der Zustimmung Dritter ist jedoch die sehr niedrige kartellrechtliche Schwelle von Bedeutung, ab der der Erwerb von Unternehmensbeteiligungen der Anzeige an bzw. der Genehmigung des Antimonopolkomitees bedarf.

Vertragsschluß sowie Nichtigkeits- und Anfechtungsgründe sind im sechsten Kapitel behandelt. Während beim Vertragsschluß keine Auffälligkeiten auftreten, enthält das Privatisierungsrecht besondere Nichtigkeits- und Anfechtungsgründe, die eine deutliche Verschärfung gegenüber dem allgemeinen Zivilrecht bedeuten. Die darin liegenden Gefahren werden ausführlich dargestellt.

Im nächsten, dem siebten Kapitel, werden die rechtlichen Regelungen zum Eigentumsübergang dargestellt. Hier enthält das Privatisierungsrecht zahlreiche eigenständige Regelungen, die mit den allgemeinen Bestimmungen des Zivilgesetzbuches in Einklang zu bringen sind.

Im achten Kapitel werden die vertraglichen Pflichten der Parteien erläutert. Während den Verkäufer nur wenige Pflichten treffen, führt die Verfolgung zahlreicher Nebenziele in der Privatisierung dazu, daß dem Käufer viele besondere Verpflichtungen aufgebürdet werden. Je nach der Art des Kaufgegenstandes und des für seinen Verkauf gewählten Bietverfahrens gelten unterschiedliche Regeln. Hierbei macht sich die Zersplitterung des Privatisierungsrechts mehr noch als bei der Behandlung der anderen Rechtsfragen bemerkbar. So gibt es ein

I. Einleitung

unsystematisches Nebeneinander von gesetzlichen und vertraglichen Pflichten, und zahlreiche Einzelvorschriften, die nur kleinste Teilausschnitte im Grunde zusammenhängender Rechtsfelder regeln. Fragen der vertraglichen Haftung der Vertragsparteien spielen in der russischen Rechtstheorie und -praxis bislang fast keine Rolle. Daher muß sich die Beschäftigung mit diesem Thema im neunten Kapitel in der Darstellung der rechtlichen Regelungen erschöpfen. Hier besteht jedoch durchaus ein Streitpotential, wie auch die in Deutschland sehr ausführliche Auseinandersetzung, vor allem mit Gewährleistungsfragen, zeigt. Möglicherweise führen die seit Anfang 1996 geltenden neuen Gewährleistungsvorschriften des zweiten Teils des russischen Zivilgesetzbuches, die Ausbildung einer differenzierteren Rechtsprechung und nicht zuletzt auch die Konsolidierung des Gerichtswesens, dazu, daß Haftungsfragen in Zukunft an Bedeutung gewinnen.

Einen Schwerpunkt der Arbeit bildet die im zehnten Kapitel behandelte Frage der Haftungsübernahme. Beim Unternehmenskauf in der Privatisierung, bzw. bei der Umwandlung eines Staatsbetriebes in eine Aktiengesellschaft, tritt der neue Rechtsträger aufgrund Gesetzes in die unbeschränkte und unbeschränkbare Haftung des Vorgängers ein. Es werden die relevanten Haftungsrisiken, aufgeteilt nach deliktischer, vertraglicher und öffentlich-rechtlicher Haftung dargestellt.

Im Anschluß hieran folgt im elften Kapitel die Erörterung der damit im Zusammenhang stehenden Frage des Eintritts in bestehende Vertragsverhältnisse beim Wechsel des Rechtsträgers eines Unternehmens. Auch im russischen Recht ist eine solche Vertragsübernahme nur aufgrund spezialgesetzlicher Anordnung bzw. nach vertraglicher Einigung möglich. Die entsprechenden gesetzlichen Vorschriften werden dargestellt und erläutert.

Im zwölften Kapitel, zu Fragen des Rechtsschutzes in der Privatisierung, wird ein weiterer Schwerpunkt der Arbeit gesetzt. In diesem Zusammenhang ist die Darstellung der unterschiedlichen Rechtswege in Privatisierungsstreitigkeiten und ihre Abgrenzung von Bedeutung. Da das Privatisierungsrecht teils öffentlich-rechtlichen, teils zivilrechtlichen Charakter hat, kommt auch beim Rechtsschutz in Privatisierungsrechtsstreitigkeiten teils ein Vorgehen gegen in der Privatisierung ergangene Verwaltungsakte, teils die zivilrechtliche Klage auf Unwirksamerklärung eines in der Privatisierung abgeschlossenen Rechtsge-

I. Einleitung

schäfts in Betracht. Je nach Verfahrensbeteiligten sind die Wirtschafts- oder die Volksgerichte zuständig. Für jeden Gerichtszweig gelten unterschiedliche Prozeßordnungen, deren Unterschiedlichkeiten und Besonderheiten dargestellt werden.

Die für die Privatisierung einiger Industrien ergangenen besonderen gesetzlichen Vorschriften werden im dreizehnten Kapitel, soweit verfügbar und bekannt, aufgezählt und erläutert. Das mit diesem Sonderrecht verfolgte Ziel besteht vor allem in der Schaffung von Holdingstrukturen zur Gewährleistung der staatlichen Kontrolle über wichtige Sektoren der Industrie. Durch diese Maßnahmen wird Staatsvermögen dem freien Verkauf entzogen. Damit handelt es sich hier um eine weitere Beschränkung des Kaufgegenstandes.

Im vierzehnten und letzten Kapitel geht es um die Beteiligung ausländischer Investoren an der Privatisierung. Sie sind inländischen Käufern grundsätzlich gleichgestellt, wobei jedoch einige Besonderheiten zu beachten sind.

Die Arbeit endet mit einer Zusammenfassung der Ergebnisse und einer Einschätzung der zukünftigen Entwicklung der Privatisierung und damit zusammenhängender Rechtsprobleme in Rußland.

II. Rechtsgrundlagen

1. Zivilrechtliche und privatisierungsrechtliche Regelungen

Die für den Erwerb in der Privatisierung maßgeblichen Rechtsvorschriften finden sich sowohl im Zivil- als auch im Privatisierungsrecht. Das Zivilrecht enthält die allgemeinen kaufvertraglichen Grundlagen, die durch die vor allem verfahrens- und organisationsrechtlichen, aber auch materielles Recht enthaltenden Bestimmungen des Privatisierungsrechts ergänzt und modifiziert werden.

Damit richtet sich der Unternehmenskaufvertrag, wie in Deutschland[17], nach den allgemeinen Vorschriften des Zivilgesetzbuches über Rechtsgeschäfte, sowie den besonderen Bestimmungen über Kaufverträge[18]. In §§ 454 bis 491 Zivilgesetzbuch (ZGB)[19] sind gewöhnliche Kaufverträge geregelt, §§ 559 bis 566 ZGB enthalten darüber hinaus spezielle Vorschriften für den Unternehmenskauf[20]. Diese finden Anwendung auf solche Verträge, bei denen ein Unternehmen im Wege des Asset Deal im Ganzen verkauft wird. Für den Beteiligungskauf gelten sie hingegen nicht.

---

[17] Vgl. Staud., § 433, Rz. 13, 18; MüKo-*Westermann*, § 433, Rz. 9.

[18] Vgl. vom *Twickel*, Unternehmensgründung und Unternehmensbeteiligung durch einen ausländischen Investor in Rußland, WiRO 1993, S. 9 (9).

[19] Gesetz vom 30. November 1994 (Teil 1), SS 32/1994/3301 und vom 22. Dezember 1995 (Teil 2), SS 5/1996/411, geändert in SS 43/1997/4903.

[20] Vgl. hierzu den stellvertretenden Vorsitzenden des Obersten Wirtschaftsgerichts *Witrjanski*, Einige Arten schuldrechtlicher Verpflichtungen, ChiP 1/1996/4; *Schmitt/Weber*, Zum Inkrafttreten des Zweiten Teils des russischen ZGB, WiRO 1996, S. 86 (87).

1. Zivilrechtliche und privatisierungsrechtliche Regelungen

Im Bereich des Privatisierungsrechts war zunächst das Privatisierungsgesetz von 1991[21] maßgeblich, das 1997 durch eine Neufassung[22] ersetzt wurde. Das Privatisierungsgesetz gibt den allgemeinen Rahmen für die Privatisierung vor und wird durch Privatisierungsprogramme ergänzt, die, obwohl ursprünglich für jedes Jahr geplant, lediglich 1992[23] und 1994[24] verabschiedet wurden. Daneben sind die Präsidialdekrete "Grundlegende Bestimmungen des staatlichen Programms für die Privatisierung staatlicher und kommunaler Unternehmen in der Russischen Föderation nach dem 1. Juli 1994" (Grundbestimmungen)[25], "Über die Beschleunigung der Privatisierung von staatlichen und kommunalen Unternehmen"[26] und "Über die Umwandlung von Staatsunternehmen in Aktiengesellschaften"[27] für den Verkauf von Unternehmen aus dem Staatsvermögen grundlegend. Für die Privatisierung von Gewerbegrundstücken sind vor allem die Präsidialdekrete "Über den Verkauf von Grundstücken an Bürger und

---

[21] Gesetz vom 3. Juli 1991 "Über die Privatisierung staatlicher und kommunaler Unternehmen in der RSFSR", WSND RSFSR 27/1991/927, zuletzt geändert in WSND RF 34/1992/1966, deutsche Übersetzung in Hdb. WiRO Rus 100.

[22] Gesetz vom 21. Juli 1997, SS 30/1997/3595, deutsche Übersetzung mit Einführung in WiRO 1997, S. 455.

[23] VO OS RF vom 11. Juni 1992 ohne Nummer, "Staatsprogramm für die Privatisierung staatlicher und kommunaler Unternehmen in der Russischen Föderation für 1992", WSND RF 28/1992/1617; zuletzt geändert in WSND RF 28/1993/1073.

[24] PD No. 2284 vom 24. Dezember 1993 "Über das Staatsprogramm für die Privatisierung staatlicher und kommunaler Unternehmen in der Russischen Föderation", SA PiP 1/1994/2.

[25] PD No. 1535 vom 22. Juli 1994, SS 13/1994/1478.

[26] PD No. 66 vom 29. Januar 1992, WSND RF 7/1992/312; zu dessen Fortgeltung vgl. auch den Brief GKI No. AR-2/1577 vom 1. März 1996 "Über die Voraussetzungen für die Durchführung einer kommerziellen Auktion mit Investitionsbedingungen und die Voraussetzungen für die Ablehnung der Teilnahme eines Antragstellers an solchen Ausschreibungen", Panorama Priwatisazii 6/1996/36.

[27] PD No. 721 vom 1. Juli 1992, SA PiP 1/1992/3.

II. Rechtsgrundlagen

juristische Personen bei der Privatisierung staatlicher und kommunaler Unternehmen"[28], "Über die Bestätigung des Verfahrens zum Verkauf von Grundstücken bei der Privatisierung staatlicher und kommunaler Unternehmen, Ausweitung und zusätzlichen Baumaßnahmen dieser Unternehmen, und bei der Zurverfügungstellung an Bürger und ihre Vereinigungen für die Ausübung unternehmerischer Tätigkeit"[29], der vierte Abschnitt der Grundbestimmungen und das Präsidialdekret "Über Garantien für Eigentümer baulicher Anlagen zum Erwerb der dazugehörigen Grundstücke zu Eigentum"[30] von Bedeutung. Mit dieser Gesetzgebung ist das russische Privatisierungskonzept in seinen wesentlichen Zügen umrissen.

Neben diesen Vorschriften besteht das Privatisierungsrecht aus einer Vielzahl von Präsidialdekreten, Verordnungen der Regierung und der russischen Privatisierungsbehörde, in geringerem Umfang auch anderer oberster Bundesministerien und -behörden[31], sowie Rechtsakten der Subjekte und Kommunen der russischen Föderation[32].

Für das Verhältnis zwischen Privatisierungs- und Zivilrecht sollte grundsätzlich § 3 Abs. 2 Satz 2 ZGB gelten, wonach das Zivilgesetz-

---

[28] PD No. 301 vom 25. März 1992, WSND RF 14/1992/761.

[29] PD No. 631 vom 14. Juni 1992, WSND RF 25/1992/1427, geändert in SS 20/1997/2240.

[30] PD No. 485 vom 16. Mai 1997, SS 20/1997/2240.

[31] Eine Übersicht über die verschiedenen Verordnungsgeber gibt *Bachrach*, Verwaltungsrecht, S. 15.

[32] Gesetze, Präsidialdekrete und Regierungsverordnungen werden im Gesetzblatt der Russischen Föderation, Sobranije Sakonodatelstwa Rossiskoj Federazii veröffentlicht. Die Verordnungen des Komitees zur Verwaltung des Staatsvermögens werden zum Teil in den russischen Zeitschriften Ekonomika i Shisn, Rossiskaja Gaseta, Rossiskije Westi, Westnik Priwatisazii und der Publikation des Komitees, Panorama Priwatisazii abgedruckt. Die umfangreichsten Sammlungen sind, außer in einschlägigen juristischen Datenbanken wie Kodex oder Garant, in den Sammelbänden: "Privatisierung in der wissenschaftlich-technischen Sphäre" und "Privatisierung in Rußland" enthalten. Die Privatisierungsgesetzgebung der Subjekte der Föderation und der Kommunen ist in den örtlichen Gesetzblättern und den jeweiligen Lokalzeitungen zu finden.

buch vor anderen Zivilrechtsnormen Vorrang genießt. Indes wird auch vertreten, daß das Privatisierungsrecht als Spezialrecht vorgeht[33], eine Ansicht, die auf eine weite Auslegung des § 217 ZGB gestützt wird. Nach dieser Vorschrift sollen die Bestimmungen des Zivilgesetzbuches über den Erwerb und die Beendigung von Eigentumsrechten nur insofern gelten, als das Privatisierungsrecht hierzu keine besonderen Regeln enthält. Indes sollte richtigerweise wohl gelten, daß, außer in den besonderen Fällen, in denen das Zivilgesetzbuch ausdrücklich auf das Privatisierungsrecht verweist, wie auch in §§ 96 Abs. 3 Satz 2, 98 Abs. 5 ZGB das Zivilgesetzbuch dem Privatisierungsrecht vorgeht, vgl. auch § 28 Abs. 1 PrivG.

2. Systematik des Privatisierungsrechts

Das Privatisierungsrecht besteht aus einer Vielzahl von Rechtsvorschriften verschiedener Ebenen der Gesetzgebung. Oftmals widersprechen sie sich, da sie aus der für Rußland sehr stürmischen Zeit zwischen 1991 und 1994 stammen, in der die Kämpfe der verschiedenen Gesetz- und Verordnungsgeber um die Verfügungsgewalt über das Staatseigentum und die Kompetenz zum Erlaß von Normen ihren Höhepunkt erreichten. Die Orientierung im Privatisierungsrecht und die Lösung von Normenkonflikten ist angesichts dessen nur möglich, wenn neben den allgemeinen Grundsätzen der Gesetzeshierarchie auch der Verlauf der Kampflinien und die weitere Entwicklung der Verhältnisse berücksichtigt werden. Die wesentlichen gegnerischen Kräfte sind hier sowohl Legislative und Exekutive als auch Zentrum und Regionen.

---

[33] *Suchanow*, Unsere Konsultationen. Über die Privatisierung, ESh 17/1995/9; zum Verhältnis zwischen den Bestimmungen des Aktiengesetzes und des Privatisierungsrechts vgl. den Mitarbeiter des Komitees zur Verwaltung des Staatsvermögens *Sinatulin*, Die rechtliche Lage von im Prozeß der Privatisierung geschaffenen Aktiengesellschaften, Panorama Priwatisazii 6/1996/49; *Müller*, Kapitalerhöhung bei russischen Aktiengesellschaften, WiRO 1996, S. 284 (285).

II. Rechtsgrundlagen

a) *Verhältnis zwischen Rechtsakten der Legislative und der Exekutive*

Der Grundstein zur Privatisierung wurde noch durch den alten Obersten Sowjet der Russischen Föderation, den Vorgänger der Duma, gelegt. Dieses Parlament verabschiedete sowohl das russische Privatisierungsgesetz von 1991 als auch das Privatisierungsprogramm 1992. Später kam es zu einem Machtkonflikt zwischen ihm und dem Präsidenten, der in der gewaltsamen Auflösung dieser gesetzgebenden Körperschaft endete. Bis zur Annahme der neuen Verfassung[34] und den Parlamentswahlen zur russischen Duma Ende 1993 wurde die Privatisierung daher ausschließlich im Wege des Präsidialdekrets entschieden und durch Ausführungsbestimmungen des im Lager des Präsidenten stehenden Komitees zur Verwaltung des Staatsvermögens konkretisiert.

Seit Anfang 1994 wurden auf dem Gebiet der Privatisierung auch Regierungsverordnungen erlassen. Ein förmliches Gesetz kam erst 1997 in der Form des neuen Privatisierungsgesetzes wieder hinzu. Nachdem das russische Parlament lange Jahre hindurch nur indirekt Einfluß auf den Prozeß der Entstaatlichung zu nehmen vermochte, versuchte es mit diesem Gesetz die Kontrolle über den Privatisierungsprozeß zurückzuerlangen. Obwohl auch die russische Verfassung von den Grundsätzen der Demokratie, Gewaltenteilung und des Vorranges des förmlichen Gesetzes ausgeht[35], erfolgt die Abgrenzung der gesetzgeberischen Kompetenzen der Exekutive und der Legislative damit im politischen Kampf.

Der Präsident nimmt aufgrund seiner verfassungsrechtlich starken Stellung weitreichende legislative Vollmachten für sich in Anspruch, vgl. Art. 80 ff. Verfassung. Dennoch besteht auch in der russischen Staatslehre darüber Einigkeit, daß grundlegende Fragen der nur durch ein Parlamentsgesetz gewährten Legitimierung bedürfen. Dazu gehört anerkanntermaßem der Bereich der Bodenprivatisierung.

---

[34] Verfassung der Russischen Föderation vom 12. Dezember 1993, Ross. Gaseta vom 25. Dezember 1993.

[35] Vgl. auch *Trunk*, Die neue Verfassung Rußlands als Wirtschaftsgrundgesetz, WiRO 1994, S. 33 (34).

2. Systematik des Privatisierungsrechts

Daneben müßten jedoch auch zahlreiche wichtige Entscheidungen im Privatisierungsrecht durch formelles Gesetz getroffen werden. Darüber setzt sich der Präsident indes immer wieder erfolgreich hinweg, wie beim Erlaß des Privatisierungsprogramms 1994 und der Grundbestimmungen, sowie bei Fragen der Bodenprivatisierung. Dadurch, daß die Gesetzesberatungen aufgrund von Einigungsschwierigkeiten in der Duma nicht vorankommen, ist für den Präsidenten der Weg bereitet, kurzerhand Regelungen in der Form des Präsidialdekrets zu erlassen[36]. Im Bereich der Bodenprivatisierung hat die Duma indes Widerstand auch in der Form geleistet, daß sie Präsidialdekrete für unanwendbar erklärt[37] hat und die Bestimmungen daher in der Folgezeit auch nicht angewendet wurden.

b) Verhältnis zwischen Rechtsakten der Bundes- und der Regionalgewalten

Auch der Bund und die Regionalgewalten, darunter vor allem die 89 Subjekte der Russischen Föderation, erlassen widersprüchliches Recht[38]. Neben dem Privatisierungsrecht ist hiervon auch das darauf mittelbar ebenfalls einen Einfluß ausübende Eigentumsrecht betroffen.

aa) Verhältnis zwischen dem Privatisierungsrecht des Bundes und der Regionalgewalten

Das Verhältnis zwischen dem Bundesprivatisierungsrecht und dem Privatisierungsrecht der Subjekte der Russischen Föderation und der

---

[36] Dazu auch Moscow Times vom 26. Juli 1994, Privatization Decree Disregards Duma.
[37] VO der Duma No. 151-II GD vom 13. März 1996 "Über die Erklärung der Staatlichen Duma der Bundesversammlung der Russischen Föderation im Zusammenhang mit dem Erlaß des Dekrets des Präsidenten der Russischen Föderation vom 7. März 1996 No. 337 "Über die Realisierung der verfassungsmäßigen Rechte der Bürger auf Grund und Boden", SS 13/1996/1269.
[38] Vgl. auch Moscow Times vom 12. Februar 1997, Tuva Highlights Constitutional Conflicts.

II. Rechtsgrundlagen

Kommunen bestimmt sich wie folgt[39]: Das staatliche Eigentum wurde zu Beginn der Privatisierung in das Eigentum des Bundes, der Subjekte der Föderation und der Kommunen aufgeteilt[40]. Nach Art. 11 Abs. 1 Satz 3, 4 der alten Verfassung der RSFSR wurde ein Eigentum der Republiken und sonstigen Verwaltungseinheiten an Produktionsmitteln, Transport- und Kommunikationsunternehmen zwar anerkannt, deren Beherrschung, Nutzung und die Verfügungsgewalt darüber jedoch der gemeinsamen Zuständigkeit mit dem Bund unterstellt. Daher nahm der Bundesgesetzgeber in Fortsetzung dieser sowjetischen Tradition zunächst eine extensive Richtlinien- und Rahmenkompetenz für Fragen der Privatisierung des Eigentums der Subjekte der Föderation und der Kommunen für sich in Anspruch[41].

---

[39] Vgl. hierzu *Tkatschenko/Nesterowa*, Fragen der Organisation der Exekutive in den Subjekten der Russischen Föderation, ESh 44/1994/22; *Kutafin*, Das Staatsrecht der Russischen Föderation, S. 13; *Majkowa*, Probleme der Immobilienprivatisierung, ESh 32/1995/8; allgemein zum Verhältnis zwischen zentraler und lokaler Gewalt vgl. *Tichomirow*, Die Wirkung des Gesetzes; *ders.*, Normenkollision, Macht und Rechtsordnung, GiP 1/1994/3.

[40] VO OS RF No. 3020-1 vom 27. Dezember 1991 "Über die Abgrenzung des staatlichen Eigentums in der Russischen Föderation in das Eigentum des Bundes, der Republiken, Kreise, Gebiet, Autonomen Gebiete, der Städte Moskau und St. Petersburg sowie der Kommunen", WSND RSFSR 3/1992/89, zuletzt geändert in SA PiP 1/1994/2, hierzu auch Brief GKI No. AR-18/1599 vom 1. März 1996 "Über die Vorbereitung der Dokumentation für die Übergabe von Objekten des Bundeseigentums in kommunales Eigentum", jur. Datenbank Kodex; vgl. auch *Scharikow*, Die rechtliche Regulierung der Immobilienbeziehungen, Prawo i Ekonomika 5-6/1996/4 (allg.), 7/1996/3 (natürliche Ressourcen), 8/1996/3 (Bodeneigentum), 9/1996/3 (Bodenschätze), 10/1996/3 (Wald); zu Streitigkeiten über die Zuordnung von Eigentum vgl. die Entscheidung des Obersten Handelsgerichts No. 995/96 vom 22. Oktober 1996, abgedruckt in WWAS 1/1997/40.

[41] Vgl. *Abdulatipow* u. a., Die Föderationsverträge, S. 49; kritisch dazu *Smirnowa*, Probleme bei der Durchführung des Föderationsvertrages, GiP 12/1993/13 (14).

2. Systematik des Privatisierungsrechts

Die Stellung der Regionen wurde durch die Föderationsverträge von 1993[42] und die neue russische Verfassung gestärkt. Seither sind die Republiken und sonstigen Verwaltungseinheiten als sogenannte Subjekte dem Bund gleichgestellt und verfügen über eigene Gesetzgebungskompetenzen auch für die Privatisierung des ihnen zugeordneten Staatsvermögens[43].
Der Bund ist nach Art. 71 Abs. 2 Verfassung für die Verfügung über das Bundesvermögen allein zuständig. Gleichzeitig hat er nach Art. 71 e, sh Verfassung die Kompetenz für die Bestimmung der Grundlagen der Wirtschaftspolitik und die Schaffung der Rechtsgrundlagen für einen einheitlichen russischen Markt. Daraus wird nach wie vor auf eine Rahmenkompetenz für das Privatisierungsrecht der Subjekte und Kommunen geschlossen.

Mehrere Republiken haben für die Privatisierung ihres Vermögens eigene, größtenteils aber am russischen Vorbild orientierte Privatisierungsgesetze erlassen[44]. Auch dort traten zunächst jedoch Widersprü-

---

[42] Föderationsverträge vom 31. März 1992, abgedruckt in *Abdulatipow* u. a., Die Föderationsverträge; zu Bedeutung und Auslegung der Verträge vgl. *Tichomirow*, Der rechtliche Mechanismus für die Umsetzung der Bestimmungen des Föderationsvertrages; *Smirnowa*, Über Probleme bei der Durchführung des Föderationsvertrages, GiP 12/1993/13; *Kasanzew*, Rechtliche Probleme der Wechselbeziehung zwischen der russischen Verfassung und dem Föderationsvertrag, OER 4/1994/383; vgl. auch PD No. 370 vom 12. März 1996 "Über die Bestätigung der Ordnung über das Verfahren der Arbeit zur Abgrenzung der Kompetenzen zwischen den Organen des Bundes und der Subjekte der Russischen Föderation und über die gegenseitige Übergabe eines Teils der Befugnisse zwischen Bundesexekutivorganen und Exekutivorganen der Subjekte der Russischen Föderation", SS 12/1996/1058, geändert in SS 49/1996/5534.

[43] Vgl. zu den Problemen *Nikitina*, Die Unternehmensprivatisierung: Die Gesetzgebung und die Probleme der wirtschaftsgerichtlichen Praxis, Delo i Prawo 5/1996/52 (53).

[44] Karelien: WWS Respubliki Karelii 2/1992/246, zuletzt geändert in 5-6/1993/526; Tatarstan: Gesetz vom 5. Februar 1992 in der geänderten Fassung vom 21. Februar 1992, WWS Respubliki Tatarstana 4/1992/23; Privatisierungsplan für St. Petersburg in WSND St. Peterburga 5-6/1992; für Tatarstan in WWS Respubliki Tatarstana 5/1992/96.

II. Rechtsgrundlagen

che auf: während das karelische Privatisierungsgesetz laut seiner Präambel Geltungskraft ausdrücklich nur für Republiks-, bzw. zur Republik gehörendes Kommunalvermögen beansprucht und nach seinem § 2 Abs. 2 für die Privatisierung des Bundesvermögens das russische Privatisierungsgesetz für anwendbar erklärt, bestimmt das tatarische Gesetz in seinem § 2 Abs. 2, daß es auch für die Privatisierung von Bundesvermögen in Tatarstan gilt. Tatarstan hat, wie auch Tschetschenien, die Föderationsverträge nie unterzeichnet und hat mit seinem Privatisierungsgesetz und der Einführung eigener Privatisierungsschecks[45] zunächst einen Sonderweg eingeschlagen. Später hat die Republik jedoch mit Rußland einen Vertrag über die Kompetenzabgrenzung geschlossen[46], in dem unter anderem auch die Geltung von Bundesrecht für die Privatisierung des in Tatarstan gelegenen Bundesvermögens anerkannt wurde. Die anderslautende Formulierung im Privatisierungsgesetz dürfte damit unwirksam geworden sein.

Für das Eigentum der Kommunen ist im Gesetz "Über die allgemeinen Prinzipien der Organisation der örtlichen Selbstverwaltung in der Russischen Föderation" (KommG)[47] ausdrücklich bestimmt, daß die

---

[45] Gesetz über namentliche Privatisierungskonten in der Republik Tatarstan vom 1. August 1993, WWS Respubliki Tatarstana 3/1993/69; dazu auch *Michailin*, Privatisierung auf kasanisch, Ross. Gaseta vom 10. August 1994, S. 6; *Orlow*, Gibt es einen zivilisierten Markt in Tatarstan?, ESh 7/1994/20.

[46] Vertrag vom 15. Februar 1994 "Über die Abgrenzung der Kompetenzen zwischen den Organen der staatlichen Macht der Russischen Föderation und der Republik Tatarstan", Ross. Gaseta vom 17. Februar 1994, S. 6; dazu auch der russische Politiker *Schachraj*, Drei Grundprinzipien für ein neues Rußland, Osteuropa 12/1994/A 663; Interview mit dem Präsidentenberater *Medwedjew*, Der Vertrag zwischen Rußland und Tatarstan. Ein Modell für die Zukunft? Osteuropa 12/1994/A 669; ehemaliger Vorsitzender des Komitees zur Verwaltung des Staatsvermögens *Beljajew*, Die neuen Rechtsgrundlagen der Beziehungen zwischen der Russischen Föderation und Tatarstan, Osteuropa 2/1995/121; vgl. auch Moscow Times vom 24. September 1996, Red-Carpet Treatment Pays off for Tatarstan.

[47] Gesetz vom 28. August 1995, SS 35/1995/3506, zuletzt geändert in SS 12/1997/1378.

2. Systematik des Privatisierungsrechts

Kommunen das Recht zur Beherrschung, Nutzung und Verfügung über ihr Eigentum haben, § 6 Abs. 2 Satz 2 KommG[48].

bb) Verhältnis zwischen dem Eigentumsrecht des Bundes und der Regionalgewalten

Wie die vorstehend genannten Beispiele aus dem Privatisierungsrecht zeigen, hat das Spannungsverhältnis zwischen Zentrum und Regionen neben der rein machtpolitischen auch eine völkerrechtliche Seite. Zahlreiche Subjekte der Föderation sind keine rein territorialen, sondern vor allem ethnische Untergliederungen[49]. Hier besteht eine ähnliche Problematik wie in den Kolonialstaaten USA, Kanada, Brasilien oder Australien, in denen ebenfalls Fragen des Eigentums und der daraus folgenden Verfügungsgewalt über den Boden[50], die Bodenschätze[51] und der Kontrolle über die großen Rohstoffindustrien[52] zu

---

[48] Vgl. auch *Kutafin/Fadejew*, Das Kommunalrecht der Russischen Föderation, S. 287.

[49] Vgl. zu den Problemen *Kutafin* u. a., Das Staatsrecht der Russischen Föderation, S. 13 ff.; *Brintschuk*, Rechtsprobleme der Erhaltung und Regenerierung der Umwelt in den von ethnischen Minderheiten besiedelten Gebieten, Prawowedenije 4/1994/101; *Schachraj*, Vor uns steht eine Epoche der Wiedergeburt, Ross. Gaseta vom 30. November 1994; Moscow Times vom 12. Februar 1997, Tuva Highlights Constitutional Conflicts.

[50] Vgl. *Ikonizkaja* u. a., Probleme bei der Entwicklung des Bodenrechts in der Russischen Föderation, GiP 8/1993/3 (4, 5, 8, 12)

[51] Vgl. *Bogoljubow*, Das Eigentum an Naturressourcen: heutige Aspekte, Prawo i Ekonomika 19-20/1994/163; dazu auch *Koltschin*, Ausländische Investitionen im Gebiet Tjumen, WiRO 1994, S. 117; Professor der Moskauer Staatlichen Universität *Osokin*, Zur Frage der Abgrenzung zwischen Naturressourcen des Bundes und der Subjekte der Föderation, Westnik Moskowskowo Uniwersiteta 6/1995/36.

[52] Vgl. auch *Wardomski*, Wirtschaftsbeziehungen zwischen Zentrum und Regionen in Rußland, S. 32; zum Streit der Republik Komi mit Gasprom über dessen Extraktionsrechte in der Republik vgl. *Kirkow*, Roulette zwischen Zentrum und Regionen. Rußlands asymmetrischer Föderalismus, Osteuropa 11/1995/1004 (1008).

II. Rechtsgrundlagen

Konflikten führen. Dies hat unmittelbare Auswirkungen auf die Bodenprivatisierung und beeinflußt mittelbar auch die Unternehmensprivatisierung, sofern es um Rohstoffindustrien geht. Eine Klärung der eigentumsrechtlichen Fragen mit ethnischen Minderheiten hat in Rußland noch nicht einmal ansatzweise stattgefunden.

Art. 9 Abs. 1 Verfassung bestimmt wenig konkret, daß der Boden und die Bodenschätze die Lebens- und Wirtschaftsgrundlage der auf dem jeweiligen Territorium lebenden Völker sind[53]. In den drei Föderationsverträgen sind diesbezüglich unterschiedliche Formulierungen getroffen. In § 3 Abs. 3 des Vertrages mit den Republiken steht lediglich geschrieben, daß diese Güter Eigentum der auf dem jeweiligen Territorium lebenden Völker sind. In dem fast wortgleichen Vertrag mit den Kreisen, Gebieten sowie den Städten Moskau und St. Petersburg findet sich hingegen zusätzlich die Formulierung, daß Fragen der Beherrschung, Nutzung und Verfügungsgewalt über Boden, Bodenschätze, Wald und andere natürliche Ressourcen durch Rahmengesetze der Russischen Föderation und Rechtsakte der betreffenden Subjekte Rußlands geregelt werden und der Status föderaler Naturvorkommen im Einvernehmen zwischen Bund und Subjekten bestimmt wird, § 3 Abs. 3. Das sind Fundorte von gesamtstaatlicher Bedeutung, die als föderale Ressourcen im Eigentum des Bundes stehen[54]. Die Zuordnung eines entsprechenden Status kann jedoch nur im Einvernehmen mit den Subjekten vorgenommen werden[55]. Im Vertragswerk mit den autonomen Kreisen und Gebieten ist die gleiche Formulierung mit einer Abweichung gewählt: Der Status föderaler Naturvorkommen muß auch hier im Einvernehmen zwischen Bund und Subjekten bestimmt werden, wobei - hier die unterschiedliche Regelung - die Notwendigkeit der Bewahrung und Förderung überkommener Bewirtschaftungsmethoden der Naturressourcen auf dem entsprechenden

---

[53] Zum Verständnis dieser Formulierung vgl. *Ikonizkaja* u. a., Probleme bei der Entwicklung des Bodenrechts in der Russischen Föderation, GiP 8/1993/3 (21, 28).

[54] Vgl. PD No. 2144 vom 16. Dezember 1993 "Über die Bundesnaturressourcen", SA PiP 51/1993/4932.

[55] Dazu auch *Tichomirow*, Wie soll das Bundesvermögen verwaltet werden? ESh 14/1994/21.

2. Systematik des Privatisierungsrechts

Gebiet berücksichtigt werden muß, § 3 Abs. 3. Dieser Unterschied erklärt sich daraus, daß sowohl die Republiken als auch die autonomen Kreise und Gebiete im Gegensatz zu den übrigen Verwaltungseinheiten nach ethnischen Kriterien gebildet sind und daher Sonderrechte beanspruchen.

Wenn nach den vorgenannten Bestimmungen Eigentum bzw. eigentumsähnliche Berechtigungen der Subjekte am Boden und seinen Vorkommen dem Grunde nach anerkannt werden, so ist ihnen in der neuen Verfassung doch zugleich die Kompetenz zur rechtlichen Regelung der Bodenverhältnisse weitgehend entzogen. Nach Art. 72 Buchstaben w, g, d, k ist für die Bereiche "Fragen der Beherrschung, Nutzung und Verfügungsgewalt über Grund und Boden, Bodenvorkommen, Wasser und andere natürliche Ressourcen", "Abgrenzung des staatlichen Eigentums", "Nutzung von Naturreichtümern, Umweltschutz, Naturschutz", sowie "Boden-, Wasser-, Wald-, Bodenvorkommen- und Umweltschutzgesetzgebung" die gemeinsame Zuständigkeit der Föderation und ihrer Subjekte vorgesehen[56].

Dies ist insofern problematisch, als die ausschließliche und gemeinsame Gesetzgebungszuständigkeit nach Art. 71 und 72 Verfassung praktisch jeden denkbaren Regelungsgegenstand erfaßt, so daß der Restbestand an ausschließlichen Gesetzgebungszuständigkeiten der Subjekte, Art. 73, 76 Abs. 4 und 6, im Ergebnis nicht existiert[57]. Nur solange der Bund eine in die gemeinsame Zuständigkeit fallende Rechtsmaterie nicht regelt, haben die Subjekte die Regelungskom-

---

[56] Vgl. hierzu auch *Bogoljubow*, Die Rechtsetzung der Föderationssubjekte im Bereich der Ökologie und der Bodennutzung, Prawo i Ekonomika 13-14/1996/125 (126); allg. *Kutafin*, Das Staatsrecht der Russischen Föderation, S. 275 ff.

[57] *Krassow/Rjumina*, Das staatliche Eigentum an Naturvorkommen, GiP 9/1995/33 (38); *Trunk*, Die neue Verfassung Rußlands als Wirtschaftsgrundgesetz, WiRO 1994, S. 33 (36); a. A. *Krylow* in *Okunkow* u. a., Kommentar zur Russischen Verfassung, Art. 73; vgl. auch die ein anderes Rechtsgebiet betreffende Entscheidung des Verfassungsgerichts zur Abgrenzung zwischen ausschließlicher und gemeinsamer Gesetzgebungszuständigkeit vom 4. März 1997, abgedruckt in SS 11/1997/1372.

II. Rechtsgrundlagen

petenz[58]. In zwölf untersuchten Verfassungen der Republiken wird jedoch, trotz der Existenz eines russischen Gesetzes "Über den Erdkörper" (ErdkörperG)[59] und eines russischen Bodengesetzes (BodenG)[60], proklamiert, daß der Boden das Eigentum des darauf lebenden Volkes sei und das Eigentum an Grund und Boden durch Republiksgesetze geregelt werde[61]. Mehrere Republiken haben auch eigene Gesetze über den Boden und den Erdkörper erlassen, die größtenteils kaum Bezug auf die Bundesgesetze nehmen[62]. In 18 russischen Regionen ist die Bodenprivatisierung trotz der Existenz von Präsidialdekreten hierzu verboten[63]. Ob dem Bundesrecht widersprechende örtliche Gesetze nach

---

[58] So auch *Krylow* in *Okunkow* u. a., Kommentar zur Russischen Verfassung, Art. 72; *Bobrowa*, Einige Aspekte der Gesetzgebungstätigkeit der Subjekte der Russischen Föderation, GiP 11/1995/43 (45); dazu auch *Suchanow*, Objekte des Eigentumsrechts, Sakon 4/1995/94 (98).

[59] Gesetz vom 21. Februar 1992, WSND RF 16/1992/834, zuletzt geändert in SS 10/1995/823, deutsche Übersetzung in HdB. WiRO Rus 835.

[60] Gesetz vom 25. April 1991, WSND RSFSR 22/1991/768, weitgehend außer Kraft gesetzt durch PD No. 2287 vom 24. Dezember 1993 "Über die Angleichung des Bodenrechts der Russischen Föderation an die Verfassung der Russischen Föderation", SA PiP 52/1993/5085.

[61] Verfassungen der Republiken, abgedruckt in: Die Verfassungen der Republiken im Bestand der Russischen Föderation; vgl. hierzu auch *Ebsejew/-Karapetjan*, Der russische Föderalismus: Gleichheit und Asymmetrie des Verfassungsstatus der Subjekte, GiP 3/1995/3; kalmückischer Staatsanwalt *Schipijew*, Die örtliche Gesetzgebung sollte den Bundesgesetzen nicht widersprechen, Sakonnost 7/1995/2.

[62] Republik Karelien: Gesetz vom 18. Februar 1993 "Über Bodenschätze" mit nur bedingter Anerkennung der Gesetzgebungskompetenzen des Bundes, WWS Respubliki Karelii 4/1993/472; Republik Tatarstan: Gesetz vom 25. Dezember 1992 "Über Bodenschätze", ohne jegliche Abgrenzung zu den Gesetzgebungskompetenzen des Bundes, WWS Respubliki Tatarstana 11-12/1992/184; vgl. auch Moscow Times vom 8. Mai 1997, Tatarstan Passes Oil, Gas Law.

[63] Vgl. Redaktionsbeitrag, Eigentum. Ergebnisse der Privatisierung, ESh 19/1996/12.

Art. 76 Abs. 5 Verfassung wegen des grundsätzlichen Vorrangs des Bundesrechts unwirksam sind oder ob die Subjekte sich hier möglicherweise erfolgreich auf ihr in der Verfassung garantiertes Eigentum und daraus folgende eigene Gesetzgebungszuständigkeiten werden berufen können, ist zur Zeit noch ungeklärt[64]. Beim Erwerb von Rechten an Boden oder sensiblen Rohstoffindustrien sollte daher darauf geachtet werden, im Einklang sowohl mit Bundes- als auch mit örtlichem Recht zu handeln[65].

3. Zwischenergebnis

Die Rechtsgrundlagen für den Erwerb staatlichen betrieblichen Vermögens in der Privatisierung sind grundsätzlich im Zivilrecht zu suchen, das durch das Privatisierungsrecht modifiziert wird. Dieses besteht aus zahlreichen Einzelakten unterschiedlicher Gesetz- und Verordnungsgeber. Aufgrund deren unkoordinierter Aktivitäten sind die Vorschriften in sich nicht abgestimmt und dadurch unsystematisch. Dieser Mangel wird durch Gesetzeswidersprüche verstärkt, die durch Machtkämpfe und Kompetenzstreitigkeiten zwischen Exekutive und Legislative, sowie zwischen Bund und Regionen entstehen. Diese Probleme werden erst im Laufe der politischen Konsolidierung des russischen Staates gelöst werden können. In der Zwischenzeit besteht eine erhebliche Rechtsunsicherheit, die den Erwerb und die Dauerhaftigkeit von Rechtspositionen gefährdet.

---

[64] Vgl. hierzu auch *Tichomirow*, Die rechtliche Regulierung der wirtschaftlichen Sphäre durch die Subjekte der Föderation, Prawo i Ekonomika 21-22/1994/145.

[65] Vgl. auch *Butler*, Russian Law Narrows the Title Gap, East European Business Law, 3/1993/13 (14); *Abdulatipow* u. a., Die Föderationsverträge, S. 40; *Fochler/Raabe*, Grundstücke als Mittel der Kreditsicherung in der Rußländischen Föderation, WGO 1995, S. 165 (167).

III. Kaufgegenstand

Unternehmen und Unternehmensbeteiligungen waren im Sozialismus nicht verkehrsfähig. Nach der in § 128 ZGB gegebenen Definition der zulässigen Gegenstände des zivilrechtlichen Verkehrs kann solches Vermögen mit der Wiedereinführung des Kapitalismus nun wieder Gegenstand ziviler Rechtsbeziehungen sein. Darüber hinaus bestimmt § 132 Abs. 2 ZGB ausdrücklich, daß auch ein Unternehmen Gegenstand eines Kaufvertrages sein kann.

Als Kaufgegenstand in der Privatisierung kommt nur staatliches, nicht aber halbstaatliches Eigentum in Betracht. Das - oft auch betriebliche - Eigentum der gesellschaftlichen Organisationen, zu deren wichtigsten die kommunistische Partei, der Komsomol und die Gewerkschaften zählten, stellt traditionell kein Staatseigentum dar und wird daher rechtlich wie Privateigentum behandelt[66]. Ebenfalls sind die Agrarbetriebe einschließlich des von ihnen bewirtschafteten Landes kein Staatseigentum. Zu Sowjetzeiten waren sie in der genossenschaftlichen Form der Kolchose oder der ihnen mittlerweile gleichgestellten Sowchose organisiert; ihr Vermögen wird unter den Mitgliedern aufgeteilt und unterliegt ebenfalls nicht dem Verkauf in der Privatisierung[67].

Kaufgegenstand in der Privatisierung kann nicht solches staatliches Eigentum sein, das mit einem Privatisierungsverbot belegt und damit von der Privatisierung ausgeschlossen ist. Nur beschränkt kommt als

---

[66] Vgl. *Tschubarow* in *Klejn* u. a., Unternehmensrecht, S. 159; Kommentar zum Privatisierungsgesetz, S. 6; *Masljajew*, Das Eigentum der gesellschaftlichen Organisationen, Sakon 2/1993/32.

[67] Vgl. RegVO No. 86 vom 29. Dezember 1991 "Über das Verfahren der Reorganisation von Kolchosen und Sowchosen", SA PiP 1-2/1992/9; RegVO No. 708 vom 4. September 1992 "Über das Verfahren der Privatisierung und Reorganisation des agro-industriellen Komplexes", SA PiP 12/1992/931, geändert in SA PiP 25/1992/2219; dazu auch *Frydman* u. a., The Privatization Process in Russia, Ukraine and the Baltics, S. 72 ff.

III. Kaufgegenstand

Kaufgegenstand solches Vermögen in Frage, das einer Privatisierungsbeschränkung in der Form eines Genehmigungsvorbehalts zugunsten höchster staatlicher Stellen unterliegt. Hierbei geht die Tendenz jedoch trotz zum Teil heftigen politischen Widerstandes eindeutig in Richtung einer Liberalisierung, eine Entwicklung, die sich vor allem durch die angespannte Lage des russischen Staatshaushalts erklären läßt. Der Fiskus ist auf die Einnahmen aus der Privatisierung angewiesen, und es fehlen ihm die Mittel zur Tätigung der notwendigen Investitionen in der Industrie. Indes befindet sich die Regierung hier in einem Spannungsverhältnis: Da Rußland ein sehr rohstoffreiches Land ist, hängt die Zukunft des Landes wesentlich davon ab, wer in der Privatisierung die Kontrolle über solche Schlüsselindustrien wie die Gas- oder Erdölindustrie erhält. Der Vorzug wird hier eindeutig einheimischen Investoren gegeben. Bis diese jedoch genügend Kapital aufgebaut haben, ist der Staat gezwungen, mit dem Behalt größerer Aktienpakete auch über ursprünglich geplante kürzere Zeiträume hinaus, Aufschub zu gewinnen.

Die Privatisierungsverbote und Genehmigungsvorbehalte sind in Nr. 2.1. Privatisierungsprogramm 1994, modifiziert durch Anlage 3 Grundbestimmungen, enthalten.

Privatisierungsverbote bestehen danach in vier Gruppen von Industrien: Eine Gruppe bilden die ausschließlich staatlichen Zwecken dienenden Betriebe und Einrichtungen. Darunter fallen u. a. die Zentralbank, die Bundesdruckereien, der Staatsschatz, der Sozialversicherungsfonds, das Heeres-[68] und Polizeivermögen, die Zollverwaltung, der Verfassungsschutz, das Bundesstatistikamt, Pflanzen-, Tier- und Seuchenschutzdienste.

Zur zweiten Gruppe gehören Objekte der sozialen, wissenschaftlichen und technischen Infrastruktur des Landes. Bei den sozialen Einrichtungen sind u. a. spezielle Sanatorien oder Heime, Betriebe zur

---

[68] Vgl. aber PD No. 775 vom 32. Juli 1997 "Über die Änderung des Verfahrens des Verkaufs ausgemusterten Heeresvermögens, die Umwandlung in Aktiengesellschaften und Privatisierung von Unternehmen des Handels mit Armeewaren", SS 30/1997/3608, wonach das darin aufgeführte Heeresvermögen nach den Bestimmungen des Privatisierungsrechts verkauft werden soll.

III. Kaufgegenstand

Herstellung orthopädischer Hilfsmittel oder Friedhöfe aufgezählt. Im wissenschaftlichen Bereich sind u. a. die Versuchsanstalten der verschiedenen Akademien der Wissenschaften genannt, Tier- und Pflanzenzuchtbetriebe von nationaler Bedeutung, genetische Versuchsinstitute oder wissenschaftliche Bibliotheken. Aus vermutlich militärstrategischen Überlegungen[69] sind die Privatisierungsverbote im Bereich Energiewirtschaft, Technik und Verkehr am weitestgehenden. Während bei wichtigen Kommunikationseinrichtungen wie Briefpost, Rundfunk, überregional bedeutenden Flug-, Fluß- und Seehäfen sowie dem Bundesstraßen- und dem Bundeseisenbahnnetz der Verbleib im ausschließlichen Staatseigentum aus europäischer Tradition heraus nachvollziehbar ist, darf man aus moderner betriebswirtschaftlicher Sicht bei dem Privatisierungsverbot zahlreicher anderer Industrien dieser Gruppe Bedenken anmelden. So müssen die wichtigsten Betriebe der geologischen Lagerstättenforschung im Staatsbesitz bleiben, ebenso der größte Teil der Atomindustrie. Die Flug- und Schiffahrtsüberwachung, Sonderrettungsdienste, meteorologische und geologische Beobachtungseinrichtungen sind ebenfalls von der Privatisierung ausgeschlossen.

Eine dritte Gruppe umfaßt nationale Reichtümer. Hierunter fallen Bodenschätze und andere natürliche Ressourcen, bedeutende Kulturschätze, Nationalparks, aber auch die Edelsteinverarbeitung.

Einer vierten Gruppe unterfallen Betriebe, von deren Produktion eine erhöhte Gefährdung ausgeht. Hier sind u. a. Unternehmen zur Produktion und Verarbeitung narkotisch wirkender Substanzen[70], Giftmülldeponien oder Tierkörperbeseitigungsanlagen genannt.

Privatisierungsbeschränkungen in der Form von Genehmigungsvorbehalten zugunsten höchster staatlicher Stellen gelten für Großbetriebe aller Branchen, wovon vor allem die Schwer-, Rüstungs-[71] und Roh-

---

[69] Vgl. zur Definition des Staatsgeheimnisses *Baller*, Publizität und Geheimhaltung in Rußland, ROW 1997, S. 93 (98).

[70] Zur Privatisierung von Apotheken vgl. die Mitarbeiterin des Komitees zur Verwaltung des Staatsvermögens *Korokina*, Die Privatisierung von Apotheken: Probleme und Lösungen, Panorama Priwatisazii 24/1995/23.

[71] Zur Privatisierung der Rüstungsindustrie vgl. *Opitz*, Die Privatisierung der russischen Rüstungsindustrie, Osteuropa 1995, S. 150.

III. Kaufgegenstand

stoffindustrie betroffen ist. Welche konkreten Betriebe unter die vorgenannten Privatisierungsbeschränkungen fallen, ist verschiedenen, in Rechtsverordnungen und Präsidialdekreten, zum Teil aber auch in nicht veröffentlichten Verwaltungsvorschriften enthaltenen Aufzählungen zu entnehmen[72].

Auch wenn für einen russischen Statsbetrieb keine Privatisierungsbeschränkungen gelten, bedeutet das nicht, daß ein Interessent ihn, bzw. eine Beteiligung daran, jederzeit kaufen kann. Voraussetzung für den Verkauf ist stets die vorherige Durchführung eines formellen Verwaltungsverfahrens[73], das sich in schwierigen Fällen über mehrere Jahre erstrecken kann. Obwohl 1997 die gesetzlichen Grundlagen[74] dafür geschaffen wurden, daß, mit Zustimmung der Regierung, ein individuelles, von den gesetzlichen Bestimmungen abweichendes Privatisierungsverfahren durchgeführt werden kann, ist nicht zu erwarten, daß die Dauer des Privatisierungsverfahrens dadurch wesentlich verkürzt wird.

Im Gegensatz zum deutschen Modell, das eine gesetzliche Gesamtumwandlung der ehemals staatseigenen Betriebe mit anschließender

---

[72] Vgl. Verlags- und Druckwesen, Buchgroßhandel: Anlagen zur RegVO No. 1119 vom 1. Oktober 1994 "Über die Privatisierung von Verlagen, Druckereien und Unternehmen des Buchgroßhandels des Komitees der Russischen Föderation für Druck- und Pressewesen", SS 24/1994/2641; Chemieindustrie: Anlage zur VO GKI No. 899-r vom 22. April 1994 "Über die Besonderheiten der Umwandlung in Aktiengesellschaften und Privatisierung von Unternehmen des Chemiekomplexes", abgedruckt in Priv. III, S. 216; Geologische Lagerstättenforschung: PD No. 942 vom 16. Mai 1994 "Über die Aufzählung der staatlichen Unternehmen, Organisationen und Objekte des geologischen Dienstes des Komitees der Russischen Föderation für Geologie und Nutzung von Bodenschätzen, deren Privatisierung verboten ist", SS 4/1994/301.

[73] Zu den Details des Verfahrens vgl. *Subkowa*, Die Privatisierung staatlicher und kommunaler Unternehmen auf Versteigerungen, S. 73 ff.; *Kamyschanski*, Die rechtliche Regelung der Privatisierung staatlicher und kommunaler Unternehmen und ihre Effektivität, S. 16 ff.

[74] RegVO No. 363 vom 1. April 1997 "Über das Verfahren zur Durchführung individueller Projekte bei der Privatisierung von Bundesvermögen", SS 14/1997/1632, geändert in SS 20/1997/2300.

III. Kaufgegenstand

Konzentration der Eigentümerstellung und Privatisierungsfunktion in einem Rechtssubjekt Treuhandanstalt vorsah, ist das russische Privatisierungskonzept als ein mehrstufiges Antragsverfahren angelegt und sind Eigentümerstellung und Privatisierungsfunktion verschiedenen staatlichen Stellen zugeordnet[75]. Der rechtliche Eigentümer und Verkäufer ist eine Behörde, die bis 1997 staatlicher Vermögensfonds (im Russischen abgekürzt FI)[76] genannt wurde und nach dem neuen Privatisierungsgesetz Fachbehörde genannt wird, vgl. § 10 PrivG. Die Kompetenz zur Vorbereitung des Verkaufs liegt hingegen bei einer Privatisierungsbehörde; dem 1997 in Ministerium für Staatsvermögen[77] umbenannten Komitee zur Verwaltung des Staatsvermögens der Russi-

---

[75] Dazu auch *Roggemann*, Privatisierungsinstitutionen in Ost und West, ROW 1994, S. 113 (113); *Thiemrodt/Seider*, Neueste Entwicklungen im russischen Privatisierungsrecht, WiRO 1993, S. 5 (6).

[76] Vgl. VO OS RSFSR No. 1533-1 vom 3. Juli 1991 Über den Russischen Fonds des Bundesvermögens", jur. Datenbank Kodex; PD No. 2173 vom 17. Dezember 1993 "Ordnung über den russischen Fonds des Bundesvermögens, jur. Datenbank Kodex; VO FI No. 76 vom 14. April 1994 "Musterordnung über den Vermögensfonds der Republiken im Bestand der Russischen Föderation, der Kreise, Gebiete, autonomen Gebiete, autonomen Kreise, der Städte Moskau und St. Petersburg, die als örtliche Abteilungen des Russischen Fonds des Bundesvermögens bevollmächtigt sind", jur. Datenbank Kodex; VO FI No. 73 vom 12. April 1994 "Über das Verfahren der Wahrnehmung der Befugnisse der Russischen Föderation als Eigentümer der Beteiligungen (Aktien) in Aktiengesellschaften die im Verlauf der Privatisierung durch Umwandlung von Staatsunternehmen entstanden sind, durch den Russischen Fonds des Bundesvermögens", jur. Datenbank Kodex; RegVO No. 1438 vom 15. November 1997 "Über die spezielle Einrichtung zum Verkauf des Bundesvermögens", SS 47/1997/5416. Da in den in dieser Arbeit dargestellten Rechtsgrundlagen die alte Terminologie benutzt wird, wurde im folgenden zum besseren Verständnis weiterhin die Bezeichnung Vermögensfonds verwendet.

[77] Vgl. PD No. 1063 vom 30. September 1997 "Über das Ministerium für Staatsvermögen der Russischen Föderation", SS 40/1997/4583. Da in den in dieser Arbeit dargestellten Rechtsgrundlagen die alte Terminologie benutzt wird, wurde im folgenden zum besseren Verständnis weiterhin die Bezeichnung Komitee zur Verwaltung des Staatsvermögens verwendet.

III. Kaufgegenstand

schen Föderation (auf russisch abgekürzt GKI)[78], vgl. auch § 7 PrivG. Beide Behörden haben zum Staatsaufbau parallele Strukturen gebildet; ihre Ämter existieren auf Bundes-, Regional- und Kommunalebene. Zuständig ist jeweils das Amt der Verwaltungsebene, der das Eigentum am staatlichen Vermögen zugeordnet ist. Das formelle Privatisierungsverfahren beinhaltet mehrere Schritte. Zuerst muß beim zuständigen Komitee zur Verwaltung des Staatsvermögens ein Antrag auf Privatisierung gestellt und die Genehmigung zur Privatisierung erteilt werden. Größere Betriebe werden sodann in Aktiengesellschaften umgewandelt. Anschließend wird eine Privatisierungskommission gebildet, der Mitarbeiter des Komitees zur Verwaltung des Staatsvermögens und Vertreter anderer Behörden angehören, § 15 Abs. 10 PrivG. Nach altem Recht war auch die Belegschaft des Betriebs berechtigt, ihre Vertreter in die Privatisierungskommission zu entsenden, § 14 Abs. 4 des alten Privatisierungsgesetzes. Da das neue Privatisierungsgesetz die Beteiligung der Belegschaft am Privatisierungsverfahren nur noch bei der Umwandlung eines unitären Staatsbetriebes in eine 100 % staatliche offene Aktiengesellschaft vorsieht, § 20 Abs. 6 PrivG, ist davon auszugehen, daß ihr dieses Recht nach dem neuen Privatisierungsgesetz nicht mehr zustehen soll.

Die Privatisierungskommission erstellt einen Privatisierungsplan[79], der die Details der Privatisierung regelt. Dieser Plan muß, je nach der Art des zu privatisierenden Objektes, von den zuständigen Behörden, bzw. Regierungsstellen gebilligt werden. Das alte Privatisierungsgesetz sah darüber hinaus vor, daß auch die Belegschaft zustimmen mußte[80];

---

[78] Vgl. RegVO No. 1190 vom 4. Dezember 1995 "Über die Bestätigung der Ordnung über das staatliche Komitee zur Verwaltung des Staatsvermögens", SS 50/1995/4930, geändert in SS 25/1997/2948; vgl. auch *Korenew*, Das Verwaltungsrecht Rußlands. Teil Zwei, S. 35 ff.

[79] Vgl. auch RegVO No. 547 vom 4. August 1992 "Musterprivatisierungsplan" in der geänderten Fassung vom 15. September 1993, abgedruckt in Priv. II, S. 189.

[80] Geregelt in §§ 13, 14 des alten Privatisierungsgesetzes; Anlagen 1 und 7 zum PD No. 66 vom 29. Januar 1992 "Über die Beschleunigung der Privatisierung", WSND RF 7/1992/312; RegVO No. 906 vom 18. November 1992 "Über das Verfahren der Entscheidung der russischen Regierung,

III. Kaufgegenstand

auch dieses Recht scheint, bis auf die oben genannte Ausnahme, nach dem neuen Privatisierungsgesetz jedoch abgeschafft.

Obwohl nach dem Gesetz ein Privatisierungszwang besteht und das hierbei zu durchlaufende Vorverfahren mehrfach gestrafft wurde[81], verhindert die Komplexität der beim Vorgang der Entstaatlichung zu lösenden Probleme[82], aber auch politischer Widerstand[83] oftmals diesen Schritt, so daß es beim Privatisierungstempo große sektorale und regionale Unterschiede gibt. Während der Dienstleistungsbereich

---

des Komitees zur Verwaltung des Staatsvermögens der Russischen Föderation oder seiner untergeordeten Verwaltungsstellen über die Zulässigkeit der Privatisierung", SA PiP 22/1992/1883; RegVO No. 547 vom 4. August 1992, in der durch VO des Komitees zur Verwaltung des Staatsvermögens geänderten Fassung vom 15. September 1993 "Muster des Privatisierungsplans", abgedruckt in Priv. II, S. 189.

[81] Vgl. Nr. 4 PD No. 640 vom 8. Mai 1993 "Über staatliche Garantien des Rechts der Bürger auf Teilnahme an der Privatisierung", SA PiP 20/1993/1755; Nr. 5 PD No. 1108 vom 26. Juli 1993 "Über zusätzliche Maßnahmen zum Schutz des Rechts der russischen Bürger auf Teilnahme an der Privatisierung", SA PiP 31/1993/2839; dazu auch *Thiemrodt/Seider*, Neueste Entwicklungen im russischen Privatisierungsrecht, WiRO 1993, S. 5 (6); *Frydman* u. a., The Privatization Process in Russia, Ukraine and the Baltics, S. 51.

[82] Zu Problemen bei der Privatisierung von Pachtunternehmen, vgl. Interview mit der Beraterin des Komitees zur Verwaltung des Staatsvermögens *Fachrutdinowa*, Von der Pacht zum Eigentum - ein Schritt? ESh 3/1994/11; dazu auch der stellvertretende Vorsitzende des Obersten Wirtschaftsgerichts *Witrjanski*, Die Privatisierung in der Praxis des Wirtschaftsgerichts, ESh 3/1994/22; *ders.*, Widersprüche in der Gesetzgebung, ESh 7/1994/22.

[83] Vgl. Kurskorrektur. Aus dem Bericht des Komitees zur Verwaltung des Staatsvermögens "Die Ergebnisse der Privatisierung im Jahre 1995 und der Gang der Ausführung des Präsidialdekrets No. 478 vom 11. Mai 1995 "Über Maßnahmen zur Sicherstellung der garantierten Einnahmen in den Bundeshaushalt aus der Privatisierung" und der Aufgaben im Jahre 1996", Panorama Priwatisazii 7/1996/3; zur Anfechtung von Privatisierungsentscheidungen durch Subjekte der Föderation vor dem Verfassungsgericht vgl. *Wardomski*, Wirtschaftsbeziehungen zwischen Zentrum und Regionen in Rußland, S. 33.

und die Leichtindustrie in den Zentren des europäischen Rußlands relativ schnell und umfassend privatisiert werden, kommt die Entstaatlichung der Schwer- und Investitionsgüterindustrie nur langsam voran und waren bis 1994 in einigen abgelegeneren Regionen noch nicht einmal Anfänge der Privatisierung gemacht[84].

1. Share Deal

Beim Share Deal kommen Aktien von in offene Aktiengesellschaften[85] umgewandelten Staatsbetrieben in den Verkauf. Da das Privatisierungsrecht eine Umwandlung in andere Gesellschaftsformen nicht vorsieht, kommt der Kauf anderer gesellschaftsrechtlicher Beteiligungen damit nicht vor. Lediglich nach dem alten Privatisierungsrecht war der Verkauf von staatlichen Beteiligungen an den wenigen, noch zu Sowjetzeiten mit nichtstaatlichen Personen gegründeten, Personengesellschaften vorgesehen, vgl. §§ 1, 2, 15 Abs. 7 des alten Privatisierungsgesetzes, Nr. 5.2. Privatisierungsprogramm 1994. Typischerweise waren das von Kolchosen und Staatsbetrieben gegründete Gemeinschaftsunternehmen, und seit 1987 auch mit Ausländern geschaffene Joint Venture. Bei der Anwendung des allgemeinen Privatisierungs-

---

[84] *Bereshnaja*, 12:1 für die Arbeitskollektive, Westnik Priwatisazii 14/1994/74.
[85] Regelung des Umwandlungsverfahrens in Nr. 5.1, 5.2. Privatisierungsprogramm 1992; Anlage 3 zum PD No. 66 vom 29. Januar 1992 "Über die Beschleunigung der Privatisierung staatlicher und kommunaler Unternehmen", WSND RF 7/1992/312; PD No. 721 vom 1. Juli 1992 "Über organisatorische Maßnahmen zur Umwandlung staatlicher Unternehmen und freiwilliger Vereinigungen staatlicher Unternehmen in Aktiengesellschaften", SA PiP RF 1/1992/3; RegVO No. 547 vom 4. August 1992 "Über Maßnahmen zur Durchführung des PD No. 721", SA PiP 7/1992/386; VO GKI No. 393-r vom 28. August 1992 "Ordnung über das Verfahren zur Leistung von Einlagen durch staatliche und kommunale Unternehmen und das Komitee zur Verwaltung des Staatsvermögens in Gesellschaften und Aktiengesellschaften, die bei der Umwandlung freiwilliger Unternehmensvereinigungen geschaffen wurden", abgedruckt in Priv. II, S. 214.

III. Kaufgegenstand

rechts auf solche Betriebe blieben indes so viele Fragen ungeklärt, daß das neue Privatisierungsgesetz auf sie keine Anwendung mehr findet, § 3 PrivG. Weil es indes noch keine neuen Regelungen für die Privatisierung solcher Beteiligungen gibt, wird die alte Rechtslage dennoch mit dargestellt.

a) *Aktien*

Bei Aktien kam als Kaufgegenstand bisher nur eine Minderheitsbeteiligung in Betracht, da nach altem Privatisierungsrecht bis zu 51 % der Aktien aller Betriebe an die Betriebsangehörigen vergeben wurden. Diese Privilegien sollten bereits in der zweiten Etappe der Privatisierung nach dem 1. Juli 1994 abgeschafft werden[86], wurden aber auf Druck der den Kommunisten nahestehenden Kräfte in der Duma fast unverändert beibehalten. Da man auch bei der Verabschiedung des neuen Privatisierungsgesetzes keinen Konsens über die Vergünstigungen an Betriebsangehörige finden konnte, wurde diese Frage noch nicht gesetzlich geregelt, vgl. § 25 PrivG. Nachfolgend werden daher die, vermutlich noch fortgeltenden, alten Regelungen dargestellt.

Neben den Betriebsangehörigen ist auch der Staat weiterhin durch Behalt kontrollierender Aktienpakete oder die Einräumung mit Sonderstimmrechten ausgestatteter goldener Aktien an zahlreichen Aktiengesellschaften beteiligt, vgl. § 15 Abs. 2, 8 PrivG. Desweiteren können kontrollierende Aktienpakete von umgewandelten Staatsunternehmen als Einlagen in neu gegründete Holdings eingebracht werden, vgl. § 16 Abs. 1 PrivG, wodurch sie ebenfalls dem freien Verkauf entzogen werden.

Die bisherigen Bestimmungen zum Erwerb vergünstigter Aktien durch die Belegschaft sahen drei Varianten vor. Das Grundmodell dafür war in § 23 des alten Privatisierungsgesetzes, Nr. 5 Privatisierungsprogramm 1992 und der Verordnung "Ordnung über die geschlossene Subskription bei der Privatisierung staatlicher und kom-

---

[86] Vgl. den ehemaligen stellvertretenden Vorsitzenden des Komitees zur Verwaltung des Staatsvermögens *Mostowoj*, Privatisierung in Rußland - Vorläufige Ergebnisse. Aufbruch zu neuen Grenzen, Priv. III, S. 3 (6).

1. Share Deal

munaler Unternehmen"[87] enthalten und in Nr. 5.3.1. Privatisierungsprogramm 1994 und später Nr. 3.4.1. Grundbestimmungen geringfügig modifiziert.

Nach der ersten Variante erwarben die Betriebsangehörigen 25 % aller Aktien unentgeltlich in Form sogenannter privilegierter Aktien, d. h. ohne Stimmrecht, und 10 % gewöhnlicher Aktien zu einem ermäßigten Preis. Die Betriebsleitung erhielt bis zu 5 % der Aktien ebenfalls zu einem ermäßigten Preis.

Bei der zweiten Variante kauften die Betriebsangehörigen 51 % der Aktien zu einem ermäßigten Preis. Dieses Verfahren wurde bisher in den meisten Fällen gewählt[88].

Ein Teil der Belegschaft, oder Außenstehende mit Zustimmung der Betriebsangehörigen, verpflichteten sich bei der dritten Variante vertraglich, das Unternehmen im Laufe eines Jahres nicht bankrott gehen zu lassen und die Arbeitsplätze zu erhalten. Dafür wurden ihnen für diese Zeit die Ausübung der Stimmrechte aller vom Staat gehaltenen Aktien und eine Option auf den Kauf von 30 % der Betriebsaktien nach Ablauf der Jahresfrist zu einem ermäßigten Preis gewährt. Daneben konnten die Betriebsangehörigen 20 % der Aktien zu einem ebenfalls ermäßigten Kaufpreis erwerben. Nähere Regelungen hierzu enthält die Verordnung "Ordnung über das Verfahren des Vertragsschlusses beim Erwerb von Aktien durch eine Gruppe von Arbeitern des Betriebes, die sich zur Erfüllung des Privatisierungsplans und zur Verhinderung der Insolvenz des privatisierten Unternehmens verpflichtet"[89].

Eine zusätzliche Vergünstigung bot ein später gemäß Nr. 5.3.9. Privatisierungsprogramm 1994 abgeschaffter Sonderfonds für die Arbeitnehmer (im Russischen abgekürzt FARP), aus dessen Mitteln die

---

[87] VO GKI No. 308-r vom 27. Juli 1992 in der geänderten Fassung vom 4. Februar 1993, abgedruckt in Priv. II, S. 241.
[88] Zur Häufigkeit der Wahl der Privatisierungsvarianten vgl. Interview mit dem ehemaligen stellvertretenden Vorsitzenden des Komitees zur Verwaltung des Staatsvermögens *Mostowoj* in Sakon 9/93/58.
[89] VO GKI No. 862-r vom 23. November 1992, abgedruckt in Priv. I, S. 258.

III. Kaufgegenstand

Belegschaft weitere 5 % (Modell Zwei), bzw. 10 % (Modelle Eins und Drei) der Aktien erwerben konnte[90].

Der Verbleib kontrollierender Aktienpakete im Staatseigentum ist in §§ 5, 6 PrivG, den Präsidialdekreten "Über Maßnahmen zur Durchführung der Industriepolitik bei der Privatisierung staatlicher Unternehmen[91] und "Über staatliche Garantien des Rechtes der russischen Bürger auf Teilnahme an der Privatisierung"[92], Nr. 2.3.20. Unterpunkt 2 Privatisierungsprogramm 1994, modifiziert durch Nr.2.7. Grundbestimmungen[93] vorgesehen. Danach darf der Staat bei der Privatisierung ausgewählter Unternehmen 51 oder 25,5 % der Aktien oder eine mit besonderen Stimmrechten ausgestattete goldene Aktie behalten. Die Frist hierfür ist grundsätzlich auf drei Jahre begrenzt, kann jedoch verlängert werden. Während die Bestimmung einer goldenen Aktie keinen Einfluß auf die von den Betriebsangehörigen gewählte Privatisierungsvariante hatte, erhielten sie beim Verbleib von 51 % des Aktienkapitals beim Staat privilegierte Aktien in Höhe von 25 % des

---

[90] Ehemals geregelt in Nr. 5.4. Privatisierungsprogramm 1992, Anl. 6 zum PD No. 66 vom 29. Januar 1992 "Über die Beschleunigung der Privatisierung staatlicher und kommunaler Unternehmen", WSND RF 7/1992/312; RegVO No. 213 vom 9. März 1993 "Verfahren zur Bildung des Aktienfonds der Arbeiter eines Unternehmens", SA PiP 11/1993/944; Brief GKI No. DV-2/3842 vom 8. Juni 1993 ohne Namen, abgedruckt in Priv. II, S. 265; vgl. hierzu auch VO GKI No.1262-r vom 7. September 1995 "Über die Klarstellung der Arten des Verkaufs von Aktienpaketen von Aktiengesellschaften", jur. Datenbank Kodex.

[91] PD No. 1392 vom 16. November 1992, SA PiP 21/1992/1731.

[92] PD No. 640 vom 8. Mai 1993, SA PiP 20/1993/1755 und die wegen der Zuspitzung des Verfassungsstreits ergangenen nahezu gleichlautenden PD No. 1108 vom 26. Juli 1993 "Über zusätzliche Maßnahmen zum Schutz des Rechts der russischen Bürger auf Teilnahme an der Privatisierung", SA PiP 31/1993/2839 und RegVO No. 757 vom 10. August 1993 "Über die Durchführung zusätzlicher Maßnahmen zum Schutz des Rechts der russischen Bürger auf Teilnahme an der Privatisierung", SA PiP 33/1993/3093.

[93] Kritisch hierzu Jakowlewa, Wann kommt ein effektiver Eigentümer? ESh 19/1995/1.

1. Share Deal

Gesamtkapitals unentgeltlich, andernfalls Aktien entsprechend der Variante 1, Nr. 3.4.1. Grundbestimmungen.

Die Möglichkeiten des Verbleibs von Aktien im Staatseigentum wurden im Laufe des Jahres 1995 durch das Präsidialdekret "Über Maßnahmen zur Sicherstellung der Einnahmen aus der Privatisierung in den Bundeshaushalt"[94] eingeschränkt und der vorzeitige Verkauf der Aktien solcher Betriebe angeordnet, die die neuen Kriterien nicht erfüllten. Für mehrere Industrien und auch einzelne Großunternehmen wurden jedoch in der Folge wieder Ausnahmeregelungen getroffen und etwa ausgelaufene Fristen um weitere drei Jahre verlängert[95].

---

[94] PD No. 478 vom 11. Mai 1995, SS 20/1995/1776 in Verbindung mit RegVO No. 949 "Über in der Privatisierung gegründete Aktiengesellschaften, deren Produkte von strategischer Bedeutung für die nationale Sicherheit sind und deren im Bundeseigentum stehende Aktien nicht vorzeitig verkauft werden dürfen", SS 41/1995/3899; vgl. auch den ehemaligen Vorsitzenden des Komitees zur Verwaltung des Staatsvermögens *Beljajew*, Auf der neuen Etappe der Privatisierung, Shurnal dlja Akzionerow 6/1995/2 (3).

[95] Vgl. RegVO No. 949 vom 18. Oktober 1995 "Über die Aufzählung der im Verlauf der Privatisierung gegründeten Aktiengesellschaften, deren Produktion (Waren, Dienstleistungen) strategische Bedeutung für die Gewährleistung der nationalen Sicherheit hat und deren im Bundeseigentum befindliche Aktien nicht vorzeitig verkauft werden dürfen", SS 41/1995/3899; RegVO No. 1258 vom 26. Dezember 1995 "Über die Verlängerung der Frist für den Verbleib eines Aktienpaketes der Russischen Aktiengesellschaft EES im Bundeseigentum", SS 2/1996/103; RegVO No. 1261 vom 26. Dezember 1995 "Über die Verlängerung der Frist für den Verbleib von Aktien von Aktiengesellschaften des Seetransports im Bundeseigentum", SS 2/1996/105; RegVO No. 32 vom 16. Januar 1996 "Über die Verlängerung der Frist für den Verbleib von Aktienpaketen und goldenen Aktien von in der Privatisierung gegründeten Aktiengesellschaften der Rüstungsindustrie im Bundeseigentum", SS 4/1996/288; RegVO No. 169 vom 26. Februar 1996 "Über die Ergänzung der Aufzählung der im Verlauf der Privatisierung gegründeten Aktiengesellschaften, deren Produktion (Waren, Dienstleistungen) strategische Bedeutung für die Gewährleistung der nationalen Sicherheit hat und deren im Bundeseigentum befindliche Aktien nicht vorzeitig verkauft werden dürfen", SS 10/1996/938; RegVO No. 174 vom 26. Februar 1996 "Über die Verlängerung der Frist für den Verbleib von Aktien von Aktiengesellschaften des Binnen-

III. Kaufgegenstand

wasserstraßentransports im Bundeseigentum", SS 10/1996/940; RegVO No. 222 vom 28. Februar 1996 "Über die Verlängerung der Frist für den Verbleib von Aktien von Aktiengesellschaften des Lufttransports im Bundeseigentum", SS 12/1996/1210; PD No. 399 vom 20. März 1996 "Über die Verlängerung der Frist für den Verbleib von Aktien der Russischen Aktiengesellschaft Gasprom im Bundeseigentum", SS 13/1996/1305; bez. der Verlängerung des Behalts einer goldenen Aktie in ausgewählten Metallunternehmen vgl. VO GKI No. 433-r vom 2. April 1996, abgedruckt in Panorama Priwatisazii 9/1996/19; PD No. 1333 vom 9. September 1996 "Über die Verlängerung der Frist für den Verbleib von Aktien von Aktiengesellschaften der Erdöl- und Energieindustrie im Bundeseigentum", SS 38/1996/4407; PD No. 1445 vom 16. Oktober 1996 "Über die Verlängerung der Frist für den Verbleib von Aktienpaketen im Bundeseigentum und die Wirkung einer goldenen Aktie bei Aktiengesellschaften des Maschinenbaukomplexes", SS 43/1996/4895; PD No. 1456 vom 18. Oktober 1996 "Über die Ergänzung der Aufzählung von im Verlauf der Privatisierung gegründeten Aktiengesellschaften, deren Produktion (Waren, Dienstleistungen) strategische Bedeutung für die Gewährleistung der nationalen Sicherheit haben und deren im Bundeseigentum befindliche Aktien nicht vorzeitig verkauft werden dürfen", 48/1996/5443; RegVO No. 1302 vom 31. Oktober 1996 "Über die Ergänzung der Aufzählung von im Verlauf der Privatisierung gegründeten Aktiengesellschaften, deren Produktion (Waren, Dienstleistungen) strategische Bedeutung für die Gewährleistung der nationalen Sicherheit hat und deren im Bundeseigentum befindliche Aktien nicht vorzeitig verkauft werden dürfen", SS 45/1996/5130; RegVO No. 1307 vom 31. Oktober 1996 "Über die Verlängerung der Frist für den Verbleib von Aktienpaketen im Bundeseigentum und die Wirkung einer goldenen Aktie bei Aktiengesellschaften des Maschinenbaukomplexes", SS 46/1996/5267; PD No. 1551 vom 16. November 1996 "Über die Ergänzung der Aufzählung der im Verlauf der Privatisierung gegründeten Aktiengesellschaften, deren Produktion (Waren, Dienstleistungen) strategische Bedeutung für die Gewährleistung der nationalen Sicherheit hat und deren im Bundeseigentum befindliche Aktien nicht vorzeitig verkauft werden dürfen", SS 47/1996/5311; RegVO No. 1406 vom 23. November 1996 "Über die Ergänzung der Aufzählung von im Verlauf der Privatisierung gegründeten Aktiengesellschaften, deren Produktion (Waren, Dienstleistungen) strategische Bedeutung für die Gewährleistung der nationalen Sicherheit haben und deren im Bundeseigentum befindliche Aktien nicht vorzeitig verkauft werden dürfen", SS 49/1996/5568; RegVO No. 1415 vom 23. No-

1. Share Deal

Beim Erwerb einer Beteiligung an einem Betrieb mit verbleibender staatlicher Beteiligung ist zu beachten, daß zahlreiche Bestimmungen des Aktienrechts erst dann für ihn gelten, wenn der staatliche Anteil auf unter 25 % gesunken ist[96]. Die goldene Aktie gewährt dem Staat nach § 5 Abs. 1 PrivG Vetorechte in der Aktionärsversammlung in verschiedenen wichtigen Fragen.
Der dritte Weg, auf dem Aktien dem freien Verkauf entzogen werden, ist ihre Einbringung in vom Staat gegründete Holdings, vgl.

vember 1996 "Über die Verlängerung der Frist für den Verbleib von Aktien der Erdöl- und Energieindustrie im Bundeseigentum", SS 50/1996/5658; RegVO No. 1415 vom 23. November 1996 "Über die Verlängerung der Frist für den Verbleib von Aktien der Erdöl- und Energieindustrie im Bundeseigentum", SS 50/1996/5658; PD No. 27 vom 21. Januar 1997 "Über die Verlängerung der Frist für den Verbleib der Aktien von Aktiengesellschaften des Transportbaus im Staatseigentum", SS 4/1997/519; RegVO No. 200 vom 22. Februar 1997 "Über die Verlängerung der Frist für den Verbleib von 38 % der Aktien der Aktiengesellschaft Koltschuginski-Fabrik für die Verarbeitung von Buntmetallen namens S. Ordshinikidse im Staatseigentum", SS 9/1997/1104; RegVO No. 208 vom 22. Februar 1997 "Über die Verlängerung der Frist für den Verbleib der Aktien von Aktiengesellschaften des Transportbaus im Staatseigentum", SS 9/1997/1110; PD No. 480 vom 14. Mai 1997 "Über die Verlängerung der Frist des Verbleibs von Aktien und goldenen Aktien von im Verlauf der Privatisierung gegründeten Aktiengesellschaften des Ministeriums der Russischen Föderation für Atomenergie im Staatseigentum", SS 20/1997/2237; RegVO No. 851 vom 8. Juli 1997 "Über die Verlängerung der Frist für den Verbleib von Aktien und goldenen Aktien von Aktiengesellschaften, die im Verlauf der Privatisierung von Unternehmen des Ministeriums der Russischen Föderation für Atomenergie gebildet wurden im Staatseigentum", SS 28/1997/3459; VO der Regierung von Moskau No. 515 vom 8. Juli 1997 "Über die Verlängerung der Frist für den Verbleib von goldenen Aktien im staatlichen Eigentum der Stadt Moskau", jur. Datenbank Kodex.

[96] Vgl. Ziffer 1 und 2 der VO des Plenums des Obersten Gerichts und des Obersten Wirtschaftsgerichts No. 4/8 vom 2. April 1997 "Über einige Fragen bei der Anwendung des Gesetzes über die Aktiengesellschaften", abgedruckt in ESh 17/1997/16.

III. Kaufgegenstand

§§ 16 Abs. 1, 23 PrivG[97]. Die entsprechenden Beschlüsse werden durch Einzelfallentscheidung[98], die in der Form der Regierungsverordnung oder des Präsidialdekrets ergeht, gefaßt. Praktisch von Bedeutung ist die Bildung von Holdings bei Telefongesellschaften, Energienetzbetreibern und anderen überörtlich operierenden Betreibern von Infrastruktureinrichtungen. Typischerweise werden kontrollierende Aktienpakete aller lokalen Versorger einem nationalen Anbieter gegeben. Daneben sind solche Umstrukturierungen aber auch in der Waldwirtschaft sowie der Erdöl- und Erdgasbranche üblich. Dort wurden zum Teil sogar 100 % der Aktien von Unternehmen aller Stadien des Produktions- und Vermarktungsprozesses in neugeschaffene Konzerne eingebracht. Bisher wurden erst wenige Aktien dieser, ebenfalls in der Form der Aktiengesellschaft organisierten, neuen Holdings privatisiert. Ihr weiterer Verkauf ist politisch umstritten,

---

[97] Vgl. PD No. 2096 vom 5. Dezember 1993 "Über die Schaffung von Finanz-Industrie-Gruppen in der Russischen Föderation", SA PiP 49/1993/4766; Gesetz vom 30. November 1995 "Über Finanz-Industrie-Gruppen", SS 49/1996/469; PD No. 443 vom 1. April 1996 "Über Maßnahmen zur Stimulierung der Gründung und Tätigkeit von Finanz-Industrie-Gruppen", SS 15/1996/1573; RegVO No. 621 vom 22. Mai 1996 "Über das Verfahren der Führung des staatlichen Registers von Finanz-Industrie-Gruppen in der Russischen Föderation", SS 22/1996/2699; kritisch hierzu Redaktionsbeitrag, Finanz-Industrie-Gruppen, ESh 50/1995/23; Moscow Times vom 19. März 1996, Insider Banks Rebuild the Soviet Monopolies; vgl. auch *Torkanowski*, Finanz-Industrie-Gruppen. Perspektiven und Probleme, ChiP 4/1996/48 und 5/1996/28; Mitarbeiter des Industrieministeriums *Kitajew*, Finanz-Industrie-Gruppen: Der Status gewährt keine Vergünstigungen, doch er eröffnet die Möglichkeit zum Wachstum, ESh 1/1997/10; *Krüßmann*, Finanz-Industrie-Gruppen in der Russischen Föderation, WiRO 1996, S. 447.

[98] Vgl. PD No. 963 vom 22. September 1996 "Über die Schaffung der offenen Aktiengesellschaft Russische Metallurgie", SS 39/1995/3757; RegVO No. 1290 vom 26. Dezember 1995 gleichen Namens, SS 41/1995/3874.

1. Share Deal

obwohl grundsätzlich angestrebt ist, die dem Staat gehörenden Aktien dieser Holdings in der Privatisierung zu verkaufen[99]. Die staatlichen Aktienpakete werden auf das Verschiedenste verwaltet[100]. Während die Stimmrechte zu Anfang der Privatisierung noch dem Betriebsdirektor oder der örtlichen Verwaltung[101] übergeben wurden, ging man nach der Einführung des Treuhandeigenums[102] dazu

---

[99] Nr. 4.16. der Anlage 1 zum PD No. 1392 vom 16. November 1992 "Über Maßnahmen zur Durchführung der Industriepolitik bei der Privatisierung staatlicher Unternehmen", SA PiP 21/1992/1731; vgl. auch zu Holdings allgemein VO GKI No. PM-35/8814 vom 17. Oktober 1994 "Über einige Vorschriften, die die Schaffung von Finanz-Industrie-Gruppen und Holdings regeln", abgedruckt in Priv. III, S. 98.

[100] Vgl. PD No. 986 vom 30.9.1995 "Über das Verfahren der Entscheidung über die Verwaltung von und die Verfügung über im Bundeseigentum stehende Aktien", SS 41/1995/3874; RegVO No. 625 vom 21. Mai 1996 "Über die Gewährleistung der Vertretung der staatlichen Interessen in den Leitungsorganen von Aktiengesellschaften (Handelsgesellschaften), deren Aktien (Beteiligungen) zu einem Teil im Bundeseigentum stehen", SS 22/1996/2698; RegVO No. 777 vom 1. Juli 1996 "Über die Ernennung von Vertretern der Russischen Föderation bei der Verwaltung von im Bundeseigentum befindlichen Aktienpaketen von Aktiengesellschaften des Erdöl-Energie-Komplexes", SS 28/1996/3393; VO GKI No. 849-r vom 22. Juli 1996 "Über die Attestierung von Verwaltern, die die Interessen des Staates in den Leitungsorganen von Aktiengesellschaften vertreten", jur. Datenbank Kodex; PD No. 1210 vom 18. August 1996 "Über Maßnahmen zum Schutz der Aktionäre und zur Gewährleistung der Interessen des Staates als des Eigentümers und des Aktionärs", SS 35/1996/4142.

[101] Vgl. Nr. 3 des PD No. 1731 vom 16. Oktober 1992 "Über Maßnahmen zur Durchführung der Industriepolitik bei der Privatisierung staatlicher Unternehmen", SA PiP 21/1992/1731; vgl. in diesem Zusammenhang auch RegVO No. 509 vom30. April 1997 "Über die Übergabe der im Bundeseigentum befindlichen Aktien der Aktiengesellschaft Moskwitsch an die Stadt Moskau", SS 20/1997/2280.

[102] PD No. 2296 vom 24. Dezember 1993 "Über das Treuhandeigentum (Trust)", SA PiP 1/1994/6; VO GKI No. 343-r vom 15. Februar 1994 "Mustervertrag für Treuhandeigentum", jur. Datenbank Kodex; VO GKI No. PM-3055 vom 15. April 1994 "Über einige Vorschriften, die die Über-

III. Kaufgegenstand

über, die Aktien bis zu ihrem Verkauf treuhänderisch den jeweiligen Fachministerien[103], staatlich kontrollierten Holdings, aber auch auf der Grundlage von Ausschreibungen ausgewählten Verwaltern[104] zu überlassen. Mit dem Präsidialdekret "Über das Verfahren der Verpfändung von im Bundeseigentum befindlichen Aktien im Jahre 1995"[105] i.V.m der Verordnung "Ordnung über das Verfahren zur gabe von Aktien privatisierter Unternehmen in Treuhandeigentum (Trust) regeln", abgedruckt in Priv. III, S. 94, ergänzt durch PD No. 1660 vom 9. Dezember 1996 "Über die Übergabe von im Bundeseigentum stehenden Akien von im Verlauf der Privatisierung geschaffenen Aktiengesellschaften in treuhänderische Verwaltung", SS 51/1996/5764; vgl. auch Medwedew, Die Treuhandverwaltung - buchhalterische Erfassung und Besteuerung, ChiP 5/1997/44.

[103] Vgl. bspw. RegVO No. 708 vom 14. Juli 1995 "Über die Gruppe zur Verwaltung des kontrollierenden Aktienpaketes der Russischen Export-Import-Bank", SS 29/1995/2820.

[104] Vgl. RegVO No. 1485 vom 11. Dezember 1996 "Über die Durchführung von Ausschreibungen zum Recht auf Abschluß eines Treuhandvertrages über im Bundeseigentum befindliche Aktien von Aktiengesellschaften der Kohleindustrie", SS 52/1996/5919, geändert in SS 20/1997/2285, in Verbindung mit Informationsbrief des Obersten Wirtschaftsgerichts No. S 5-7/OS-39 vom 20. Januar 1997 "Im Zusammenhang mit der Verabschiedung der Regierungsverordnung No. 1485 vom 11. Dezember 1996 "Über die Durchführung von Ausschreibungen zum Recht auf Abschluß eines Treuhandvertrages über im Bundeseigentum befindliche Aktien der Kohleindustrie", abgedruckt in WWAS 4/1997/122; vgl. auch VO der Regierung von Moskau No. 418 vom 3. Juni 1997 "Über unaufschiebbare Maßnahmen zur Unterstützung von Industrieunternehmen der Stadt Moskau", abgedruckt in ESh Moskowski Wypusk 20/1997/14; RegVO No. 989 vom 7. August 1997 "Ordnung für die Durchführung von Ausschreibungen zum Recht auf Abschluß eines Treuhandvertrages über im Bundeseigentum befindliche Aktien von in der Privatisierung geschaffenen Aktiengesellschaften", SS 45/1997/5193.

[105] PD No. 889 vom 31. August 1995, SS 36/1995/3527; vgl. hierzu auch den ehemaligen Vorsitzenden des Komitees zur Verwaltung des Staatsvermögens Beljajew, Auf der neuen Etappe der Privatisierung, Shurnal dlja Akzionerow 6/1995/2 (5).

1. Share Deal

Durchführung von Auktionen über das Recht zum Abschluß eines Darlehensvertrages, eines Pfandvertrages über im Bundeseigentum befindliche Aktien und eines Kommissionsvertrages zur Gewährleistung von Einnahmen aus der Nutzung staatlichen Vermögens in den Bundeshaushalt im Jahre 1995"[106] wurden weiterhin die gesetzlichen Voraussetzungen dafür geschaffen, daß Pakete solcher Aktien auch von Banken verwaltet und eventuell sogar später erworben werden können. Beteiligungen an ausgesuchten attraktiven Unternehmen werden meistbietend an ausschließlich inländische Bankenkonsortien zur Sicherung von Darlehen verpfändet, die diese dem russischen Staat gewähren[107]. Seit Mitte 1997 werden auch hochrangige Regierungsmitglieder in die Aufsichtsräte bedeutender Unternehmen entsandt, um die Rechte des staatlichen Eigentümers wahrzunehmen, vgl. §§ 5 Abs. 1, 6 Abs. 2, 3 PrivG[108].

Nach dem Vorgesagten bleiben nur noch Minderheitsbeteiligungen für den freien Verkauf über. Sie werden zu festgesetzten Terminen auf Ausschreibungen oder Auktionen veräußert, vgl. § 16 Abs. 1 PrivG. Dies geschieht bei der Ausschreibung im Paket und unter bestimmten Auflagen, vgl. § 21 PrivG, bei Auktionen im Paket oder in breiter

---

[106] VO GKI No. 1458-r vom 10. Oktober 1995, abgedruckt in ESh 43/1995/22, zuletzt geändert durch VO GKI No. 1575-r vom 31. Oktober 1995 ohne Namen, abgedruckt in Panorama Priwatisazii 23/1995/10; vgl. auch VO GKI No. 1665-r/236 vom 14. November 1995 "Mustervertrag über die Verpfändung von im Staatseigentum befindlichen Aktien", Panorama Priwatisazii 1/1996/26. Alle vorstehenden Vorschriften wurden per 1. März 1996 aufgehoben, vgl. VO GKI No. 284-r vom 1. März 1995 ohne Namen, abgedruckt in Panorama Priwatisazii 8/1996/35 und gemeinsame VO FI/GKI No. 258-r vom 1. März 1996 "Über die Außerkraftsetzung von Verordnungen des Komitees zur Verwaltung des Staatsvermögens und des Vermögensfonds", abgedruckt in Panorama Priwatisazii 8/1996/36.

[107] Kritisch hierzu der Vorsitzende des Duma-Ausschusses für Eigentum, Privatisierung und Wirtschaftstätigkeit *Burkow*, Die Version des Gesetzgebers, ESh 44/1995/6; Informationsbrief Russia and the other States of the CIS, February 1996, S. 20, Legal Update: Loans for Shares Redux.

[108] RegVO No. 439 vom 22. April 1997 "Über Maßnahmen zur Gewährleistung der Verwaltung der im Bundeseigentum stehenden Aktien der RAO EES Rußland", SS 17/1997/2005.

III. Kaufgegenstand

Streuung und bedingungslos, vgl. § 22 PrivG. Das Bietverfahren für beide Verkaufsformen unterscheidet sich fast nicht; Ausschreibungen finden immer schriftlich, Auktionen als offene, d. h. unter Anwesenheit der Teilnehmer, und als geschlossene, d. h. im schriftlichen Bietverfahren, statt.

Bei der Ausschreibung sind reine Investitionsausschreibungen, § Nr. 3.4.2. Grundbestimmungen, bei denen sich der Erwerber des Aktienpaketes zur Tätigung bestimmter Investitionen verpflichten muß, solche mit Sozialbedingungen, vgl. Nr. 3.4.3. Grundbestimmungen (früher kommerzielle Ausschreibungen genannt), aber auch Ausschreibungen mit Investitions- und Sozialbedingungen möglich. Auktionen finden als gewöhnliche, Nr. 3.4.4. Grundbestimmungen, statt, bei denen ganze Aktienpakete verkauft werden, und als sogenannte Spezialauktionen für den Verkauf von Aktien, Nr. 3.4.5. Grundbestimmungen, § 16 Abs. 1 PrivG, deren Verfahren zu einer breiten Streuung der angebotenen Aktien führt.

Während der bis zum 1. Juli 1994, in Moskau bis zum 1. Januar 1995[109], durchgeführten Massenprivatisierung wurden Aktien hauptsächlich auf sogenannten Voucherauktionen verkauft. Gemäß Nr. 5.4.1., 5.4.5. Privatisierungsprogramm 1994[110] mußten mindestens 29 % der Aktien aller Betriebe so veräußert werden. Einzig zugelassenes Zahlungsmittel waren hier kostenlos an die Bevölkerung ausgegebene Anteilsscheine, sogenannte Voucher[111]. Das für solche Auktionen

---

[109] Vgl. PD No. 1591 vom 6. Oktober 1993 "Über die Verlängerung der Geltungsfrist von Privatisierungsschecks des Ausgabejahrs 1992", SA PiP 41/1993/3914.

[110] Vgl. auch PD No. 640 vom 8. Mai 1993 "Über staatliche Garantien des Rechts der russischen Bürger auf Teilnahme an der Privatisierung", SA PiP 20/1993/1755; der Inhalt dieses Dekrets wurde aufgrund des sich zuspitzenden Verfassungskonflikts noch einmal im PD No. 1108 vom 26. Juli 1993 "Über zusätzliche Maßnahmen zum Schutz des Rechts der russischen Bürger auf Teilnahme an der Privatisierung", SA PiP 31/1993/2839 und der RegVO No. 3093 vom 10. August 1993 "Über die Durchführung zusätzlicher Maßnahmen zum Schutz des Rechts der russischen Bürger auf Teilnahme an der Privatisierung", SA PiP 33/1993/3093 wiederholt.

[111] Vgl. die einschlägigen Rechtsvorschriften hierzu in Priv. I, S. 282 bis 303.

1. Share Deal

vorgesehene Verfahren[112], und die durch die unentgeltliche Verteilung der Voucher erhöhte Nachfrage, führten zu einer breiten Streuung der Aktien. Ganze Aktienpakete wurden in dieser Zeit nur in ganz geringem Maße verkauft. Die wenigen Investitionsausschreibungen, bei denen solche Möglichkeiten bestanden, sahen die Tätigung extrem hoher Investitionen vor[113]. Ausschreibungen zum Verkauf von Aktienpaketen fanden nicht statt.

Mit dem Ende der Massenprivatisierung am 1. Juli 1994 ging man dazu über, vermehrt größere Aktienpakete an strategische Investoren zu verkaufen. Sowohl bei der Ausschreibung als auch der gewöhnlichen Auktion werden seitdem üblicherweise Pakete von 15 bis 25 % der Aktien eines Betriebes verkauft[114]; restliche Aktien veräußert man auf Spezialauktionen für den Verkauf von Aktien, Nr. 3.4. Grundbestimmungen.

Hierbei geriet die Investitionsausschreibung zum Verkauf von Aktienpaketen nicht zu der geplanten Verbreitung: während man zunächst vorgehabt hatte, ab dem 1. Juli 1994 Aktien hauptsächlich auf diese Art zu verkaufen[115], wurden die Möglichkeiten hierzu bereits im Frühjahr 1995 durch die Verordnung "Über spezielle Auktionen für den Verkauf der Aktien offener Aktiengesellschaften, die im Laufe der Privatisierung gegründet wurden"[116] wieder eingeschränkt. Der Grund für diesen Wechsel in der Privatisierungspolitik waren die ständigen

---

[112] Vgl. VO GKI No. 701-r vom 4. November 1992, "Ordnung über das Verfahren des Verkaufs von Aktien in der Privatisierung" abgedruckt in Sakon 9/1994/62.

[113] Vgl. Central European 9/1995/70, How to Buy a Russian Company.

[114] Vgl. die Ankündigungen solcher Auktionen in ESh 35/1995/35.

[115] Ehemaliger Vorsitzender des Komitees zur Verwaltung des Staatsvermögens *Tschubajs*, Nach der Scheckprivatisierung: wie geht es weiter? Panorama Priwatisazii 11/1994/3; dazu auch der Professor der Moskauer Staatlichen Universität *Osipenko*, Die Investitionsausschreibung: Probleme der Verbesserung der rechtlichen Regelungen, ESh 38/1994/11.

[116] VO GKI No. 726-r vom 25. Mai 1995, jur. Datenbank Kodex; vgl. auch Moscow Times vom 15. August 1995, Tenders to Be Phased out; Mitarbeiter des Komitees zur Verwaltung des Staatsvermögens *Lasarewski*, Investitionen und der Boden, Shurnal dlja Akzionerow 3/1995/2 (4).

III. Kaufgegenstand

Probleme bei der Durchführung der Kaufverträge. Oftmals hielten die Investoren ihre vertraglich eingegangenen Pflichten nicht ein, und die zuständigen Behörden hatten extreme Probleme mit dem Vertragscontrolling[117]. Das neue Privatisierungsgesetz versucht diesen Problemen Rechnung zu tragen, indem es dem Erwerber ein Verfügungsverbot über die Aktien auferlegt und bestimmt, daß das Eigentum daran erst dann auf ihn übergeht, wenn er alle eingegangenen Verpflichtungen erfüllt hat, § 21 Abs. 2 PrivG.

Die Auktion für den Verkauf von Aktienpaketen war bis zum Erlaß der auch für diese Art des Verkaufs geltenden allgemeinen Verfahrensordnung für den Verkauf von Staatsvermögen auf Auktionen[118] in Nr. 3.4., 3.4.4. Grundbestimmungen nur in aller Kürze geregelt; die dazugehörige Verfahrensordnung war trotz einer entsprechenden Ankündigung nicht erlassen worden. Daher griff man in der Vergangenheit ergänzend auf die älteren Verfahrensordnungen für den Aktienverkauf auf Auktionen, die Anlage 4 zum Präsidialdekret "Über die Beschleunigung der Privatisierung staatlicher und kommunaler Unternehmen"[119] und die Verordnung "Ordnung über den Verkauf von Aktien im Verlauf der Privatisierung"[120] zurück[121]. Bei der Auktion für den Verkauf von Aktienpaketen werden, ebenso wie bei der Ausschreibung zum Verkauf von Aktienpaketen, zwischen 15 und 25 % der Aktien eines privatisierten Unternehmens im Block verkauft. Je nach Größe und Bedeutung des Unternehmens können solche Auktionen

---

[117] Vgl. den Vorsitzenden des Vermögensfonds *Sokolow*, Die Unternehmen denken immer mehr über die Kapitalisierung ihrer Aktien nach, ESh 25/1995/1.

[118] RegVO No. 356 vom 27. März 1998 "Ordnung über den Verkauf staatlichen und kommunalen Vermögens auf Auktionen", abgedruckt in ESh 16/1998/12.

[119] PD No. 66 vom 29. Januar 1992, WSND RF 7/1992/312.

[120] VO GKI No. 701-r vom 4. November 1992, abgedruckt in Sakon 9/1993/62.

[121] Vgl. auch den Mitarbeiter des Komitees zur Verwaltung des Staatsvermögens *Lasarewski*, Investitionen und der Boden, Shurnal dlja Akzionerow 3/1995/2 (4).

1. Share Deal

örtlich begrenzt oder überregional durchgeführt werden. Möglich ist sowohl das schriftliche, als auch das mündliche Bietverfahren. Die speziellen Auktionen waren bisher in Nr. 3.4., 3.4.5. Grundbestimmungen geregelt. Für einfache spezielle Auktionen galt die Verordnung "Über die Bestätigung des Verfahrens zum Verkauf der Aktien von Aktiengesellschaften auf speziellen Auktionen für den Verkauf von Aktien"[122]. Sofern sie überregional durchgeführt wurden, war die Regierungsverordnung "Über das Verfahren zur Durchführung überregionaler und gesamtrussischer Spezialauktionen für den Verkauf der Aktien von Aktiengesellschaften, die durch Umwandlung staatlicher oder kommunaler Unternehmen entstanden sind"[123], zu beachten.

Gemäß Nr. 3.4. Grundbestimmungen sollen auf speziellen Auktionen solche Aktien verkauft werden, die, nach der Veräußerung von vergünstigten Aktien an die Betriebsangehörigen und Durchführung des Verkaufs von Aktienpaketen auf Ausschreibungen, übrigbleiben. Das für die stets im schriftlichen Verfahren durchzuführenden speziellen Auktionen vorgeschriebene Verfahren folgt dem für Scheckauktionen entwickelten Modell, bei dem alle Bieter zum Zuge kommen können, wodurch es ebenfalls zu einer breiten Streuung der Aktien führt. Zulässig sind sogenannte konkurrierende und nicht konkurrierende Angebote. Beim konkurrierenden Angebot gibt der Käufer einen maximalen Preis an, zu dem er zu kaufen bereit ist. Übersteigt der Auktionspreis diese Summe, so geht er leer aus. Beim nicht konkurrierenden Angebot nennt er nur die Zahl der Aktien, die er kaufen möchte, ohne Angabe einer Höchstsumme. Dabei besteht die Gefahr, daß die Aktien deutlich teurer eingekauft werden als vorauskalkuliert.

Bei den überregional durchgeführten Spezialauktionen werden die Kaufangebote von den örtlichen Vermögensfonds, bzw. von in deren

---

[122] VO GKI No. 2469-r vom 6. Oktober 1994, abgedruckt in Ross. Gaseta vom 3. Dezember 1994.

[123] RegVO No. 438 vom 28. April 1995, SS 20/1995/1798; vgl. hierzu auch VO GKI No. 1345-r vom 23. Dezember 1996 "Über die Bestätigung einer bevollmächtigten Bank für die Durchführung überregionaler und gesamtrussischer Spezialauktionen für den Verkauf der Aktien von offenen Aktiengesellschaften durch das Komitee zur Verwaltung des Staatsvermögens der Russischen Föderation", jur. Datenbank Kodex.

III. Kaufgegenstand

Auftrag handelnden privaten Vermittlungsfirmen, oder der Staatlichen Föderalen Fondsgesellschaft, einer extra für diese Zwecke geschaffenen staatlichen Organisation, eingesammelt und an den verkaufenden Vermögensfonds weitergeleitet, der die Auktion durchführt und die Gewinner schriftlich über die Ergebnisse informiert.

Die vorgenannten Bestimmungen über den Auktionsverkauf wurden durch die neue "Ordnung über den Verkauf staatlichen oder kommunalen Vermögens auf Auktionen"[124] nicht außer Kraft gesetzt. Es ist daher zu vermuten, daß sie insofern fortgelten, als sie dem späteren Recht nicht widersprechen.

b) Staatliche Beteiligungen an gemischten Gesellschaften

Wie eingangs erwähnt, sollte das alte Privatisierungsgesetz auch Anwendung auf die Privatisierung staatlicher Beteiligungen an gemischten Gesellschaften finden. Da gesonderte Bestimmungen hierzu nie erlassen wurden, blieben viele Fragen ungeklärt. Das neue Privatisierungsrecht regelt diesen Bereich daher ausdrücklich nicht; besondere Rechtsvorschriften hierfür wurden indes nicht erlassen.

Gemischte Gesellschaften sind zum einen halb staatliche, halb nichtstaatliche Betriebe, wie die vor allem im Bereich der Verarbeitung landwirtschaftlicher Produkte zwischen Kolchosen und Staatsbetrieben gegründeten staatlich-genossenschaftlichen Unternehmen. Zum anderen fallen auch die seit Schaffung der gesetzlichen Grundlagen im Jahre 1987 in der Rechtsform der Personengesellschaft gegründeten Joint Venture darunter, bei denen die Gesellschafter ein Staatsbetrieb oder der Staat einerseits, und ein ausländischer Investor andererseits, sind.

Die Privatisierung solcher Beteiligungen war in §§ 1, 2 des alten Privatisierungsgesetzes, Nr. 5.2. Privatisierungsprogramm 1994 nur unzureichend geregelt. Hinsichtlich des Verfahrens ist in Nr. 5.2. Privatisierungsprogramm 1994 wenig konkret bestimmt, daß solche Anteile auf Auktionen oder Ausschreibungen, darunter auch solchen mit einem eingeschränkten Teilnehmerkreis, verkauft werden. Für

---

[124] RegVO No. 356 vom 27. März 1998, abgedruckt in ESh 16/1998/12.

1. Share Deal

gemischte Gesellschaften ohne Beteiligung ausländischer Investitionen ist eine ähnliche Regelung wie für die, ebenfalls aus gemischtem staatlichem und privatem Eigentum bestehenden Pachtbetriebe vorgesehen. Sie unterliegen der Umwandlung in offene Aktiengesellschaften, wobei der staatliche Anteil nach den Vorschriften des Privatisierungsrechts unter Berücksichtigung etwaiger Sondervorschriften[125] der Privatisierung unterliegt.
Gesellschaften mit Beteiligung ausländischer Investitionen sind hiervon gemäß Nr. 1 des Präsidialdekrets "Über organisatorische Maßnahmen zur Umwandlung staatlicher Unternehmen und freiwilliger Vereinigungen von Staatsunternehmen in Aktiengesellschaften"[126], Nr. 2.1. Grundbestimmungen, ausdrücklich ausgenommen. Sofern ein ausländischer Investor ein Gemeinschaftsunternehmen mit einem Staatsbetrieb gegründet hat, wird der Staatsbetrieb zusammen mit dem Anteil am Joint Venture privatisiert[127]. Damit wird dann das Joint Venture mit dem Rechtsnachfolger des Staatsbetriebes fortgesetzt.
Zahlreiche Gemeinschaftsunternehmen wurden, vor allem in Moskau und St. Petersburg, mit der örtlichen Stadtverwaltung gegründet. Der Verkauf solcher Beteiligungen kann in der Regel nur an den Partner selber oder mit dem Einverständnis an einen Dritten durchgeführt werden, da die Gesellschaftsverträge üblicherweise ein solches Zustimmungserfordernis beinhalten[128], vgl. die gesetzlichen Regelungen in den mittlerweile außer Kraft getretenen § 11 Abs. 2 Satz 2 des

---

[125] Vgl. VO OS RF No. 5309-1 vom 1. Juli 1993 "Über die Besonderheiten der Umwandlung von staatlich-kooperativen Unternehmen, Organisationen und ihren Vereinigungen des agroindustriellen Komplexes in Aktiengesellschaften", WSND RF 29/1993/1120; RegVO No. 179 vom 29. März 1994 "Über die Besonderheiten der Umwandlung von staatlich-kooperativen Unternehmen, Organisationen und ihren Vereinigungen des agroindustriellen Komplexes in Aktiengesellschaften", SS 2/1994/93.

[126] PD No. 721 vom 1. Juli 1992, SA PiP 1/1992/3.

[127] Vgl. *Dolbanow*, Die Privatisierung des russischen Anteils in Gemeinschaftsunternehmen, Panorama Priwatisazii 13/1994/32; ehemaliger Vorsitzender des Schiedsgerichts bei der Industrie- und Handelskammer der Russischen Föderation *Suchanow*, Über die Privatisierung, ESh 17/1995/9.

[128] Vgl. *Suchanow*, Eigentumsgesetz, S. 32

III. Kaufgegenstand

Gesetzes "Über Unternehmen und unternehmerische Tätigkeit" (UntG)[129], Nr. 7 der alten "Ordnung über Aktiengesellschaften" (AktO)[130] und den §§ 93 Abs. 2 Satz 1, 97 Abs. 2 Satz 3 ZGB. Gemäß Nr. 28 der "Ordnung über den Verkauf verschuldeter Staatsunternehmen"[131] sind staatliche Beteiligungen an gemischten Gesellschaften, die für zahlungsunfähig erklärt wurden, auf Auktionen zu verkaufen. Dabei soll der Teilnehmerkreis auf solche Personen beschränkt sein, zu deren Erwerb die übrigen Gesellschafter ihre Zustimmung gegeben haben. Fälle einer solchen Veräußerung sind indes nicht bekannt geworden.

2. Asset Deal

Beim Asset Deal besteht der Kaufgegenstand üblicherweise aus den einzelnen Vermögenswerten eines Kleinbetriebes, meist aus der Dienstleistungsbranche. Daneben erfolgt jedoch auch der Verkauf liquidierter Staatsbetriebe, sowie ausgemusterten Vermögens von Staatsbetrieben im Wege des Asset Deal. Wird ein Betrieb im Ganzen verkauft, so finden hinsichtlich der Bestimmung des Kaufgegenstandes auch die §§ 132 Abs. 2, 559 Abs. 2 ZGB Anwendung[132]. Danach gehören die Firma, Waren- oder Dienstleistungszeichen und ähnliche Rechte zu den Vermögensgegenständen eines Unternehmens, die, auch ohne ihre ausdrückliche Erwähnung im Kaufvertrag als mit verkauft gelten.

---

[129] Gesetz vom 25. Dezember 1990, WSND RSFSR 30/1990/418, zuletzt geändert in WWS RF 23/1993/1256.
[130] RegVO No. 601 vom 25. Dezember 1990, SP RSFSR 6/1991/92.
[131] Anlage zum PD No. 1114 vom 2. Juni 1994 "Über den Verkauf verschuldeter Staatsunternehmen", SS 6/1994/592.
[132] Vgl. auch *Masewitsch/Tscheutschewa*, Der Unternehmensverkauf, Delo i Prawo 7/1996/26 (33).

2. Asset Deal

Systematisch gehört auch der außerhalb des Privatisierungsrechts geregelte Verkauf von Immobilien zum Asset Deal und wird daher in diesem Zusammenhang mit behandelt.

a) Kleinbetriebe

Kleinbetriebe zählten zu den ersten Objekten der Privatisierung. Im Rahmen der sogenannten kleinen Privatisierung wurden in einem ersten Schritt die monopolistischen Handels- und Dienstleistungsgroßunternehmen zerschlagen und die einzelnen Betriebe in juristisch unabhängige Einheiten, der Rechtsform nach kommunale staatliche Unternehmen, de facto jedoch nur Ein- oder Mehrpersonenbetriebe, umgewandelt[133]. Nach Durchlaufen des obligatorischen Privatisierungsverfahrens wurden ihre einzelnen Vermögenswerte auf regional durchgeführten Auktionen und Ausschreibungen verkauft. Dieser Prozeß war bereits Ende 1995 weitgehend abgeschlossen, so daß dieser Kaufgegenstand in der heutigen Praxis nur noch eine geringe Rolle spielt und gesonderte Bestimmungen hierzu im neuen Privatisierungsgesetz fehlen.

Für die Auktion galten keine Besonderheiten. Sie war in Nr. 5.5. Privatisierungsprogramm 1994 und der, auch für den Aktienverkauf geltenden Anlage 4 zum Präsidialdekret "Über die Beschleunigung der Privatisierung staatlicher und kommunaler Unternehmen"[134], geregelt. Üblich war nur das mündliche Auktionsverfahren. Das ebenfalls zulässige schriftliche Bietverfahren wurde nur in Ausnahmefällen gewählt.

Ausschreibungen wurden, wie beim Verkauf von Aktien, mit Investitions- und Sozialbedingungen durchgeführt. Sie waren in der auch für den Aktienverkauf geltenden Anlage 5 zum Präsidialdekret "Über die Beschleunigung der Privatisierung staatlicher und kommunaler

---

[133] Vgl. PD No. 240 vom 28. November 1991 "Über die Kommerzialisierung der Tätigkeit von Betrieben zur Erbringung alltäglicher Dienstleistungen in der RSFSR", WSND RSFSR 48/1991/1694.

[134] PD No. 66 vom 29. Januar 1992, WSND RF 7/1992/312.

III. Kaufgegenstand

Unternehmen"[135] geregelt. Speziell für die Investitionsausschreibung galt die ursprünglich auch für den Aktienverkauf konzipierte, insoweit jedoch durch eine neue Verfahrensordnung überholte Verordnung "Musterordnung für die Investitionsausschreibung für den Verkauf von Privatisierungsobjekten, die sich im staatlichen oder kommunalen Eigentum befinden"[136]. Für die Ausschreibung mit Sozialbedingungen fanden sich weitere Regelungen in Nr. 5.6. Privatisierungsprogramm 1994.

Wie beim Aktienverkauf waren auch bei der Veräußerung von Kleinbetrieben Vergünstigungen für die Betriebsangehörigen vorgesehen. Für den Fall, daß sie sich zum Kauf ihres Unternehmens zusammenschlossen, wurde ihnen ein derartiger Kaufpreisnachlass gewährt, daß sie außenstehende Käufer mühelos überbieten konnten. So wurden diese Kleinunternehmen in 70 % aller Fälle an die Betriebsangehörigen verkauft, wobei die weitestverbreitete Verkaufsform die Ausschreibung mit Sozialbedingung war[137].

b) Vermögen liquidierter und zu liquidierender Staatsbetriebe

Der Verkauf des Vermögens liquidierter oder zu liquidierender Staatsbetriebe war im alten Privatisierungsgesetz nicht vorgesehen und hat auch im neuen nicht Eingang gefunden. Ob die, diese Art der Privatisierung geltenden untergesetzlichen Bestimmungen fortgelten, ist unklar. In der Praxis kam die Liquidation von Unternehmen indes so gut wie nicht vor. Sie war ursprünglich als ein Drohmittel bzw. eine Bestrafung für solche Betriebe vorgesehen, die sich ihrer Privatisierung widersetzten. Im Gegensatz zum Verkauf insolventer Staatsbetriebe, bei denen aus Gründen des Gläubigerschutzes ein Insolvenzverfahren durchgeführt werden muß, gehen die Vorschriften über den Verkauf des Vermögens liquidierter oder zu liquidierender Betriebe davon aus,

---

[135] PD No. 66 vom 29. Januar 1992, WSND RF 7/1992/312.
[136] VO GKI No. 770-r vom 13. November 1992, abgedruckt in ESh 48/1992/20, zuletzt geändert durch VO GKI No. 342-r ohne Namen vom 15. Februar 1994, abgedruckt in Priv. II, S. 89.
[137] Vgl. die Meldung in ESh 17/1994/17.

2. Asset Deal

daß der Betrieb gesund und ein solches Verfahren daher nicht erforderlich ist.

Der Verkauf des Vermögens liquidierter oder zu liqudierender Staatsbetriebe bestimmt sich nach verschiedenen Vorschriften. Er wurde bereits in Nr. 5.3., 5.9. Privatisierungsprogramm 1992 als Privatisierungsart genannt, ohne jedoch näher ausgeführt zu werden. Mit den Bestimmungen in Nr. 5.12.1. Privatisierungsprogramm 1994, 3.6. Grundbestimmungen und der Regierungsverordnung "Über den Verkauf des Vermögens liquidierter und zu liquidierender staatlicher und kommunaler Betriebe auf Auktionen"[138] wurde diese Art der Privatisierung erst in späterer Zeit geregelt.

Danach werden solche Staatsbetriebe, deren Privatisierung zwar nicht verboten ist, jedoch nicht eingeleitet wurde, auf Beschluß des Komitees zur Verwaltung des Staatsvermögens liquidiert und ihr Vermögen anschließend verkauft. Eine nach den Regeln des allgemeinen Privatisierungsrechts gebildete Privatisierungskommission mit einem auf vertraglicher Grundlage vom Komitee zur Verwaltung des Staatsvermögens eingesetzten Liquidator als Vorsitzendem erarbeitet sodann einen Privatisierungsplan, in dem unter anderem auch über die Aufteilung des Vermögens in einzelne Lose entschieden wird.

Zulässiges Verkaufsverfahren ist einzig die Auktion, die von dem Liquidator unter der Aufsicht des Vermögensfonds organisiert wird. Sowohl das schriftliche als auch das mündliche Bietverfahren sind zulässig. Ein Teil des nach Befriedigung etwaiger Gläubiger und Deckung der Verkaufskosten übrigbleibenden Gewinns wird als Kompensation an die durch die Liquidierung arbeitslos gewordenen ehemaligen Betriebsangehörigen ausgezahlt.

---

[138] RegVO No. 469 vom 15. Mai 1995, SS 22/1995/2059; vgl. auch Informationsbrief des Obersten Wirtschaftsgerichts No. S 5-7/03-385 vom 10. Juli 1995 "Über das Verfahren des Verkaufs des Vermögens (der Aktiva) liquidierter und zu liquidierender staatlicher und kommunaler Unternehmen", WWAS 10/1995/66.

III. Kaufgegenstand

c) Ausgegliedertes Vermögen von Staatsbetrieben

Zum Teil im, zum Teil außerhalb des Privatisierungsrechts geregelt ist der, systematisch eigentlich nicht zur Privatisierung gehörende, Verkauf ausgegliederter Vermögenswerte von Staatsbetrieben oder solchen mit staatlicher Beteiligung.
Gemäß Nr. 5.12. Privatisierungsprogramm 1994, modifiziert durch Nr. 3.6.2. Grundbestimmungen dürfen solche Unternehmen in Abstimmung mit dem Komitee zur Verwaltung des Staatsvermögens selber ein Verkaufsverfahren für ihre ausgemusterten Vermögenswerte wählen. Für hochwertige Transportmittel wie Flugzeuge, Schiffe und Lastwagen ist jedoch ausschließlich die Auktion vorgesehen[139].
Ähnliche Vorschriften existieren auch außerhalb des Privatisierungsrechts. Hinsichtlich des Verkaufs entwidmeten Vermögens des Innenministeriums ist bestimmt, daß die jeweiligen regionalen Verwaltungen des Innenministeriums nach Einholung der Genehmigung des Komitees zur Verwaltung des Staatsvermögens ihr entwidmetes Vermögen im freien Verkauf oder in geschlossenen Auktionen an Angestellte oder Außenstehende veräußern können. Dabei hat das Komitee zur Verwaltung des Staatsvermögens das Recht, die Art des Verkaufs zu bestimmen[140].
Entsprechende Regeln existieren für die Veräußerung entwidmeten Heeres-[141] und Eisenbahnvermögens[142]. Zum Teil werden diese Ver-

---

[139] VO GKI No. 1068-r vom 17. Mai 1994, Westnik Priwatisazii 11/1994/4.

[140] PD No. 1192 vom 12. Oktober 1992 "Über die Privatisierung bei den Behörden des Innenministeriums", WSND RF 42/1992/2374; VO GKI No. 941-r vom 27. April 1994 "Instruktionen über das Verfahren zum Verkauf entwidmeten Vermögens des Innenministeriums", abgedruckt in Westnik Priwatisazii 10/1994/11.

[141] VO GKI No. 393-r vom 3. März 1993 "Über die Bestätigung des Verfahrens zur Kontrolle der Veräußerung und Nutzung entwidmeten Militärvermögens", abgedruckt in Ross. Westi vom 1. April 1993; PD No. 775 vom 23. Juli 1997 "Über die Änderung des Verfahrens zum Verkauf ausgegliederten Heeresvermögens, die Umwandlung in Aktiengesellschaften und die Privatisierung von Unternehmen, die mit Armeewaren handeln", SS 30/1997/3608; vgl. auch Moscow Times vom 24. Juli 1997,

2. Asset Deal

kaufsverfahren auch über das Komitee zur Verwaltung des Staatsvermögens abgewickelt.

d) Grundstücke

Die Grundstücksprivatisierung ist in Rußland problematisch. Bis heute fehlt der gesellschaftliche Konsens hierzu und eine Einigung für ein bestimmtes Modell konnte nicht erzielt werden[143]. So ist die Privatisierung des Bodens auch vom Anwendungsbereich des Privatisierungsgesetzes ausgeschlossen; ein Bodenprivatisierungsgesetz hingegen wurde nie erlassen. Grundsätzlich war privates Eigentum an natürlichen Ressourcen, wie Bodenschätzen[144] oder Wald[145], in Rußland tra-

---

Army Trade Houses Slated for Sell-Off; zum Verkauf ausländischen russischen Heeresvermögens und PD No. 908 vom 20. August 1997 "Über das bundesstaatliche unitäre Unternehmen Promexport", SS 34/1997/3956.

[142] RegVO No. 320 vom 21. März 1996 "Über das Verfahren des Verkaufs von rollenden Beständen und Containern der Eisenbahn, die sich im Bundeseigentum befinden, an Bürger und juristische Personen", SS 13/1996/1369.

[143] Ursprünglich war sogar vorgesehen, besondere Privatisierungsschecks für die Bodenprivatisierung einzuführen, vgl. Nr. 3 PD No. 1228 vom 14. Oktober 1992 "Über den Verkauf von Wohnungen, Grundstücken und kommunalem Eigentum gegen Privatisierungsschecks", SA PiP 16/1992/1235; allgemein zu den Problemen bei der Privatisierung von Grundstücken vgl. *Ikonizkaja* u. a., Probleme der Entwicklung des Bodenrechts in der Russischen Föderation, GiP 8/1993/3.

[144] Vgl. Gesetz vom 21. Februar 1992 "Über den Erdkörper", WSND RF 16/1992/834, zuletzt geändert in SS 10/1995/823; deutsche Übersetzung in HdB. WiRO, RUS 835.

[145] Vgl. das mittlerweile außer Kraft getretene Gesetz vom 6. März 1993 "Über die Grundlagen der Waldgesetzgebung der Russischen Föderation", WSND RF 15/1993/523, dazu auch *Krassow*, Die Grundlagen der Waldgesetzgebung der Russischen Föderation, S. 39 und das neue Waldgesetz vom 29. Januar 1997, SS 5/1997/610.

III. Kaufgegenstand

ditionell weitestgehend ausgeschlossen[146]. Das Privateigentum am Boden ist, obwohl in Art. 9 Abs. 2 Verfassung ausdrücklich garantiert, damit in Rußland bis heute noch nicht die Regel. Die Reformen kommen hier seit Jahren nur ganz langsam voran[147].

Der russische Präsident hat mehrere Versuche unternommen, die Bodenprivatisierung auf der Grundlage von Dekreten in Gang zu bringen. Diese werden jedoch nur schleppend[148] realisiert ein Umstand, der unter anderem auch darauf zurückzuführen ist, daß die Verfügungsbefugnis über Grundstücke auch nach dem Ende des Sozialismus bei den Kommunen verblieb[149], die sich dem Einfluß der Bundesprivatisierungsbehörden leichter entziehen können als dem Bund unterstellte Verwaltungen.

Die rechtlichen Bestimmungen zur Bodenprivatisierung im Zusammenhang mit der Unternehmensprivatisierung sehen folgende Möglichkeiten des Grundstückserwerbs vor: Die zu einem privatisierten Betrieb oder einer privatisierten baulichen Anlage gehörigen Grundstücke und - sofern nicht von Anfang an mit privatisiert - auch die von einem Unternehmen genutzten baulichen Anlagen können

---

[146] Vgl. hierzu *Ikonizkaja* in *Topornin* u. a., Die Verfassung der Russischen Föderation, Art. 9 Nr. 2; *Kljukin* in *Okunkow* u. a., Kommentar zur Verfassung der Russischen Föderation, Art. 9.

[147] Zum Entwurf des neuen Bodengesetzbuches vgl. die Mitteilung des Komitees zur Verwaltung des Staatsvermögens, Das Bodenrecht. Überblick über die Gesetzgebung für die Monate Juli-August 1995, ESh 35/1995/26; *Syrodojew*, Das Recht auf Boden: gestern und heute, Sakon 11/1995/89.

[148] Vgl. Moscow Times vom 5. April 1994, Enterprises Finally Start to Buy Industrial Land; Vorsitzender des Vermögensfonds *Sokolow*, Es läuft die zweite, die Geldetappe der Privatisierung, Shurnal dlja Akzionerow 5/1995/7 (8); Moscow Times vom 8. August 1997, Kirovsky Factory Trades Debt for Land.

[149] Vgl. die mittlerweile außer Kraft getretenen §§ 18, 19 BodenG RSFSR vom 25. April 1991, WSND RSFSR 22/1991/768, zuletzt geändert in SA PiP 52/1993/5085; Nr. 2 des PD No. 2287 vom 24. Dezember 1994 "Über die Anpassung des Bodenrechts der Russischen Föderation an die Verfassung der russischen Föderation", SA PiP 52/1993/5085; *Kutafin/Fadejew*, Das Kommunalrecht der Russischen Föderation, S. 296 ff.

2. Asset Deal

gleichzeitig oder nach Abschluß der Privatisierung in einem gesonderten Verfahren wahlweise erworben oder langfristig, unter Fortexistenz des Rechts zum späteren Kauf, gepachtet werden, Nr. 5.7. Privatisierungsprogramm 1992, Nr. 5.9. Privatisierungsprogramm 1994, Nr. 1 des Präsidialdekrets "Über den Verkauf von Grundstücken an Bürger und juristische Personen bei der Privatisierung staatlicher und kommunaler Unternehmen"[150], Präsidialdekret "Über Garantien für Eigentümer baulicher Anlagen zum Erwerb der dazugehörigen Grundstücke zu Eigentum"[151].

Bei der Privatisierung von Bauland gibt es unterschiedliche rechtliche Bestimmungen für Wohn- und Gewerbegrundstücke. Der Verkauf von Grundstücken zum Eigenheimbau an die russische Bevölkerung boomt seit mehreren Jahren, wovon die zahlreichen vor den Toren der russischen Städte wie Pilze aus dem Boden schießenden Einfamilienhaussiedlungen zeugen[152]. Vermutlich Zwecken des privaten Wohnungsbaus dienen gesetzliche Bestimmungen, die die Versteigerung städtischen und dörflichen Baulands an Investoren vorsehen[153]. Hiervon soll im folgenden nicht die Rede sein.

Die Umsetzung der Bestimmungen zur Bodenprivatisierung kam auch deshalb nicht in Gang, weil die erforderlichen rechtlichen Rahmenbedingungen nur langsam geschaffen wurden. Ein in Rußland traditionell außerhalb des Zivilgesetzbuches in einem separaten Gesetzbuch geregeltes Grundstücksrecht existiert praktisch nicht. Das Bodengesetzbuch wurde aufgrund seiner Unzeitgemäßheit von Präsident Jelzin

---

[150] PD No. 301 vom 25. März 1992, WSND RF 14/1992/761.

[151] PD No. 485 vom 16. Mai 1997, SS 20/1997/2240.

[152] Vgl. auch Sakon 3/1997, Das Haus vor der Stadt; die einschlägige Gesetzgebung hierzu findet sich in den Sammelbänden: "Die Boden- und Agrarreform in Rußland" und "Das Bodenrecht der Russischen Föderation".

[153] Präsidialdekret No. 1263 vom 26. November 1997 "Über den Verkauf und die Verpachtung von städtischen und dörflichen Baugrundstücken an natürliche und juristische Personen", SS 50/1997; RegVO No. 2 vom 5. Januar 1998 "Ordnung zur Durchführung von Versteigerungen für den Verkauf und die Verpachtung von städtischen und dörflichen Baugrundstücken an natürliche und juristische Personen", SS 2/1998/263.

III. Kaufgegenstand

weitgehend außer Kraft gesetzt[154], ein neues erging noch nicht[155]. Ebenso trat das schon lange geplante Gesetz "Über die staatliche Registrierung von Immobilienrechten und Immobiliengeschäften"[156], auf dessen Grundlage ein von der Justiz geführtes, modernes Grundbuchwesen geschaffen werden soll[157], erst Anfang 1998 in Kraft. Zuvor wurde die Funktion des Grundbuches durch ein von den Komitees für Bodennutzung geführtes staatliches Kataster ausgeübt, das vorrangig Zwecken der Raumordnung und Entwicklung von Bebauungsplänen diente[158]. Bis zur Verabschiedung eines neuen Bodengesetzbuches treten auch die sachenrechtlichen Regelungen im siebzehnten Kapitel des neuen Zivilgesetzbuches nicht in Kraft. Angesichts dieser Verhältnisse zählt das Grundstücksrecht immer noch zu einem der rückständigsten Rechtsgebiete in Rußland. Daher dominiert noch die Praxis, bezüglich der Betriebsgrundstücke von privatisierten Unternehmen oder mit Investoren, die den Bau von Gewerbeimmobilien auf freien Flächen planen, zunächst lediglich Pachtverträge abzuschließen[159].

[154] PD No. 2287 vom 24. Dezember 1993 "Über die Anpassung des Bodenrechts der Russischen Föderation an die Verfassung der Russischen Föderation", SA PiP 52/1993/5085.

[155] Zum Entwurf eines neuen Gesetzes vgl. *Jakowlewa*, Grundstücke im rechtlichen Vakuum, ESh 48/1994/1; vgl. auch *Rogow*, Wie man Schwierigkeiten beim Grundstückskauf vermeiden kann, ESh 33/1996/22.

[156] Gesetz vom 21. Juli 1997, SS 30/1997/3594, deutsche Übersetzung mit Einführung in WiRO 1998, S. 21.

[157] Vgl. RegVO No. 219 vom 18. Februar 1998 "Regeln für die Führung des einheitlichen staatlichen Registers der Immobilienrechte und Immobiliengeschäfte", abgedruckt in ESh 10/1998/12 und RegVO No. 288 vom 6. März 1998 "Musterordnung über die Justizeinrichtungen zur staatlichen Registrierung von Immobilienrechten und Immobiliengeschäften", abgedruckt in ESh 12/1998/13.

[158] RegVO No. 622 vom 25. August 1992 "Über die Vervollkommnung des staatlichen Katasters der Russischen Föderation", SA PiP 9/1992/609; PD No. 2130 vom 11. Dezember 1993 "Über das staatliche Kataster und die Registrierung von Rechten an Immobilien", SA PiP 50/1993/4868.

[159] *Wasilew*, Pachtverhältnisse und Privatisierung, Sakon 10/1994/86 (86); St. Petersburg Press vom 21. Juni 1994, Land Auction Proves a Failure.

2. Asset Deal

Im Einzelnen wird die Privatisierung von Gewerbegrundstücken durch folgende Vorschriften geregelt:

- Präsidialdekret "Über den Verkauf von Grundstücken an Bürger und juristische Personen bei der Privatisierung staatlicher und kommunaler Unternehmen"[160];
- Präsidialdekret "Über die Bestätigung des Verfahrens zum Verkauf von Grundstücken bei der Privatisierung staatlicher und kommunaler Unternehmen, Ausdehnung und zusätzlichen Bebauung solcher Unternehmen, sowie bei der Zurverfügungstellung an Bürger und ihre Vereinigungen zur Ausübung unternehmerischer Tätigkeit"[161];
- Präsidialdekret "Über die Regulierung der Bodenverhältnisse und die Entwicklung der Agrarreform"[162];
- Nr. 4 ff., insbesondere Nr. 4.10. Grundbestimmungen;
- Verordnung "Über einige Vorschriften zur Regelung des Verkaufs von unbeweglichem Vermögen"[163];
- Verordnung "Erklärungen zu einigen Fragen, die beim Verkauf von Grundstücken an die Eigentümer privatisierter Unternehmen, Gebäude oder Anlagen entstehen"[164];
- Präsidialdekret "Über Garantien für Eigentümer baulicher Anlagen zum Erwerb der dazugehörigen Grundstücke zu Eigentum"[165]

Danach dürfen Gewerbegrundstücke nur unter engen Voraussetzungen privatisiert werden:

---

[160] PD No. 301 vom 25. März 1992, WSND RF 14/1992/761.
[161] PD No. 631 vom 14. Juni 1992, WSND RF 25/1992/1427, zuletzt geändert in SS 20/1997/2240.
[162] PD No. 1767 vom 27. Oktober 1993, SA PiP 44/1993/4191, geändert durch PD No. 2287 vom 24. Dezember 1993 "Über die Anpassung der Bodengesetzgebung der Russischen Föderation an die Verfassung der Russischen Föderation", SA PiP 52/1993/5085.
[163] Brief GKI No. ATsch-2/7248 vom 16. August 1994, abgedruckt in Sakon 12/1994/82.
[164] VO GKI No. 818-r vom 15. Juni 1995, abgedruckt in ESh 45/1996/22.
[165] PD No. 485 vom 16. Mai 1997, SS 20/1997/2240.

III. Kaufgegenstand

- Käufer können nur solche natürlichen oder juristischen Personen sein, die in der Privatisierung die auf dem Grundstück befindlichen baulichen Anlagen erworben haben.
- Unbebaute Gewerbegrundstücke, die zum Gelände eines privatisierten Unternehmens gehören und an denen das Unternehmen ein Nutzungsrecht hat, müssen auf Wunsch gemeinsam mit dem bebauten Betriebsgrundstück an das Unternehmen, bzw. seinen Eigentümer, verkauft werden, wenn die Verpflichtung übernommen wird, dort binnen drei Jahren für eigene Zwecke zu bauen.
- Unbebaute Gewerbegrundstücke, an denen niemand ein Nutzungsrecht hat, können im Wege der Versteigerung zur Erweiterung der Produktion an privatisierte Unternehmen, bzw. deren Eigentümer, verkauft werden.
- Bebaute Grundstücke, die privaten Einzelunternehmern oder privat gegründeten Gesellschaften vor dem 14. Juni 1992 förmlich zur Nutzung zugewiesen worden sind, müssen den Nutzern auf Wunsch verkauft werden.
- In niemandes Nutzung befindliche gewerblichen Zwecken dienende bauliche Anlagen können zusammen mit dem dazugehörigen Grundstück an beliebige, gemäß § 9 PrivG zur Teilnahme an der Privatisierung zugelassene Personen versteigert werden. Gleiches gilt für in niemandes Nutzung befindliche gewerblich genutzte Flächen in Wohnhäusern, die gemeinsam mit einem entsprechenden Anteil am Grundstück verkauft werden können.

Damit existiert ein Anspruch auf den Erwerb eines Grundstücks bei solchen Personen, die in der Privatisierung das Eigentum an einer darauf befindlichen baulichen Anlage erworben haben. Andere Interessenten, wie beispielsweise gewerbliche Immobilienentwickler, haben die Möglichkeit auf von den örtlichen Behörden durchzuführenden Versteigerungen Bauland zu kaufen oder zu pachten. In den Großstädten Moskau und St. Petersburg mit ihrem knappen Angebot an Büroflächen wird das Recht, ein Grundstück zu bebauen und auf bis

2. Asset Deal

zu 49 Jahre zu pachten, aufgrund örtlichen Rechts bereits seit mehreren Jahren meistbietend versteigert[166].
Weder die Pacht noch der Erwerb sind bisher jedoch attraktiv: Bei der Pacht besteht ein großer Unsicherheitsfaktor in der Höhe der Pachtzinsen, die jährlich auf Grundlage eines Gesetzes festgelegt werden und damit nur schwer kalkulierbar sind. Der Kaufpreis indes ist wegen der durch den zögerlichen Verkauf verursachten Knappheit in der Regel überhöht.

Grundstücke, auf denen sich Flug-, See- und Flußhäfen von überörtlicher Bedeutung befinden, mit Altlasten verseuchte oder dem Gemeingebrauch gewidmete Flächen sind von der Privatisierung ausgeschlossen; ebenso dürfen in dem genannten Verfahren keine land-, forst- und wasserwirtschaftlich genutzten Grundstücke verkauft werden, Nr. 4.2. Grundbestimmungen.

Für die Grundstücksprivatisierung in Moskau besteht zur Zeit ein Moratorium. Der Bürgermeister von Moskau, Juri Lushkow, setzte durch, daß Grundstücke in der Stadt bis zur Verabschiedung des neuen Bodengesetzbuches vorerst überhaupt nicht privatisiert werden[167].

---

[166] Vgl. St. Petersburg Press vom 21. Juni 1994, Land Auction Proves a Failure; Interview mit dem leitenden Mitarbeiter des Moskauer Bodenkomitees *Melnitschenko*, Moskau hat den vorletzten Schritt zum privaten Grundstückseigentum getan, ESh 24/1995/16; zu den Erwerbsbedingungen in Moskau vgl. FAZ vom 25. April 1997, Rechtliche Unsicherheit birgt Risiken.

[167] VO des Bürgermeisters von Moskau No. N 23-PM vom 17. Januar 1994 "Über einige Fragen der Regelung der Boden- und Vermögensverhältnisse in der Stadt Moskau", abgedruckt in dem Sammelband Grundstückspachtbeziehungen in der Stadt Moskau, S. 87; dazu auch *Kulikow*, Die Moskauer Privatisierung: Ein besonderer Kurs oder ein allgemeines Prinzip? ESh 24/1995/30; zur Höhe der von einem Unternehmen für das Betriebsgrundstück zu zahlenden Pachtzinsen sh. die VO des Bürgermeisters von Moskau No. 14-RM vom 12. Januar 1996 "Über die Änderung der Sätze für Pachtzinsen im Jahre 1996", jur. Datenbank Kodex; zu den Bedingungen der Verpachtung und Vergabe sonstiger Nutzungsrechte an Immobilien in Moskau vgl. die VO der Moskauer Regierung No. 689 vom 13. August 1996 "Über die Einnahme von Mitteln im ersten Halbjahr 1996 aus der

III. Kaufgegenstand

Der Inhalt des Grundeigentums ergibt sich aus Art. 36 Verfassung, den §§ 6 ff. ErdkörperG, den §§ 52 ff. BodenG, verschiedenen verstreuten baurechtlichen Vorschriften und Ziffer 4.10. Grundbestimmungen. Das noch nicht in Kraft getretene siebzehnte Kapitel des Zivilgesetzbuches kann vorab lediglich als Auslegungshilfe herangezogen werden. Nach Art. 36 Abs. 2 Verfassung wird dem Eigentümer die freie Beherrschung, Nutzung und Verfügung über seinen Grundbesitz gewährt. Die Bedingungen und das Verfahren der Bodennutzung stehen gem. Art. 36 Abs. 3 Verfassung unter einem Gesetzesvorbehalt. Gemäß Art. 72 Abs. 1 Verfassung gehört die Regelung dieser Fragen zur gemeinsamen Kompetenz von Bund und Subjekten der Föderation. Da das neue Bodengesetzbuch noch nicht verabschiedet ist, haben die Subjekte der Föderation teilweise eigene Bodengesetze verabschiedet, die sich jedoch größtenteils am alten sozialistischen Modell orientieren und oftmals sogar privates Grundeigentum ausschließen[168]. Ohne die Existenz eines formellen Bundesbodengesetzes kann von einer Garantie des Grundeigentums daher nicht gesprochen werden.

Der vorerst noch nicht gültige § 261 Abs. 2 ZGB zählt die Erdoberfläche, geschlossene Wasserreservoire, darauf befindliche Pflanzen und Bäume zum Grundstückseigentum. Gemäß § 261 Abs. 3 ZGB besteht ein Nutzungsrecht an über- und unterirdischen Naturressourcen, soweit dies nicht durch Vorschriften des Rechts der Bodenvorkommen, des Luftraumes oder anderer Gesetze begrenzt ist. Die Nutzung von Bodenvorkommen ist nach § 11 ErdkörperG nur nach dem Erwerb einer entsprechenden Lizenz möglich. Gemäß § 52 Abs. 2 BodenG besteht jedoch ein Anspruch auf die Nutzung von allgemein verbreiteten natürlichen Ressourcen wie Torf, Wald, ober- und unterirdischen Wasservorkommen. Nach §§ 52 Abs. 3 BodenG, 263 Abs. 1 ZGB wird das Recht zur Bebauung eines Grundstücks ausdrücklich gewährt. Das Eigentum an den nur von den Grundstückseigentümern genutzten

---

Privatisierung, der Verpachtung von Grundstücken und gewerblich genutzten baulichen Anlagen und über zusätzliche Maßnahmen zur Vollendung der Verwaltung des städtischen Vermögens und Erhöhung der Effektivität seiner Nutzung", jur. Datenbank Kodex.

[168] *Ikonizkaja* in *Topornin* u. a., Die Verfassung der Russischen Föderation, Art. 36 Nr. 1.

2. Asset Deal

kommunalen Versorgungsleitungen kann aufgrund einer Zusatzvereinbarung mit der Kommune unentgeltlich erworben werden.

Weitere Inhaltsbestimmungen des Grundeigentums finden sich in den baurechtlichen Vorschriften der §§ 70 ff. BodenG, verschiedenen Regierungsverordnungen über Baugenehmigungen[169] und den nachbarrechtlichen Bestimmungen in § 274 ZGB und Nr. 4.10. Grundbestimmungen.

Gemäß § 73 BodenG, Nr. 4.10. Grundbestimmungen wird die zulässige Nutzungsart von als Bauland ausgewiesenen Grundstücken durch die örtlichen Bebauungspläne bestimmt. Die Auferlegung von Nutzungsbeschränkungen im Einzelfall, die über die allgemeinen für ein Plangebiet geltenden Anforderungen hinausgeht, ist unzulässig. Für die Errichtung baulicher Anlagen bedarf es einer Baugenehmigung (im russischen staatliche Expertise genannt), Nr. 1 der Verordnung "Über die staatliche Expertise von Bebauungs- und Erschließungsplänen und die Genehmigung von Bauprojekten"[170]. Ein Grundstückseigentümer hat bestimmte eintragungspflichtige Dienstbarkeiten zugunsten seiner Nachbarn, wie Notwege oder Versorgungsleitungen, zu dulden, vgl. § 274 ZGB. Weiterhin sind zum Zeitpunkt des Erwerbs bestehende Beeinträchtigungen des Grundstücks zugunsten der Allgemeinheit in der Form eintragungspflichtiger öffentlich-rechtlicher Dienstbarkeiten fortzugewähren, Nr. 4.10. Grundbestimmungen. Dazu zählt die Duldung des Allgemeingebrauchs auf zum Grundstück gehörenden Verkehrsflächen und die Duldung der Nutzung und des Unterhalts von über das Grundstück führenden kommunalen Versorgungsleitungen und Vermessungszeichen.

---

[169] RegVO No. 585 vom 20. Juli 1993 "Über die staatliche Expertise von Bebauungs- und Erschließungsplänen und die Genehmigung von Bauprojekten", SA PiP 26/1993/2427; RegVO No. 18-41 vom 29. Oktober 1993 "Über das Verfahren zur Durchführung der staatlichen Expertise von Bebauungs- und Erschließungsplänen und Bauprojekten in der Russischen Föderation", BNA 2/1994/3.

[170] RegVO No. 585 vom 20. Juli 1993, SA PiP 26/1993/2427.

III. Kaufgegenstand

e) *Bauliche Anlagen*

Die gesonderte Privatisierung baulicher Anlagen ist für solche Betriebe vorgesehen, die an den von ihnen genutzten Anlagen zu sozialistischen Zeiten nur ein schlichtes Nutzungsrecht, das der operativen Leitung, und nicht das mehr eigentumsähnliche Recht der wirtschaftlichen Leitung hatten, vgl. auch § 24 des mittlerweile außer Kraft getretenen Eigentumsgesetzes der RSFSR[171]. Nur im Falle des Rechts der wirtschaftlichen Leitung waren bauliche Anlagen auch in der Unternehmensbilanz ausgewiesen und wurden zusammen mit dem Betrieb (jedoch ohne das Grundstück) privatisiert. Die operative Leitung, das heißt die Einräumung eines schlichten Nutzungsrechts an den, üblicherweise zum kommunalen Fonds gehörenden baulichen Anlagen, war typisch für Dienstleistungsbetriebe. Daher kommt die gesonderte Privatisierung baulicher Anlagen hauptsächlich bei solchem betrieblichem Vermögen vor, das im Wege des Asset Deal veräußert wird. Im Ergebnis kann sich die Privatisierung solcher Unternehmen dann über drei Stufen hinziehen: zuerst kommt die Privatisierung des Betriebes, und in zwei gesonderten Verfahren folgt die der baulichen Anlage und des Grundstücks[172]. Hierbei sind viele Fragen, vor allem hinsichtlich des zu zahlenden Kaufpreises, ungelöst.

Ähnlich wie bei der Grundstücksprivatisierung wird auch bei baulichen Anlagen zwischen solchen, an denen ein Nutzungsverhältnis besteht, und solchen, die ungenutzt sind, sowie zwischen gewerblich und zu Wohnzwecken genutzten baulichen Anlagen unterschieden.

Gewerblich genutzte bauliche Anlagen können von den jeweiligen Nutzern zu besonderen Konditionen erworben werden. Unvollendete oder leerstehende bauliche Anlagen werden an beliebige Personen verkauft. Vermieteter Wohnraum wird seit 1991 auf der Grundlage

---

[171] WSND RSFSR 30/1990/416, zuletzt geändert in SA PiP 52/1993/5086.
[172] Zur Höhe der Pachtzinsen für gewerblich genutzte bauliche Anlagen in Moskau vgl. VO des Bürgermeisters von Moskau No. 214-RM vom 17. März 1997 "Über die Berechnung der Pachtzinsen im Jahre 1997", ESh Moskowski Wypusk 10/1997/14.

2. Asset Deal

spezieller Vorschriften unentgeltlich an die jeweiligen Bewohner privatisiert[173]. Hiervon soll im folgenden jedoch nicht die Rede sein.

Da sich, wie vorstehend bereits erwähnt, so gut wie alle gewerblich genutzten baulichen Anlagen, die gesondert privatisiert werden, im Kommunaleigentum befinden, wird die Kompetenz des Bundesgesetzgebers, dessen Privatisierung und vor allem auch die Höhe des Kaufpreises zu regeln, angezweifelt[174]. Aus diesem Grunde ist es durchaus möglich, daß die Subjekte der Föderation oder die Kommunen vom nachfolgend dargestellten Bundesrecht abweichende eigene Regeln zur Privatisierung baulicher Anlagen aufstellen[175].

aa) Genutzte bauliche Anlagen

Die Regeln zum Verkauf von vermieteten oder aufgrund ähnlicher Nutzungsverhältnisse vergebener baulicher Anlagen sind in Nr. 4.9. Grundbestimmungen und den Verordnungen "Ordnung über den Verkauf und das vorläufige Verfahren zur Bestimmung des Kaufpreises von verpachteten Gewerbeimmobilien"[176] und "Über einige Vorschriften, die den Verkauf von Immobilien regeln"[177] enthalten. Speziell für privatisierte Pachtbetriebe gelten darüber hinaus die Sondervorschriften in Nr. 11 des Präsidialdekrets "Über die Regulierung der Pachtbeziehungen und die Privatisierung des Vermögens verpachteter staatlicher

---

[173] Vgl. hierzu *Frydman* u. a., The Privatization Process in Russia, Ukraine and the Baltics, S. 74; *Struyck/Daniell*, Housing Privatization in Urban Russia, The Economics of Transition 1995, Vol. 3, No. 2, S. 197.

[174] Vgl. die Richterin am Obersten Wirtschaftsgericht *Majkowa*, Probleme der Immobilienprivatisierung, ESh 32/1995/8.

[175] Vgl. Veordnungen der Regierung von Moskau No. 60 vom 20. September 1995 "Über das Verfahren des Verkaufs von verpachteten Gewerbeimmobilien in der Stadt Moskau" und No. 840 vom 17. Oktober 1995 gleichen Namens, beide jur. Datenbank Kodex.

[176] VO GKI No. 353-r vom 16. Februar 1994 in der geänderten Fassung vom 16. Mai 1994, abgedruckt in Sakon 12/1994/20.

[177] VO GKI No. ATsch-2/7248 vom 16. August 1994, abgedruckt in Priv. III, S. 60.

III. Kaufgegenstand

und kommunaler Unternehmen"[178], dem keinen Namen tragenden Brief No. Al 6/2378[179] und in Nr. 5.14.6. Privatisierungsprogramm 1994[180].

Danach müssen gewerblich genutzte bauliche Anlagen an folgende Kategorien von Mietern oder auf sonstiger Grundlage nutzende natürliche oder juristische Personen verkauft werden[181]:

- Offene Aktiengesellschaften, die aus Staatsbetrieben hervorgegangen sind und an denen die staatliche Beteiligung weniger als 25 % beträgt;
- Eigentümer von im Wege der Ausschreibung oder Auktion verkauften Staatsbetrieben;
- Privatisierte Pachtunternehmen bzw. deren Eigentümer (falls keine juristische Person gegründet wurde);
- als Unternehmer registrierte Bürger oder Handelsgesellschaften, an denen eine eventuelle Staatsbeteiligung 25 % nicht übersteigt, wenn sie das Recht zum Abschluß des Mietvertrages über eine bauliche Anlage als Gewinner einer Ausschreibung oder Versteigerung erhalten haben[182].

---

[178] PD No. 1230 vom 14. Oktober 1992, SA PiP 16/1992/1237.

[179] Brief GKI vom 29. März 1994, abgedruckt in Sakon 10/1994/19.

[180] Vgl. zu den praktischen Problemen bei der Anwendung dieser Vorschriften die Richterin am Obersten Wirtschaftsgericht *Majkowa*, Besonderheiten bei der Privatisierung von Immobilien, S. 7 ff.

[181] Vgl. zum in Moskau hierfür vorgeschriebenen Antragsverfahren VO des Moskauer GKI No. 2076-r vom 29. Juli 1994 "Über das Verfahren zur Durchführung der Verordnung des Bürgermeisters von Moskau vom 30. Mai 1994 No. 264-rm "Über die Privatisierung unbeweglichen Vermögens auf dem Gebiet der Stadt Moskau", abgedruckt in Sakon 12/1994/84.

[182] Verfahrensvorschriften hierfür existieren nur auf der Ebene der Subjekte der Föderation, vgl. VO des Bürgermeisters von Moskau No. 868 vom 16. September 1993 "Über das Verfahren der Verwaltung von Immobilien in der Stadt Moskau", abgedruckt in Sakon 10/1994/61.

2. Asset Deal

Der gleichzeitige Verkauf einer baulichen Anlage mit dem dazugehörigen Grundstück scheint nicht möglich zu sein. In der Literatur wird vertreten, daß ein Grundstück erst erworben werden darf, wenn der Kaufinteressent auch Eigentümer der darauf befindlichen baulichen Anlagen ist[183].

bb) Unvollendete bauliche Anlagen

Unvollendete, für eine gewerbliche Nutzung vorgesehene bauliche Anlagen werden in einem in Nr. 5.12.3. Privatisierungsprogramm 1994, 3.6.3. Grundbestimmungen wenig detailliert geregelten Verfahren verkauft. Oftmals sind das von staatlichen Stellen oder von Staatsbetrieben in Auftrag gegebene Bauvorhaben, an denen die Arbeiten aus Geldmangel eingestellt wurden[184]. Der Verkauf erfolgt meistbietend im Wege der Auktion oder Ausschreibung; bei größeren Vorhaben ist die Gründung einer Aktiengesellschaft auf der Grundlage der Immobilie vorgesehen, deren Aktien anschließend verkauft werden.

Unvollendete, zu Wohnzwecken bestimmte bauliche Anlagen werden nach einem außerhalb des Privatisierungsrechts geregelten Verfahren zur Fertigstellung vergeben oder veräußert. Gemäß dem Präsidialdekret "Über Maßnahmen zur Gewährleistung der Fertigstellung unvollendeter Wohnhäuser"[185] müssen solche unvollendeten Objekte, deren Bauherren staatliche Stellen oder staatliche Betriebe sind, an beliebige Investoren vergeben oder veräußert werden, wenn das Vorhaben zum Stillstand gekommen ist. Bei der Vergabe erhält der Investor nach Fertigstellung das Eigentumsrecht an einem seiner erbrachten Leistung entsprechenden Teil des Gebäudes. Im Falle des Verkaufs erwirbt der Investor ebenso wie bei Gewerbeimmobilien das unvollendete Bauwerk zu Eigentum.

---

[183] Richterin am Obersten Wirtschaftsgericht *Majkowa*, Besonderheiten bei der Privatisierung von Immobilien, S. 44.
[184] Vgl. *Figurowski*, "Die Unvollendeten" - Plus und Minus, ESh Moskowski Wypusk 22/1996/9.
[185] PD No. 1181 vom 10. Juni 1994, SA PiP 7/1994/693.

III. Kaufgegenstand

Dem Käufer stehen beim Erwerb eines unvollendeten Bauwerks hinsichtlich des Grundstücks folgende Rechte zu: Er hat einen Anspruch auf Abschluß eines Pachtvertrages nach § 37 BodenG und ein Vorkaufsrecht für das dazugehörige Grundstück nach Nr. 2 des Präsidialdekrets "Über Garantien für Eigentümer baulicher Anlagen zum Erwerb der dazugehörigen Grundstücke zu Eigentum"[186]. Die Höhe des für die Bodennutzung zu zahlenden Pachtzinses wird einmal jährlich gesetzlich festgelegt. Der Käufer erwirbt daher in der Regel nur eine unsichere Rechtsposition. Zusätzlich kommt erschwerend hinzu, daß bauliche Anlagen grundsätzlich erst nach ihrer baupolizeilichen Abnahme[187] ins Grundbuch eingetragen werden können. Solange jedoch diese Eintragung nicht vorgenommen ist, zählen sie nicht zum unbeweglichem Vermögen, vgl. § 219 ZGB.

3. Besonderheiten bei Pachtbetrieben

Die Privatisierung von Pachtbetrieben[188] erfolgt, in Abhängigkeit von der Größe des Unternehmens, grundsätzlich nach den eingangs genannten Regeln für den Share oder Asset Deal, vgl. § 26 PrivG, § 15 Abs. 2 des alten Privatisierungsgesetzes. Kaufgegenstand sind damit entweder Aktien oder die einzelnen Vermögenswerte des Unternehmens. Hierbei gelten jedoch spezielle Regelungen, die den Besonderheiten dieser Unternehmensform, bei der es sich um gemischtes staatliches und privates Eigentum handelt, Rechnung tragen.

---

[186] PD No. 485 vom 16. Mai 1997, SS 20/1997/2240.

[187] Vgl. VO Gosstroj No. BE-19-11/13 vom 9. Juli 1993 "Über die vorläufige Ordnung für die Abnahme fertiggestellter Bauwerke", jur. Datenbank Kodex.

[188] Dazu auch *Klejn/Tschubarow*, Der Kauf gepachteten Vermögens als Art der Privatisierung, Sakonodatelstwo i Ekonomika 14/1992/5; *Jusupow*, Die Pacht als Etappe der Privatisierung, Prawowedenije 5/1992/86; *Andrejew*, Die Pacht, Sakon 4/1993/36; Moscow Times vom 22. März 1994, Cargo Firm Prospers after Its Privatization Battle.

3. Besonderheiten bei Pachtbetrieben

Pachtbetriebe entstanden gegen Ende der Perestroika, als der sowjetische Gesetzgeber für Betriebsangehörige die Möglichkeit schuf, ihr Unternehmen, bzw. Teile davon, zu pachten[189]. In den Jahren 1990 und 1991 gingen ca. 9.500 Unternehmen auf diese Weise in den Besitz ihrer Angestellten über. Die jeweiligen Verträge hatten in der Regel Laufzeiten von 5 bis 15 Jahren und sahen ein Vorkaufsrecht der Pächter bei Vertragsablauf vor[190]. Überwiegend wurden auf diese Art abtrennbare Produktionseinheiten von Fabriken und kleinere Dienstleistungsunternehmen wie Restaurants oder Reparaturwerkstätten verpachtet. Ende 1992 wurde diese Pachtmöglichkeit abgeschafft[191]. Die Besonderheiten der Privatisierung von Pachtbetrieben sind in den nachstehend aufgeführten Rechtsvorschriften geregelt:

- § 26 PrivG, Nr. 5.3., 5.10, 5.11. Privatisierungsprogramm 1992;
- Präsidialdekret "Über die Regulierung der Pachtbeziehungen und die Privatisierung verpachteter staatlicher und kommunaler Betriebe"[192];
- Brief des Komitees zur Verwaltung des Staatsvermögens ohne Namen, mit Anlage 1 "Ordnung über die Privatisierung verpachteter staatlicher und kommunaler Unternehmen und über die Umwandlung der Betriebe, die von den Belegschaften solcher Unternehmen

---

[189] VO MinRat UdSSR vom 7. April 1989 "Ordnung über die wirtschaftlichen und organisatorischen Grundlagen der Pacht in der UdSSR", SP SSSR 19-20/1989/33; Gesetz der UdSSR vom 23. November 1989 "Grundlagen der Gesetzgebung der UdSSR und der Unionsrepubliken über die Pacht", WSND SSSR 25/1989/481; vgl. allgemein zur Pacht *Gerasimenko*, Die Pacht als organisationsrechtliche Form des Unternehmertums; *Scheplow* u. a., Das Pachtunternehmen.

[190] *Frydman* u. a., The Privatization Process in Russia, Ukraine and the Baltics, S. 21; *Sawitschew*, Der Kauf gepachteten Vermögens als eine Form des Eigentumserwerbs, Westnik Moskowskowo Uniwersiteta 2/1996/34.

[191] Vgl. Nr. 1 PD No. 1230 vom 14. Oktober 1992 "Über die Regulierung der Pachtverhältnisse und die Privatisierung verpachteter staatlicher und kommunaler Betriebe", SA PiP 16/1992/1237.

[192] PD No. 1230 vom 14. Oktober 1992, SA PiP 16/1992/1237.

III. Kaufgegenstand

auf Pachtbasis gegründet worden sind, in Aktiengesellschaften und Gesellschaften mit beschränkter Haftung"[193];
- Nr. 5.14. Privatisierungsprogramm 1994, Nr. 3.2.4. Grundbestimmungen.

Danach gilt folgendes: Sofern die Pächter kein vertragliches Vorkaufsrecht haben, werden die Betriebe nach den allgemeinen Vorschriften des Privatisierungsrechts veräußert. Größere Pachtbetriebe wandelt man in offene Aktiengesellschaften um und verkauft anschließend ihre Aktien. Kleinere Unternehmen müssen im Wege des Asset Deal privatisiert werden. Die Pächter erhalten hierbei keine der sonst für die Belegschaft vorgesehenen Vergünstigungen. Soweit sie während der Pachtzeit das betriebliche Vermögen durch eigene Leistungen vermehrt haben, wird der ihnen gehörende Teil des Betriebsvermögens nicht mitgerechnet.

Haben die Pächter bei Abschluß des Pachtvertrages ein vertragliches Vorkaufsrecht vereinbart, so wird das Unternehmen zu den vorgesehenen Bedingungen verkauft. Wenn die Bedingungen nicht näher konkretisiert worden sind, ist das Komitee zur Verwaltung des Staatsvermögens bei kleineren Betrieben verpflichtet, darüber eine Zusatzvereinbarung mit den Pächtern zu schließen, deren Inhalt gesetzlich festgelegt ist. Pachtbetriebe, deren Kapital zum Zeitpunkt des Abschlusses des Pachtvertrages über 1 Mio. Rubel beträgt, sind in offene Aktiengesellschaften umzuwandeln. Entsprechend ihrem Anteil am Betriebsvermögen treten als Gründer der Aktiengesellschaft die Pächter und das Komitee zur Verwaltung des Staatsvermögens auf. Hierbei wird den Pächtern das Recht gewährt, die vom Staat gehaltenen Aktien zu einem Vorzugspreis zu erwerben.

Größtes Problem bei der Privatisierung von Pachtbetrieben ist die Klärung der Eigentumsverhältnisse am Betriebsvermögen zwischen Pächtern und Staatsbetrieb bzw. dem Komitee zur Verwaltung des Staatsvermögens. Angesichts unzureichender gesetzlicher und vertraglicher Regelungen über Verwendungen der Pächter auf die Pacht-

---

[193] Brief GKI No. ATsch-2/586 vom 29. Januar 1993, abgedruckt in Priv. II, S. 247.

3. Besonderheiten bei Pachtbetrieben

sache und infolge der Vermischung der Eigentumsverhältnisse durch Investitionen der Pächter ist hier vieles unklar[194].

4. Besonderheiten bei insolventen Staatsbetrieben

Ähnlich wie der Verkauf des Vermögens liquidierter oder zu liquidierender Staatsbetriebe ist auch die Privatisierung von insolventen Staatsbetrieben im alten wie im neuen Privatisierungsgesetz nicht vorgesehen, sondern durch in den Jahren 1993 und 1994 ergangene untergesetzliche Rechtsvorschriften geregelt. Diese sehen den Verkauf im Wege des Share oder Asset Deal vor. Abweichend von den Bestimmungen des Konkursrechts sollte ein vereinfachtes Verfahren zur Feststellung der Zahlungsunfähigkeit und Durchführung der Liquidation gelten. Indes ist auch diese Verkaufsform nur von geringer praktischer Bedeutung gewesen, da die durch die Liquidierung eines bankrotten Unternehmens verursachten sozialpolitischen Konsequenzen in Rußland nicht gewollt wurden. Ob die Bestimmungen fortgelten ist unklar; es ist jedoch davon auszugehen, daß sie ohnehin nicht mehr angewendet werden.

Die grundlegenden Regelungen waren in Nr. 2.5.9. Privatisierungsprogramm 1994, 3.7. Grundbestimmungen, der Regierungsverordnung "Über einige Fragen der Durchführung der Gesetzgebung über die Insolvenz von Unternehmen"[195] und dem in Ausführung dieser Vorschriften ergangenen Präsidialdekret "Über den Verkauf verschuldeter Staatsunternehmen"[196] enthalten.

Danach konnten insolvente und keinem Privatisierungsverbot unterliegende Staatsbetriebe und Betriebe mit einer mindestens 25 %igen Staatsbeteiligung in einem vereinfachten behördlichen Verfahren für zahlungsunfähig erklärt werden. Diese Feststellung oblag der

---

[194] Dazu auch Moscow Times vom 22. März 1994, Cargo Firm Prospers after Its Privatization Battle.
[195] RegVO 498 vom 20. Mai 1994, SS 5/1994/490.
[196] PD No. 1114 vom 2. Juni 1994, SS 6/1994/592.

III. Kaufgegenstand

Bundesverwaltung für Insolvenzsachen beim Komitee zur Verwaltung des Staatsvermögens[197]. Die Voraussetzungen und das Verfahren waren in den folgenden gesetzlichen Vorschriften geregelt[198]: dem Präsidialdekret "Über Maßnahmen zur Durchsetzung der Gesetzgebung über die Insolvenz"[199], der Regierungsverordnung "Über einige Maßnahmen zur Durchführung der Gesetzgebung über die Insolvenz von Unternehmen"[200], der Verordnung "Methodische Empfehlungen für die Aufdeckung der Zahlungsunfähigkeit von Unternehmen, die der vorrangigen staatlichen Unterstützung bedürfen, sowie für die Bestimmung der Zahlungsunfähigkeit von Unternehmen, die aufgrund ihrer Uneffektivität liquidiert werden sollen"[201], und der Verordnung "Methodische Ordnung für die Bewertung der finanziellen Lage eines Unternehmens und die Feststellung der unzureichenden Struktur der

---

[197] RegVO No. 926 vom 20. September 1993 "Über die Bundesverwaltung für Insolvenzsachen beim Komitee zur Verwaltung des Staatsvermögens", SA PiP 39/1993/3615; RegVO No. 1169 vom 17. November 1993 "Fragen der Bundesverwaltung für Insolvenzsachen beim Komitee zur Verwaltung des Staatsvermögens", SA PiP 47/1993/4593; RegVO No. 92 vom 12. Februar 1994 "Fragen der Bundesverwaltung für Insolvenzsachen beim Komitee zur Verwaltung des Staatsvermögens und ihrer lokalen Organe", SA PiP 8/1995/596; VO GKI No. 460-r vom 4. März 1994 "Über einige Maßnahmen zur Durchsetzung der Regierungsverordnungen über die Insolvenz", abgedruckt in Westnik Priwatisazii 6/1994/12; zur Zusammenarbeit zwischen dieser Behörde und dem Vermögensfonds vgl. gemeinsame VO der Bundesverwaltung für Insolvenzsachen No. 69-r und des Vermögensfonds No. 196 vom 14. Oktober 1994 "Über die Generalvereinbarung zwischen der Bundesverwaltung für Insolvenzsachen beim Komitee zur Verwaltung des Staatsvermögens und dem Russischen Fonds des Bundesvermögens", abgedruckt in Ekonomiko-Prawowoj Bjulleten 10/1995/54.

[198] Kritisch zum Verfahren *Filosofow*, Sind die Unternehmen zahlungsunfähig? Nein, die Kriterien sind unzureichend, ESh 13/1995/6; vgl. auch den stellvertretenden Direktor der Bundesverwaltung für Insolvenzsachen *Golubew*, Nur ein kluger Verwalter kann ein Unternehmen vor dem Konkurs retten, ESh 27/1995/24.

[199] PD No. 2264 vom 22. Dezember 1993, SA PiP 52/1993/5070.

[200] RegVO No. 498 vom 20. Mai 1994, SS 5/1994/490.

[201] VO GKI No. 70-r vom 24. Oktober 1994, abgedruckt in ESh 45/1994/17.

4. Besonderheiten bei insolventen Staatsbetrieben

Bilanz"[202]. Widersprach ein Gläubiger der behördlichen Feststellung der Zahlungsunfähigkeit, so mußte sie nach den Vorschriften des Gesetzes "Über die Zahlungsunfähigkeit (Bankrott) von Unternehmen" (KonkG)[203] auf gerichtlichem Wege erfolgen.

Nach Feststellung der Zahlungsunfähigkeit mußte ein Betrieb, bzw. eine staatliche Beteiligung daran, nach den allgemeinen Vorschriften des Privatisierungsrechts verkauft werden, das heißt ohne Liquidation. Die Feststellung der Zahlungsunfähigkeit im vereinfachten Verfahren diente in solchen Fällen einzig der Beschleunigung des Verkaufs solcher Unternehmen. Nur wenn keinerlei Aussicht bestand, daß der Betrieb ohne seine Auflösung, d. h. mitsamt seiner Schulden, verkauft werden konnte, durfte er liquidiert werden[204]. Die Kompetenz hierfür lag bei der Bundesverwaltung für Insolvenzsachen beim Komitee zur Verwaltung des Staatsvermögens.

Das Liquidationsverfahren bestimmte sich nach dem Präsidialdekret "Über den Verkauf verschuldeter Staatsunternehmen"[205]. Es war weitgehend dem in § 51 KonkG und der Regierungsverordnung "Über einige Maßnahmen zur Durchführung der Gesetzgebung über die Insolvenz von Unternehmen"[206] enthaltenen außergerichtlichen Liquidationsverfahren[207] nachgebildet. Der wesentliche Unterschied lag jedoch in der unterschiedlichen Ausgestaltung der Gläubigerbeteili-

---

[202] VO Bundesverwaltung für Insolvenzsachen No. 31.-r vom 12. August 1994, abgedruckt in ESh 44/1994/4.

[203] Gesetz vom 19. November 1992, WSND RF 1/1993/6; zum 1. März 1998 außer Kraft gesetzt durch das neue Konkursgesetz vom 10. Dezember 1997.

[204] Vgl. hierzu den Bericht über eine solche Versteigerung, *Paskal*, Zu Investitionen durch den Konkurs, ESh 16/1995/26.

[205] PD No. 1114 vom 2. Juni 1994, SS 6/1994/592.

[206] RegVO No. 498 vom 20. Mai 1994, SS 5/1994/490.

[207] Zur Unternehmensliquidation außerhalb des Insolvenzverfahrens vgl. §§ 61 bis 64 ZGB; dazu auch der stellvertretende Vorsitzende des Obersten Wirtschaftsgerichts *Witrjanski*, Die Reorganisation und Liquidierung juristischer Personen: Die Sorge um die Interessen der Gläubiger, Sakon 3/1995/98; *ders.*, Die Liquidierung juristischer Personen, ESh 14/1995/3.

III. Kaufgegenstand

gung. Während im Konkursgesetz eine weitgehende Verfahrensherrschaft der Gläubiger vorgesehen war und in der Regierungsverordnung der Bundesverwaltung für Insolvenzsachen beim Komitee für die Verwaltung des Staatsvermögens mehr Rechte im Verfahren eingeräumt waren, hatte die Bundesverwaltung die Durchführung des Verfahrens nach den Bestimmungen des Präsidialdekrets überwiegend in ihrer Hand, da hier das Zusammentreten der Gläubigerversammlung nicht erforderlich war.

In einem von der Liquidationskommission erstellten Liquidationsplan wurde festgelegt, ob die Vermögenswerte des Unternehmens im Paket oder einzeln verkauft werden sollten. Eine bereits angekündigte Musterordnung eines derartigen Plans wurde nie erlassen.

Besonderen Regeln unterlag nach Nr. 6 des Präsidialdekrets "Über den Verkauf verschuldeter Staatsunternehmen"[208] und der Regierungsverordnung "Über das Verfahren der Zuordnung eines Unternehmens zu den siedlungsbildenden und die Besonderheiten des Verkaufs solcher verschuldeten Unternehmen"[209] der Verkauf insolventer Betriebe, in denen 30 % der Arbeitsplätze einer Stadt oder Siedlung eingerichtet waren, oder von denen 30 % der kommunalen Versorgungsleistungen erbracht wurden. Ihre Veräußerung mußte mit der örtlichen Verwaltung abgestimmt werden; die zum Betriebsvermögen gehörenden Versorgungseinrichtungen wurden von der Privatisierung ausgenommen[210].

Das privatisierungsrechtliche Liquidationsverfahren stellte eine gestraffte Version der Insolvenzprozeduren des Konkursgesetzes dar, verdrängte dieses jedoch nicht[211]. Daher konnten Staatsbetriebe auch

---

[208] PD No. 1114 vom 2. Juni 1994, SS 6/1994/592.

[209] RegVO No. 1001 vom 29. August 1994, SS RF 23/1994/2574.

[210] Zu Sozialplänen etc. vgl. *Wlassow*, Der soziale Schutz unter den Bedingungen des Unternehmenskonkurses, GiP 4/1995/48.

[211] Vgl. hierzu auch die Beilage zum Brief des Obersten Wirtschaftsgerichts No. S1-7-OP-237 vom 25. April 1995 "Übersicht über die Praxis der Anwendung der Gesetzgebung über die Insolvenz durch die Wirtschaftsgerichte", Ross. Just. 8/1995/55.

5. Zwischenergebnis

nach den Vorschriften des, in der Praxis jedoch kaum angewandten[212] Konkursgesetzes liquidiert und verkauft werden.

5. Zwischenergebnis

Das russische Privatisierungsrecht verfolgt zu viele Ziele gleichzeitig bzw. versucht zu vielen Interessengruppen gleichzeitig gerecht zu werden. Daher gelten, je nach Kaufgegenstand, zu viele unterschiedliche Verfahren für seine Auswahl und Zurverfügungstellung zum Kauf. Wie später noch dargelegt wird, gilt das Gleiche für die Verkaufsbedingungen, bei denen auch, in Abhängigkeit von der Art des zu privatisierenden Vermögens, zahlreiche Sonderregeln aufgestellt werden. Hierbei stehen der Gedanke einer sozial gerechten Verteilung des Staatsvermögens, der sich in den der Belegschaft beim Erwerb gewährten Vergünstigungen äußert, und das Zurückschrecken des Staates vor einem totalen Verlust der Kontrolle über die Betriebe, wie er sich im Behalt kontrollierender Aktienpakete in zahlreichen Industrien ausdrückt, im Vordergrund. Die Einsetzung eines effektiven Managements und Anpassung an die Marktwirtschaft wird dadurch verzögert.

---

[212] Stellvertretender Vorsitzender des Obersten Wirtschaftsgerichts *Witrjanski* in *Witrjanski* u. a., Konkursgesetz, S. 5; *ders.*, Insolvenz: Erwartungen und Realität, ESh 49/1994/22; *Nesterowa/Tkatschenko*, Der Unternehmenskonkurs, ESh 30/1994/3; vgl. auch Informationsbrief des Präsidiums des Obersten Wirtschaftsgerichts No. 20 vom 7. August 1997 "Überblick über die Anwendungspraxis des Konkursrechts durch die Gerichte", abgedruckt in ESh 37/1997/15.

# IV. Kaufpreis

Der Verkauf von Aktien und Anlagevermögen in der Privatisierung erfolgt grundsätzlich meistbietend. Betriebsangehörigen wurden bislang bedeutende Kaufpreisminderungen gewährt. Immobilien verkauft man an privilegierte Käufergruppen zu ermäßigten, gesetzlich festgesetzten Preisen; im übrigen gelten Marktpreise.

1. Ermittlung

Der Kaufpreis bzw. der in einer Versteigerung geforderte Startpreis wird durch das Privatisierungsprogramm festgelegt, § 17 PrivG. Je nach der Art des Kaufgegenstandes galten bisher verschiedene Berechnungsmethoden. Ein Verkäufer staatlichen Vermögens in der Privatisierung ist nicht berechtigt, den festgesetzten Anfangspreis ohne Zustimmung des Komitees zur Verwaltung des Staatsvermögens um mehr als 10 % zu unterschreiten, § 17 PrivG.

a) Beteiligungen und Anlagevermögen

Das Satzungskapital von in offene Aktiengesellschaften umzuwandelnden Staatsbetrieben und der Startpreis für den Verkauf von Kleinbetrieben und sonstigem im Wege des Asset Deal zu verkaufendem Staatsvermögen (bis auf Immobilien) werden nach einem in den folgenden Vorschriften geregelten Verfahren ermittelt: Anlage 2 zum Präsidialdekret "Über die Beschleunigung der Privatisierung staatlicher und kommunaler Unternehmen"[213], Verordnung "Über einige Fragen zur Anwendung der vorläufigen methodischen Anweisungen für die Be-

---

[213] PD No. 66 vom 29. Januar 1992, WSND RF 7/1992/312.

1. Ermittlung

rechnung des Wertes zu privatisierender Objekte"[214] und Nr. 3.5.1. Grundbestimmungen.
Danach waren bis Mitte 1994 die am 1. Juli 1992 geltenden Bilanzwerte maßgeblich. Später setzte man den Stichtag auf den 1. Januar 1994 fest, Nr. 3.5.1. Grundbestimmungen[215]. Seither fanden weitere Anpassungen der Buchwerte des Anlagevermögens an die Inflation[216] statt, die jedoch bei der Ermittlung des Satzungskapitals unberücksichtigt bleiben. Die Bilanz wird nach den allgemeinen russischen Buchführungsregeln erstellt[217].

Immaterielle Vermögenswerte, zu denen geistiges Eigentum und vermögenswerte Rechte wie Nutzungsrechte an Grundstücken, Rechte zum Abbau von Bodenschätzen und Know-How sowie einige bestimmte Ausgaben wie die Kosten für die Gründung des Unternehmens, die Beschaffung etwaiger Anlagegenehmigungen oder Forschungsaufwendungen[218] zu zählen sind, werden mit einem Wert

---

[214] VO GKI No. 763-r vom 13. November 1992, abgedruckt in Priv. II, S. 221.

[215] Vgl. auch RegVO No. 595 vom 14. August 1992, "Über die Umbewertung des Anlagevermögens in der Russischen Föderation", SA PiP 8/1992/508; RegVO No. 1233 vom 25. November 1993 "Über die Umbewertung des Anlagevermögens von Unternehmen und Organisationen", SA PiP 48/1993/4662, zuletzt geändert in SA PiP 8/1994/604; Brief MinFin No. 14 vom 7. Februar 1994 "Über einige Fragen der Bewertung des Wertes von Vermögen zu privatisierender Betriebe, das Verfahren der Änderung der Höhe des Satzungskapitals von Aktiengesellschaften im Zusammenhang mit der Umbewertung des Anlagevermögens zum 1. Januar 1994", jur. Datenbank Kodex.

[216] Vgl. RegVO No. 967 vom 19. August 1994 "Über die Nutzung des Mechanismus der beschleunigten Amortisation und Umbewertung des Anlagevermögens", SS 18/1994/2093; RegVO No. 1148 vom 25. November 1995 "Über die Umbewertung des Anlagevermögens", SS 49/1995/4796.

[217] Vgl. VO MinFin No. 49 vom 13. Juli 1995 "Methodische Hinweise für die Inventarisierung von Vermögen und finanziellen Verpflichtungen", abgedruckt in ESh 29/1995/31.

[218] *Puchowa*, Immer noch die unverständlichen immateriellen Aktiva, ESh 6/1995/11; vgl. hierzu auch *Nowoselzew*, Die Rechnungsprüfung geistigen Eigentums bei der Bewertung immaterieller Aktiva, ChiP 4/1997/144.

IV. Kaufpreis

berücksichtigt, der sich aus der Minderung der ursprünglichen Anschaffungskosten um die Abschreibungen im Verlauf der voraussichtlichen Nutzungsdauer errechnet[219]. Da der Wert immateriellen Vermögens angesichts fehlender Märkte kaum ermittelt werden kann, wird in vielen Unternehmen darauf verzichtet, die immateriellen Vermögenswerte in die Bilanz aufzunehmen[220]. Lediglich bei der Privatisierung von Forschungseinrichtungen ist ihre Aufnahme in die Bilanz zwingend vorgeschrieben[221]. Zahlreiche Betriebe, vor allem Großunternehmen mit einem hohen Wachstumspotential wie Telekommunikationsdienste oder Unternehmen der Energiewirtschaft gelten aufgrund dieser ungenauen Bilanzierungsmethoden als unterbewertet[222].

Gemäß Nr. 3.5.3. Grundbestimmungen haben die Subjekte der Föderation das Recht, den nach den vorgenannten Methoden ermittelten Wert um bis zu 30 % zu unterschreiten oder bis auf das Zweifache zu erhöhen. Darüber hinaus ist in Moskau nach dem Präsidialdekret "Über die zweite Etappe der Privatisierung in Moskau"[223] der zum Zeitpunkt der Beantragung der Privatisierung ausgewiesene bilanzielle

---

[219] *Konow*, Gewerbliches Eigentum im Satzungskapital von Gesellschaften, Woprosy Isobretatelstwa 7-8/1994/9 (11).

[220] *Konow*, Der Preis für Know-How, ESh 51/1994/18.

[221] Vgl. RegVO No. 870 vom 26. Juli 1994 "Über die Privatisierung von Objekten des wissenschaftlich-technischen Bereichs", SS 15/1994/1783; gemeinsame VO No. OR 22-2-64 , 10/2-20215/23 des Ministeriums für Wissenschaft und Technikpolitik und des Komitees für Patente und Warenzeichen vom 13. März 1995 "Verfahren für die Erfassung von Objekten des geistigen Eigentums als immaterielle Vermögenswerte", BNA 7/1995/55; dazu auch *Maximow/Sesekin*, Im Prozeß der Privatisierung auftretende Fragen der Regulierung von Eigentumsbeziehungen, die mit Objekten des geschützten geistigen Eigentums im Zusammenhang stehen, ChiP 10/1995/121; dies., Technologie unter den Bedingungen der Privatisierung, ChiP 1/1996/127; *Sesekin*, Die Privatisierung und Objekte des geistigen Eigentums, Panorama Priwatisazii 8/1996/48 (57).

[222] Vgl. Redaktionsbeitrag, Why Russian Companies Face the Threat of Takeover, Central European 10/1993/45.

[223] PD No. 96 vom 6. Februar 1995, SS 7/1995/510, zuletzt geändert in SS 27/1996/3234.

1. Ermittlung

Wert die Berechnungsgrundlage und nicht der sonst geltende Stichtag, wodurch ein höherer Preis festgesetzt werden kann. Das Verfahren, nach dem auf der Grundlage der so ermittelten Werte dann der Startpreis pro Aktie ausgerechnet wird, bemißt sich nach der Verordnung der Bundeskommission für die Gewährleistung der Einnahmen in den Bundeshaushalt "Vorläufige Methodik der Bestimmung des Startpreises beim Verkauf von Aktien von Aktiengesellschaften, die im Verlauf der Privatisierung geschaffen worden sind"[224].

Speziell für den Verkauf von Kleinbetrieben galt nach §§ 20 Abs. 5, 21 Abs. 4 des alten Privatisierungsgesetzes, daß der hierbei erzielte Verkaufspreis nicht mehr als 30 % unter dem Startpreis liegen darf. Anderfalls mußte das Objekt zurückgezogen und sein Privatisierungsplan oder der Startpreis geändert werden.

Der Belegschaft wurden beim Kauf von Belegschaftsaktien oder beim Kauf ihres Kleinbetriebes folgende Kaufpreisvergünstigungen gewährt: Gemäß Nr. 3.5.4. Grundbestimmungen und der Verordnung "Ordnung über die Bestimmung des Preises der Aktien, die den Angestellten eines Unternehmens und den ihnen gleichgestellten Personen verkauft werden und die insgesamt mehr als 10 % der normalen Aktien ausmachen"[225] zahlten Belegschaftsmitglieder beim Kauf von Aktien nach einem der drei gesetzlich bestimmten Vergünstigungsmodelle den Nennwert, wenn sie mehr als 10 % der Aktien erwarben. Kauften sie weniger, so wurde der hierfür zu zahlende Preis auf der Grundlage der Unternehmensbilanz in dem der Bestätigung des Privatisierungsplans vorhergehenden Quartal errechnet, der in der Regel höher war. Darüber hinaus wurde der Belegschaft gemäß § 23 Abs. 1 des alten Privatisierungsgesetzes, Nr. 5.3.1. Privatisierungsprogramm 1994, 3.4.1. Grundbestimmungen bei den Vergünstigungsmodellen

---

[224] VO ohne Nummer vom 18. Juni 1995, abgedruckt in Panorama Priwatisazii 16/1995/39.

[225] VO GKI No. 2546-r vom 24. Oktober 1994, abgedruckt in ESh 49/1994/4, zuletzt geändert durch VO GKI No. 1229-r vom 21. November 1996, Ross. Westi vom 26. Dezember 1996.

IV. Kaufpreis

Eins und Drei eine Kaufpreisermäßigung in Höhe von 30 % und eine Stundung des Kaufpreises für drei Monate gewährt[226].

Beim Verkauf von Kleinbetrieben wurde eine Kaufpreisvergünstigung gewährt, wenn sich mindestens ein Drittel der Betriebsangehörigen zum Zwecke des Erwerbs ihres Betriebes zu einer Gesellschaft zusammenschloß. Gemäß § 24 des alten Privatisierungsgesetzes erhielt diese Gesellschaft einen Zahlungsaufschub von bis zu drei Jahren, der bei der in der Vergangenheit galoppierenden Inflation einer unentgeltlichen Vergabe gleichkam und sie in die Lage versetzte, fast jeden Preis zu bieten. Daher wurden nahezu alle Kleinbetriebe von solchen Arbeitnehmergesellschaften erworben. Hierbei war die Aufnahme eines außenstehenden Geldgebers in die Gesellschaft üblich, der für die Zurverfügungstellung der Geldmittel eine entsprechende Beteiligung an der Gesellschaft erhielt.

Beim Verkauf des Vermögens liquidierter oder zu liquidierender Staatsbetriebe kamen gemäß Nr. 11 der Regierungsverordnung "Ordnung über den Verkauf des Vermögens liquidierter und zu liquidierender staatlicher und kommunaler Unternehmen auf Auktionen"[227] für die Bestimmung des Startpreises die allgemeinen Bewertungsregeln zur Anwendung.

Die Höhe des von den Pächtern beim Kauf ihres Pachtbetriebes zu zahlenden Kaufpreises ist in Nr. 5.14. Privatisierungsprogramm 1994

---

[226] Für das Vergünstigungsmodell Eins vgl. Nr. 5.3.1. Privatisierungsprogramm 1994; für Modell Zwei vgl. Nr. 5.3.1. Privatisierungsprogramm 1994 in Verbindung mit VO GKI No. 308-r vom 16. Dezember 1992 "Ordnung über die geschlossene Subskription für den Aktienerwerb bei der Privatisierung staatlicher und kommunaler Unternehmen", abgedruckt in Priv. I, S. 221, zuletzt geändert durch VO GKI No. 206-r vom 4. Februar 1993, abgedruckt in Priv. II, S. 241; für Modell Drei vgl. Nr. 5.3.1. Privatisierungsprogramm 1994 in Verbindung mit Nr. 5 VO GKI No. 862-r vom 23. November 1992 "Ordnung über das Verfahren des Vertragsschlusses über den Kauf von Aktien durch eine Gruppe von Angestellten des Betriebes, die sich zur Erfüllung des Privatisierungsplans und der Abwendung der Insolvenz des zu privatisierenden Unternehmens verpflichtet", abgedruckt in Priv. I, S. 258.

[227] RegVO No. 469 vom 15. Mai 1995, SS 22/1995/2059.

1. Ermittlung

geregelt. Ist im Pachtvertrag eine Preisvereinbarung getroffen, so hat diese den Vorrang. Andernfalls zahlen sie das Zehnfache des zum Zeitpunkt der Übergabe des Betriebes geltenden Wertes. Sofern der Pachtbetrieb aufgrund seiner Größe durch Umwandlung in eine offene Aktiengesellschaft privatisiert werden muß, können die Pächter die vom Staat gehaltenen Aktien zum Zweifachen ihres Nennwertes erwerben. Eine besondere Regelung zum für die Wertermittlung maßgeblichen Stichtag ist nicht getroffen. Es ist daher davon auszugehen, daß die allgemeine Bewertungsregel zur Anwendung kommt und auch hier der 1. Januar 1994 maßgeblich ist.

Der Startpreis beim Verkauf insolventer Staatsbetriebe war gemäß Nr. 13 der Anlage zum Präsidialdekret "Über den Verkauf verschuldeter Staatsunternehmen"[228] auf der Grundlage der zum Zeitpunkt der Feststellung der Zahlungsunfähigkeit geltenden Bilanzwerte zu ermitteln und durfte 100 gesetzliche Mindestlöhne nicht unterschreiten. Bot im Zuge des Verkaufsverfahrens niemand mehr für das Unternehmen als 70 % des Startpreises, so wurde es zurückgenommen, liquidiert und sein Vermögen verkauft. In diesem Fall und auch beim Verkauf der Anteile an insolventen Betrieben galten keine besonderen Vorschriften für die Ermittlung des Startpreises, so daß die Festsetzung im Ermessen des Verkäufers lag.

b) Grundstücke

Wenn Grundstücke an natürliche oder juristische Personen verkauft werden, die darauf befindliche bauliche Anlagen in der Privatisierung erworben haben, gilt ein gesetzlich festgelegter Kaufpreis[229]. Er war zunächst sehr niedrig angesetzt und wurde später drastisch erhöht. Gemäß Nr. 10 der Anlage zum Präsidialdekret "Über die Bestätigung des Verfahrens für den Verkauf von Grundstücken bei der Privatisierung staatlicher und kommunaler Grundstücke, der Ausdehnung und

---

[228] PD No. 1114 vom 2. Juni 1994, SS 6/1994/592.

[229] Kritisch hierzu der stellvertretende Vorsitzende des Obersten Wirtschaftsgerichts *Witrjanski*, Die Paradoxa der Normsetzung: Das Gesetz sollte für alle gleich sein, ESh 48/1996/4.

IV. Kaufpreis

zusätzlichen Bebauung solcher Unternehmen, sowie bei der Zurverfügungstellung an Bürger und ihre Vereinigungen zur Ausübung unternehmerischer Tätigkeit"[230] in Verbindung mit Nr. 1 der Verordnung "Über einige Vorschriften, die den Verkauf von Immobilien regeln"[231], zahlen privatisierte Unternehmen bzw. deren Eigentümer für ein Grundstück den zum Zeitpunkt der Bestätigung des Privatisierungsplans geltenden niedrigen Einheitswert, wenn der Plan vor dem 1. Juli 1994 bestätigt wurde. Erfolgte die Bestätigung später oder ist ein privat gegründetes Unternehmen der Käufer, so gilt ein in der Folgezeit festgesetzter höherer Preis[232]. Dieser wird wie folgt ermittelt: Gemäß Nr. 4.10. Grundbestimmungen beträgt der Kaufpreis mindestens den Einheitswert und höchstens das Dreifache dieses Wertes.

Die Ermittlung des Einheitswertes ist in der Regierungsverordnung "Über das Verfahren zur Berechnung des Einheitswertes für Grundstücke"[233] geregelt. Danach wird der Einheitswert von den Regierungen der Subjekte der Russischen Föderation unter Abstimmung mit den jeweiligen Bodenkomitees festgesetzt. Der Preis darf jedoch nicht mehr 75 % des Marktpreises für vergleichbare Grundstücke betragen[234]. Speziell für den Erwerb des Betriebsgrundstücks durch den Eigentümer der darauf befindlichen baulichen Anlage wurde in dem Präsidialdekret "Über Maßnahmen zur Sicherstellung der Einnahmen

---

[230] PD No. 631 vom 14. Juni 1992, WSND RF 25/1992/1427, geändert in SA PiP 16/1992/1236.

[231] VO GKI No. ATsch-2/7248 vom 16. August 1994, abgedruckt in Priv. III, S. 60.

[232] Kritisch hierzu der Mitarbeiter des Komitees zur Verwaltung des Staatsvermögens *Lasarewski*, Investitionen und der Boden, Shurnal dlja Akzionerow 3/1995/2 (4).

[233] RegVO No. 319 vom 15. März 1997, SS 13/1997/1539.

[234] Vgl. hierzu auch den ehemaligen Vorsitzenden des Komitees zur Verwaltung des Staatsvermögens *Beljajew*, Auf der neuen Etappe der Privatisierung, Shurnal dlja Akzionerow 6/1995/2 (5); Mitarbeiter des Komitees zur Verwaltung des Staatsvermögens *Lasarewski*, Investitionen und der Boden, Shurnal dlja Akzionerow 3/1995/2 (3); *Kutafin/Fadejew*, Das Kommunalrecht der Russischen Föderation, S. 312.

1. Ermittlung

aus der Privatisierung in den Bundeshaushalt"[235] ein niedriger Einheitswert in Höhe der fünffachen zum Zeitpunkt der Beantragung des Kaufs für das Grundstück erhobenen jährlichen Grundsteuer festgesetzt. Die Höhe der Grundsteuer bemißt sich nach dem Gesetz "Über die Zahlungen für den Boden" (GrundStG)[236]. Danach wird zwischen elf Zonen differenziert. Pro Quadratmeter innerstädtischer Gewerbefläche variieren die Grundsteuern zwischen ein und neun Rubeln.

c) *Bauliche Anlagen*

Für in privilegierter Nutzung befindliche bauliche Anlagen gilt ein vergünstigter, gesetzlich festgesetzter[237] Kaufpreis, Nr. 4.9. Grundbestimmungen, Verordnungen "Ordnung über den Verkauf und das vorläufige Verfahren zur Bestimmung des Kaufpreises beim Erwerb verpachteter Gewerbeimmobilien"[238] und "Über einige Vorschriften, die den Verkauf von Immobilien regeln"[239].

---

[235] RegVO No. 478 vom 11. Mai 1995, SS 20/1995/1776, geändert in SS 20/1997/2240, in Verbindung mit Brief GKI No. SB-2/6388 vom 18. Juli 1995 "Über den Einheitswert für Grundstücke", abgedruckt in Panorama Priwatisazii 17/1995/21, die letzte Änderung ist abgedruckt in ESh 1/1998/10.

[236] Gesetz vom 11. Oktober 1991, WSND RF 44/1991/1424, zuletzt geändert in SS 26/1997/2945; ergänzt durch die Instruktion BuStD No. 29 vom 17. April 1995 "Instruktion für die Anwendung des Gesetzes der Russischen Föderation über die Grundsteuer", abgedruckt in ESh 20/1995/21, letzte Änderung abgedruckt in ESh 16/1998/18; RegVO No. 378 vom 3. April 1996 "Über die Indexierung der Grundsteuer für 1996", SS 15/1996/1623.

[237] Kritisch hierzu der stellvertretende Vorsitzende des Obersten Wirtschaftsgerichts *Witrjanski*, Die Paradoxa der Normsetzung: Das Gesetz sollte für alle gleich sein, ESh 48/1996/4.

[238] VO GKI No. 353-r vom 16. Februar 1994 in der geänderten Fassung vom 16. Mai 1994, abgedruckt in Sakon 10/1994/20.

[239] VO GKI No. ATsch-2/7248 vom 16. August 1994, abgedruckt in Priv. III, S. 60.

IV. Kaufpreis

Danach darf pro Quadratmeter nicht mehr als der dreifache und speziell für Gewerbeflächen in Wohnhäusern nicht mehr als der zweifache für diese Fläche im Jahr gezahlte Pachtzins verlangt werden. Außerdem gilt als weitere höhenmäßige Beschränkung, daß der Kaufpreis bei Gewerbeflächen in Wohnhäusern nicht mehr als 50 % des Marktpreises für Wohnflächen im betreffenden Gebiet und bei sonstigen Gewerbeimmobilien nicht mehr als 50 % des ortsüblichen Quadratmeterpreises für vergleichbare Objekte betragen darf. Innerhalb dieser Grenzen bestimmen die örtlichen Behörden den konkreten Verkaufspreis.

Dies gilt nicht für die Stadt Moskau. Dort dürfen bauliche Anlagen gemäß Nr. 6 des Präsidialdekrets "Über die zweite Etappe der Privatisierung in Moskau"[240] zu Marktpreisen verkauft werden. Das Verfahren zur Berechnung des Verkaufspreises ist in der Verordnung des Bürgermeisters "Über die Inkraftsetzung der Ordnung über das Verfahren des Verkaufs verpachteter gewerblich genutzter baulicher Anlagen auf dem Territorium der Stadt Moskau"[241] geregelt.

Unvollendete oder sonst in keiner privilegierten Nutzung befindliche bauliche Anlagen werden überall meistbietend versteigert. Für die Ermittlung des Startpreises existieren keine besonderen bundesgesetzlichen Vorschriften, so daß hier von Marktpreisen oder ggf. auch örtlich festgesetzten Werten auszugehen ist.

---

[240] PD No. 96 vom 6. Februar 1995, SS 7/1995/510, zuletzt geändert in SS 27/1996/3234.

[241] VO des Bürgermeisters von Moskau No. 840 vom 17. Oktober 1995, abgedruckt in ESh Moskowski Wypusk 33/1995/14, letzte Änderung vom 2. Oktober 1996, jur. Datenbank Kodex; zum Verfahren der Berechnung der für bauliche Anlagen in Moskau zu zahlenden Pachtzinsen vgl. VO GKI No. 1921-r vom 29. Dezember 1995 ohne Namen, abgedruckt in Panorama Priwatisazii 4/1996/13.

2. Kaufpreiszahlung

Nach der Beendigung der Voucherprivatisierung kommt als Zahlungsmittel in der Privatisierung ausschließlich Geld in Betracht, § 12 PrivG. Beim Verkauf von Grundstücken war ursprünglich geplant, staatliche Schulden bei privatisierten Betrieben in Schuldpapiere umzuwandeln, mit denen die Unternehmen ihre Betriebsgrundstücke kaufen können, vgl. Nr. 7 des Präsidialdekrets "Über Maßnahmen zur Sicherstellung der Einnahmen aus der Privatisierung in den Staatshaushalt"[242]. In welcher Form dies erfolgen sollte, blieb jedoch ungeregelt und so wurde diese Form des Verkaufs nicht praktiziert. Eine ähnliche Regelung wurde jedoch auch wieder in das neue Privatisierungsgesetz aufgenommen, § 12 Abs. 2 PrivG. Danach können zweckgebundene Schuldverschreibungen der Russischen Föderation als Zahlungsmittel in der Privatisierung verwandt werden. Daneben ist im neuen Privatisierungsgesetz vorgesehen, daß der Staat Wertpapiere ausgibt, die den Inhaber zum Bezug von Aktien in der Privatisierung berechtigen, § 24 PrivG. Auch hierzu fehlen noch nähere Bestimmungen.

Beträgt der zu zahlende Kaufpreis beim Erwerb in der Privatisierung durch eine juristische Person mehr als 500.000 gesetzliche Mindestlöhne oder beim Erwerb durch eine natürliche Person mehr als 5.000 gesetzliche Mindestlöhne, ist der Käufer verpflichtet, die legale Herkunft der Geldmittel nachzuweisen, Nr. 5.18.6. Privatisierungsprogramm 1994, ergänzt durch die Regierungsverordnung "Über die Bestätigung der Ordnung für das Verfahren zur Deklarierung der Herkunft von Geldern, die von juristischen oder natürlichen Personen beim Erwerb staatlichen oder kommunalen Vermögens in der Privatisierung zur Bezahlung verwandt werden"[243].

---

[242] PD No. 478 vom 11. Mai 1995, SS 20/1995/1776, geändert in SS 20/1997/2240.

[243] RegVO No. 206 vom 28. Februar 1995, SS 10/1995/907; die Formulare für die Deklarierung sind in der gemeinsamen VO BuStD/GKI/Bundesdienst für Gegenaufklärung No. 104-3-03/16/100/152 ohne Datum "Über die Bestätigung der Formularmuster für den Abschluß von Rechtsgeschäften in der Privatisierung", abgedruckt in ESh 17/1995/30 enthalten.

IV. Kaufpreis

Hinsichtlich der Modalitäten der Kaufpreiszahlung in der Privatisierung ist bestimmt, daß der Kaufpreis auf einmal oder in Raten zahlbar ist, je nachdem wie es im Privatisierungsprogramm vorgesehen ist, § 19 PrivG, vgl. auch Nr. 5.3. der "Vorläufigen Ordnung über die Privatisierung staatlicher und kommunaler Unternehmen in der Russischen Föderation auf Auktionen"[244], Nr. 5.4. der "Vorläufigen Ordnung über die Privatisierung staatlicher und kommunaler Unternehmen in der Russischen Föderation auf Ausschreibungen"[245] und Nr. 12.1. der "Ordnung über den Verkauf von Aktien in der Privatisierung"[246]. Sofern der Kaufpreis auf einmal zahlbar ist, wird er mit der Übergabe der Sache fällig, §§ 314, 486 ZGB[247].

Während Kaufinteressenten nach dem alten Recht nur bei den speziellen Auktionen im voraus ein Teilnahmepfand in Höhe des Anfangspreises des zu versteigernden Objektes einzuzahlen hatten, um überhaupt an der Versteigerung teilnehmen zu können, vgl. Nr. 4.2. der Verordnung "Über die Bestätigung des Verfahrens des Verkaufs der Aktien von Aktiengesellschaften auf speziellen Auktionen für den Verkauf von Aktien"[248], sieht das neue Recht jetzt bei allen Arten von Auktionen die Zahlung eines Teilnahmepfandes in Höhe von bis zu 80 % des Anfangspreises vor, vgl. § 12 der "Ordnung über den Verkauf von staatlichem und kommunalem Vermögen auf Auktionen"[249].

---

[244] Anlage 4 zum PD No. 66 vom 29. Januar 1992 "Über die Beschleunigung der Privatisierung staatlicher und kommunaler Unternehmen", WSND RF 7/1992/312.

[245] Anlage 5 zum PD No. 66 vom 29. Januar 1992 "Über die Beschleunigung der Privatisierung staatlicher und kommunaler Unternehmen", WSND RF 7/1992/312.

[246] VO GKI No. 701-r vom 4. November 1992, abgedruckt in Sakon 9/1993/62.

[247] *Lewschina* in *Klejn* u. a., Unternehmensrecht, S. 332; *Makarowa/Kowalewskaja* in *Popondopulo* u. a., Handelsrecht, S. 88.

[248] VO GKI No. 2469-r vom 6. Oktober 1994, abgedruckt in Priv. III, S. 140.

[249] RegVO No. 356 vom 27. März 1998, abgedruckt in ESh 16/1998/12.

Die Erlöse aus der Privatisierung fließen nur zu einem geringen Teil an die privatisierten Unternehmen zurück[250]. Beim Verkauf der Aktien umgewandelter Staatsbetriebe und der Veräußerung von Kleinbetrieben sollen 51 % des gezahlten Kaufpreises an das Unternehmen gehen, Anlage 1 zu den Grundbestimmungen. Hiervon gibt es jedoch Ausnahmen[251]. Bei der Veräußerung insolventer Staatsbetriebe, Anteilen an solchen Unternehmen oder dem Verkauf des Vermögens liquidierter insolventer Staatsbetriebe konnte bestimmt werden, daß ein Teil des Verkaufserlöses für Sozialpläne verwandt wird. Im übrigen werden die Mittel nach den Festlegungen des Privatisierungsprogramms zwischen dem Bund, den Subjekten der Föderation und den Kommunen aufgeteilt, vgl. § 13 PrivG.

3. Besteuerung

Beim Erwerb in der Privatisierung sind keine besonderen Steuern zu zahlen. Gemäß § 2 des Gesetzes "Über die Steuer auf Transaktionen mit Wertpapieren" (KapVerkSt)[252] wird diese Steuer bei der erstmaligen Aktienemission nicht erhoben und kommt daher beim Kauf von Aktien in der Privatisierung nicht zur Anwendung. Auch Mehrwertsteuer fällt

---

[250] Zur Verteilung vgl. PD No. 1368 vom 18. Oktober 1996 "Über die Normative der Verteilung von aus der Privatisierung gewonnen Mitteln", SS 39/1996/4531; RegVO 1189 vom 14. Oktober 1996 "Ordnung über die Ausgabe von Mitteln aus der Privatisierung, die vom Staatskomitee der Russischen Föderation zur Verwaltung des Staatsvermögens erhalten wurden", SS 43/1996/4915.

[251] Sh. RegVO No. 644 vom 29. Juni 1995 "Über das Verfahren der Zuteilung von Mitteln, die aus der Privatisierung von Unternehmen auf Auktionen oder Ausschreibungen stammen, hinsichtlich des Teils, der für die Übergabe in die Verfügung des privatisierten Unternehmen vorgesehen ist, für die Ziele der Reorganisation und Sanierung anderer Unternehmen in Moskau", SS 28/1995/2678, zuletzt geändert in SS 31/1996/3753.

[252] Gesetz vom 12. Dezember 1991, WSND RF 11/1992/523, letzte Änderung vom 23. März 1998 abgedruckt in ESh 13/1998/9.

IV. Kaufpreis

gemäß § 5 Abs. 1 Buchstabe d des Gesetzes "Über die Mehrwertsteuer" (MwStG)[253], Nr. 12 d der Verordnung "Instruktion über das Verfahren der Erhebung von Mehrwertsteuer"[254] beim Erwerb staatlichen Vermögens in der Privatisierung nicht an[255].

4. Zwischenergebnis

Bei der Ermittlung des Kaufpreises bzw. des Startpreises für Auktionen oder Ausschreibungen wird eine sehr grobe Methode angewendet. Die Bilanzen russischer Betriebe sind in aller Regel noch nicht nach westlichen Maßstäben erstellt und geben daher keine verläßliche Auskunft über den wahren Wert des Unternehmens. Die Immobilienprivatisierung erfolgt zu vergünstigten, auf der Grundlage des Einheitswerts berechneten, Preisen. Hierbei sind jedoch keine starren Grenzen festgesetzt, sondern ist den Kommunen Spielraum für eine Annäherung der Verkaufspreise an Marktpreise gewährt.

---

[253] Gesetz vom 6. Dezember 1991, WSND RSFSR 52/1991/1871, zuletzt geändert in SS 18/1997/2101.

[254] Instr. BuStD No. 39 vom 11. Oktober 1995, Ross. Westi vom 23. und 30. November 1996, zuletzt geändert am 14. März 1996, jur. Datenbank Kodex.

[255] Vgl. auch Instruktionsbrief MinFin No. 04-03-11 vom 14. November 1995 "Über die Erhebung von Mehrwertsteuer und Sondersteuer für das Vermögen von in der Privatisierung erworbenen kommunalen Unternehmen", jur. Datenbank Kodex.

V. Vertragsbeteiligte und Zustimmung Dritter

Parteien eines Kaufvertrages sind stets nur der Verkäufer und der Käufer. Oftmals bedarf der Vertrag jedoch zusätzlich der Zustimmung durch oder Anzeige an die Kartellaufsicht. Daneben muß der Kauf gegebenenfalls bei der Gewerbeaufsicht bekanntgemacht und eventuelle Lizenzen umgeschrieben oder neu beantragt werden.

1. Verkäufer

Verkäufer des staatlichen Eigentums in der Privatisierung sind gemäß §§ 10, 11 PrivG grundsätzlich die Vermögensfonds der Verwaltungsebene[256], der das zu privatisierende Vermögen zugewiesen ist[257]. Die

---

[256] VO OS RF vom 3. Juli 1991, WSND RF 22/1991/921; VO FI No. 76 vom 14. April 1994 "Über die Bestätigung der Musterordnung über die Vermögensfonds der Republiken, Kreise, Gebiete, autonomen Gebiete, autonomen Kreise, der Städte Moskau und St. Petersburg, denen die Befugnisse einer örtlichen Vertretung des Bundesvermögensfonds verliehen wurden", abgedruckt in Panorama Priwatisazii 11/1994/47; PD No. 2173 vom 17. Dezember 1993 "Fragen des Bundesvermögensfonds", SA PiP 51/1993/4937.

[257] Rechtsgrundlagen sind die VO OS RF No. 3020-1 vom 27. Dezember 1991 "Über die Einteilung des staatlichen Eigentums in der Russischen Föderation in Bundeseigentum und Eigentum der Republiken, Kreise, Gebiete, Autonomen Gebiete, Autonomen Kreise, der Städte Moskau und St. Petersburg und der Kommunen", WSND RF 3/1992/89, zuletzt geändert in SA PiP 1/1994/2; PD No. 292 vom 27. Februar 1996 "Über die Übergabe von im Bundeseigentum stehenden Aktien von im Verlauf der Privatisierung gegründeten Aktiengesellschaften an Subjekte der Russischen Föderation", SS 10/1996/879; RegVO No. 554 vom 8. Mai 1996 "Über

V. Vertragsbeteiligte und Zustimmung Dritter

Subjekte der Föderation und die Kommunen haben das Recht, die Verkaufsbefugnis an juristische Personen, und darunter dürften auch private Organisationen zu verstehen sein, zu delegieren, § 11 PrivG. Für den Abschluß von Pachtverträgen über Immobilien im Zusammenhang mit einer Unternehmensprivatisierung sind die Vermögensfonds indes nicht zuständig. Verpächter gewerblich genutzter baulicher Anlagen im Staatseigentum sind die Komitees zur Verwaltung des Staatsvermögens[258]. Bei Grundstücken ist der Verpächter das örtliche Bodenkomitee[259]. Eigentümer und Verkäufer baulicher Anlagen sind wie beim sonstigen Staatsvermögen indes wiederum die Vermögensfonds.

Beim Verkauf von Grundstücken treten die Vermögensfonds zwar als Verkäufer auf, sind jedoch rechtlich nicht Eigentümer. Im Gegensatz zum sonstigen der Privatisierung unterliegenden Staatsvermögen sind Grundstücke weiterhin der örtlichen Exekutive unterstellt, vgl. auch den außer Kraft getretenen § 6 BodenG. Vor einem Grundstücksverkauf muß der Vermögensfonds daher die Genehmigung der örtlichen Exekutive einholen, Nr. 4.4. Grundbestimmungen, Nr. 2 des Präsidialdekrets "Über die Bestätigung des Verfahrens zum Verkauf von Grundstücken bei der Privatisierung staatlicher und kommunaler Unternehmen, Ausdehnung und zusätzlichen Bebauung solcher Unter-

---

Maßnahmen zur Realisierung des Präsidialdekrets No. 292 vom 27. Februar 1996", SS 20/1996/2350.

[258] Vgl. VO GKI No. 217-r vom 5. Februar 1993 in der geänderten Fassung vom 17. Mai 1993 "Über die Ordnung des Prozesses der Rechnungslegung und der Abgrenzung der Eigentumsrechte an gewerblich genutzten baulichen Anlagen", abgedruckt in Sakon 9/1993/81; für Moskau vgl. die VO der Regierung von Moskau No. 868 vom 16. September 1993 "Über die Immobilienverwaltung in Moskau", jur. Datenbank Kodex.

[259] Vgl. VO der Regierung von Moskau No. 327 vom 18. April 1995 "Über die Abgrenzung des staatlichen Vermögens auf dem Gebiet von Moskau und die staatliche Registrierung von Vermögensrechten", Westnik Merii Moskwy 9/1995/28.

2. Käufer

nehmen, sowie bei der Zurverfügungstellung an Bürger und ihre Vereinigungen zur Ausübung unternehmerischer Tätigkeit"[260].

2. Käufer

Wer in der Privatisierung Käufer sein kann, bestimmt sich grundsätzlich nach § 9 PrivG. Danach sind beliebige in- und ausländische natürliche und juristische Personen als Käufer in der Privatisierung zugelassen. Für juristische Personen gilt die Beschränkung, daß sie nicht teilnehmen dürfen, wenn der Bund, ein Subjekt der Föderation oder eine Kommune daran mit über 25 % beteiligt sind. Hierdurch wird sichergestellt, daß das Staatseigentum tatsächlich in private Hände überführt wird.

Für Ausländer ist der Erwerb einiger Industrien durch spezielle gesetzliche Vorschriften verboten. In militärischen und sonstigen Sperrgebieten liegendes Vermögen darf darüber hinaus nur an ständig in dem betreffenden Gebiet ansässige natürliche oder juristische Personen verkauft werden, § 8 Gesetz "Über geschlossene territoriale Verwaltungseinheiten"[261].

Aufgrund der im Privatisierungsrecht gewährten Privilegien traten in der Vergangenheit bei der sogenannten kleinen Privatisierung besonders häufig die Betriebsangehörigen, bzw. eine von diesen gebildete Gesellschaft, als Käufer in der Privatisierung auf.

Die Einschränkungen bei der Immobilienprivatisierung haben zur Folge, daß damit auch der Kreis der infrage kommenden Käufer verkleinert wird. Während Gewerbezwecken dienende unverpachtete bauliche Anlagen an beliebige nach § 9 PrivG zugelassene Käufer veräußert werden, kommen bei verpachteten baulichen Anlagen und Betriebsgrundstücken nur die in einem privilegierten Pachtverhältnis

---

[260] PD No. 631 vom 14. Juni 1992, WSND RF 25/1992/1427, geändert in SS 20/1997/2240.

[261] Gesetz vom 14. Juli 1992, WSND RF 33/1992/1915, geändert in SS 49/1996/5503.

V. Vertragsbeteiligte und Zustimmung Dritter

stehenden Personen als Käufer in Betracht, Nr. 4.5. Grundbestimmungen[262]. Dazu zählen:

- natürliche oder juristische Personen, die Eigentümer privatisierter Staatsbetriebe sind oder die einen ihnen zuvor verpachteten Staatsbetrieb gekauft haben,
- durch Umwandlung aus staatlichen Betrieben hervorgegangene offene Aktiengesellschaften, deren Aktien zu nicht weniger als 75 % im Rahmen der Privatisierung veräußert worden sind,
- Bürger und Vereinigungen von Bürgern, die unternehmerische Tätigkeit ausüben sowie Unternehmen, bei denen keine staatliche Beteiligung über 25 % besteht, sofern sie das Recht zur Pacht der Immobilie aufgrund einer Auktion oder Versteigerung erworben haben.

Zum Teil wird vertreten, daß nur der ursprüngliche Ersterwerber eines privatisierten Staatsbetriebes das Recht zum Immobilienkauf hat[263]. Daher sollte ein späterer Käufer darauf achten, daß der Ersterwerber vor einem Weiterverkauf des Betriebes die dazugehörigen Immobilien zu Eigentum erwirbt.

Kommerzielle Immobilienentwickler können seit 1997 auf Versteigerungen der Kommunen Grundstücke zu Eigentum erwerben, bzw. ein Recht zur langfristigen Pacht ersteigern[264]. In den Großstädten Moskau und St. Petersburg wurden bereits vor 1997 spezielle Ausschreibungen für den Abschluß bis zu 49jähriger Grundstückspachtver-

---

[262] Vgl. den Mitarbeiter der St. Petersburger Staatlichen Universität *Nefedow*, Einige Rechte des Eigentümers eines privatisierten Unternehmens, ChiP 2/1996/112.

[263] *Masewitsch/Tscheutschewa*, Der Unternehmensverkauf, Delo i Prawo 7/1996/26 (30); dagegen spricht Punkt 12.2. der VO GKI No. 818-r vom 15. Juni 1995 "Erläuterungen zu einigen Fragen, die beim Verkauf von Grundstücken an die Eigentümer privatisierter Unternehmen, Gebäude oder Anlagen entstehen", abgedruckt in ESh 45/1996/22.

[264] PNo. 485 vom 16. Mai 1997 "Über Garantien für Eigentümer baulicher Anlagen zum Erwerb der dazugehörigen Grundstücke zu Eigentum", SS 20/1997/2240.

2. Käufer

träge durchgeführt[265]. Allein für den Abschluß eines solchen Pachtvertrages werden in Moskau in Spitzenlagen bis zu $20 Mio. gezahlt[266]. Das auf diese Art erlangte Pachtrecht wurde in Moskau weitgehend verkehrsfähig gemacht, um die Attraktivität dieser Investitionsform zu erhöhen[267].

3. Zustimmungsbedürftigkeit durch Dritte

Grundsätzlich bedarf der Erwerb in der Privatisierung keiner Zustimmung durch Dritte. Bei Verkäufen gewisser Größenordnungen sind jedoch nach dem Wettbewerbsrecht erforderliche Genehmigungen einzuholen bzw. Anzeigepflichten zu erfüllen[268]. Durch das Aktienrecht vorgeschriebene Ankündigungs- und Angebotspflichten gegenüber den anderen Aktionären beim Erwerb größerer Aktienpakete finden auf in der Privatisierung befindliche Aktiengesellschaften keine

---

[265] Vgl. VO des Bürgermeisters von Moskau No. 264-RM vom 10. August 1992 "Über die Durchführung von Ausschreibungen zur Gewährung langjähriger Pachtverträge in der Stadt Moskau", abgedruckt in Grundstückspachtbeziehungen in Moskau, S. 40.

[266] Vgl. Interview mit dem leitenden Mitarbeiter des Moskauer Bodenkomitees *Melnitschenko*, Moskau hat den vorletzten Schritt zum privaten Grundeigentum getan, ESh 24/1995/16; VO des Bürgermeisters von Moskau No. 471-RM vom 26. Oktober 1994 "Über die Zahlung für das Recht zum Abschluß eines Grundstückspachtvertrages in Moskau", abgedruckt in: Grundstückspachtbeziehungen in Moskau, S. 156.

[267] Vgl. Interview mit dem leitenden Mitarbeiter des Moskauer Bodenkomitees *Melnitschenko*, Moskau hat den vorletzten Schritt zum privaten Grundeigentum getan, ESh 24/1995/16.

[268] Allg. zur Kartellaufsicht beim Anteils- oder Stimmrechtserwerb *Rebelski*, Antimonopolkontrolle auf dem russischen Wertpapiermarkt, ESh 23/1994/16; *Krüßmann*, Zur Novelle des russischen Antimonopolgesetzes vom 25. Mai 1995, ROW 1996, S. 225.

V. Vertragsbeteiligte und Zustimmung Dritter

Anwendung, § 1 Abs. 5 i.V. m. § 80 Gesetz "Über die Aktiengesellschaften" (AktG)[269].
Sofern die Tätigkeit des privatisierten Unternehmens genehmigungspflichtig ist, muß geprüft werden, ob der Erwerb eines Betriebes bzw. von Anteilen daran Auswirkungen auf eine gewerberechtliche Genehmigung hat und unter welchen Voraussetzungen sie fortgilt oder umgeschrieben werden kann.

a) Kartellaufsicht

Der Erwerb von Unternehmen und Unternehmensbeteiligungen in der Privatisierung unterliegt der allgemeinen Fusionskontrolle und Wettbewerbsaufsicht, die vom Staatskomitee für Antimonopolpolitik (auf russisch abgekürzt GKAP)[270] ausgeübt wird. Rechtsgrundlage ist das Gesetz "Über den Wettbewerb und die Begrenzung monopolistischer Tätigkeit auf Warenmärkten" (AntimonG)[271].

Der Erwerb größerer Beteiligungen, auch durch einen Ausländer, ist danach genehmigungs- bzw. anzeigepflichtig[272]. Gemäß § 18 AntimonG kann der Erwerb von 20 % der stimmberechtigten Aktien bzw. einer entsprechenden Beteiligung an einer Personengesellschaft durch eine Person oder Personenvereinigung bestimmte Pflichten nach diesem Gesetz auslösen.

---

[269] Gesetz vom 24. November 1995, SS 1/1996/1, zuletzt geändert in SS 25/1996/2956; vgl. auch *Tichomirow* u. a., Kommentar zum Bundesgesetz über die Aktiengesellschaften", S. 16.

[270] PD No. 915 vom 24. August 1992 "Über das Staatskomitee der Russischen Föderation für Antimonopolpolitik und die Unterstützung neuer Wirtschaftsstrukturen", WSND RF 35/1992/2008.

[271] Gesetz vom 22. März 1991, WSND RSFSR 16/1991/499, zuletzt geändert in SS 22/1995/1977; deutsche Übersetzung in HdB. WiRO, Rus 400.

[272] Zum Verfahren sh. den Befehl des GKAP No. 145 vom 13. November 1995 "Ordnung über das Verfahren der Vorlage von Anträgen und Anzeigen nach §§ 17 und 18 AntimonG an die Antimonopolbehörde", abgedruckt in ESh 52/1995/19.

3. Zustimmungsbedürftigkeit durch Dritte

Die vorherige Genehmigung des Staatskomitees für Antimonopolpolitik ist erforderlich, wenn der Bilanzwert der Aktiva des erwerbenden Unternehmens 100.000 gesetzliche Mindestlöhne übersteigt oder dieses in das staatliche Register[273] der Unternehmen eingetragen ist, die über 35 % der Marktanteile ihres Sektors innehaben, oder der Erwerber eine Personenvereinigung ist, die die Tätigkeit eines solchen Wirtschaftssubjekts kontrolliert. Lediglich einer Anzeigepflicht binnen 15 Tagen nach Abschluß des Geschäfts unterliegen die genannten Erwerbsgeschäfte, wenn der Bilanzwert der Aktiva des erwerbenden Unternehmens 50.000 gesetzliche Mindestlöhne übersteigt. Die Erteilung der Genehmigung darf gem. § 18 Abs. 4 AntimonG verweigert werden, wenn dies zu einer Stärkung der marktbeherrschenden Position des erwerbenden Unternehmens oder einer Beschränkung des Wettbewerbs führen kann. Einen Ablehnungsgrund bilden auch Falschangaben in den für das Genehmigungsverfahren einzureichenden Unterlagen. Die Genehmigung darf dennoch erteilt werden, wenn zwar eine Beschränkung des Wettbewerbs möglich ist, der positive soziale oder ökonomische Effekt des Erwerbs jedoch den negativen Einfluß auf den jeweiligen Markt überwiegt. Auch eine Genehmigung unter Auflagen ist zulässig.

Besteht lediglich eine Anzeigepflicht, so prüft das Staatskomitee für Antimonopolpolitik, ob durch das Geschäft gegen das Antimonopolgesetz verstoßen wird und trifft eine Entscheidung über die Zulässigkeit des Erwerbs, § 18 Abs. 6 AntimonG. Wenn die Gefahr besteht, daß dadurch eine Monopolstellung erlangt oder verstärkt wird oder eine Wettbewerbsbeschränkung eintritt, so darf das Staatskomitee für Antimonopolpolitik Anordnungen treffen, die der Sicherstellung des notwendigen Wettbewerbs dienen, § 18 Abs. 7 AntimonG.

Nach Nr. 3.4. Grundbestimmungen ist darüber hinaus bestimmt, daß der Erwerb von 35 % oder mehr der Anteile an einer Gesellschaft oder der Erwerb von Aktien, die mehr als 50 % der Stimmrechte einer Gesellschaft ausmachen, zuvor von der Anti-Monopolbehörde geneh-

---

[273] Vgl. Befehl GKAP No. 29 vom 15. März 1996 "Über die Bestätigung der Form des Registers der Wirtschaftssubjekte, die auf dem Markt für eine bestimmte Ware einen Anteil von über 35 % haben", jur. Datenbank Kodex.

V. Vertragsbeteiligte und Zustimmung Dritter

migt werden muß. Dies entspricht den Bestimmungen in Nr. 50 der durch den Erlaß des Gesetzes "Über den Wertpapiermarkt"[274] überholten Verordnung "Über die Emission und den Verkehr mit Wertpapieren auf den Wertpapiermärkten der RSFSR"[275] und Nr. 4.2. des gleichfalls nicht mehr gültigen Briefes "Über die Regeln beim Abschluß und der Registrierung von Rechtsgeschäften mit Wertpapieren"[276]. Da das neue Gesetz "Über den Wertpapiermarkt" keine entsprechenden Regelungen mehr enthält, dürfte auch das Genehmigungserfordernis nach Nr. 3.4. Grundbestimmungen fortgefallen sein.

Gemäß der Verordnung "Über das Verfahren zur Kontrolle über den Erwerb von Anteilen an Personengesellschaften und einfachen Namensaktien von Aktiengesellschaften und das Verfahren zur Bestimmung von Personen, die untereinander ihr Vermögen kontrollieren" (KontrollVO)[277] ist das Staatskomitee für Antimonopolpolitik der Russischen Föderation zuständig, wenn das Satzungkapital der Gesellschaft größer als 10 Milliarden Rubel ist; andernfalls wird die Genehmigung von den örtlichen Untergliederungen der Behörde erteilt. Die Genehmigung wird nach Nr. 12 KontrollVO verweigert, wenn der Erwerb dazu führt, daß die Gesellschaft und der sie kontrollierende Erwerber gemeinsam eine beherrschende Stellung auf dem betreffenden Warenmarkt erhalten. Dies ist dann der Fall, wenn entweder eine juristische Person 25 % der Aktien oder Anteile einer anderen juristischen Person hält, wenn sie mehr als 50 % der Stimmrechte einer anderen juristischen Person hat oder wenn mindestens ein Viertel der Personen in den Leitungsgremien verschiedener juristischer Personen identisch ist, Nr. 7 KontrollVO. Ein Emitent und ein Investor üben gemäß Nr. 14 KontrollVO gemeinsam eine beherrschende Stellung aus, wenn sie zusammen 35 % der Marktanteile haben. Die Genehmigung des Er-

---

[274] Gesetz vom 22. April 1996, abgedruckt in ESh 20/1996/16.
[275] RegVO No. 78 vom 28. Dezember 1991, SP RSFSR 5/1992/26; zur zweifelhaften Fortgeltung dieser Vorschrift vgl. auch *Müller*, Kapitalerhöhung bei russischen Aktiengesellschaften, WiRO 1996, S. 284 (285).
[276] Brief MinFin No. 53 vom 6. Juli 1992, abgedruckt in dem Sammelband Wertpapiere, S. 265.
[277] VO GKAP No. 5 vom 18. Januar 1994, in der geänderten Fassung vom 15. Februar 1995, abgedruckt in Sakon 4/1995/50.

3. Zustimmungsbedürftigkeit durch Dritte

werbs wird versagt, wenn das erwerbende Wirtschaftssubjekt auf dem Warenmarkt, auf dem auch das zu erwerbende Unternehmen seine Produkte absetzt, eine beherrschende Marktposition innehat. Zwar ist vorgeschrieben, daß die Komitees zur Verwaltung des Staatsvermögens die Privatisierungspläne mit den Staatskomitees für Antimonopolpolitik abstimmen müssen[278], so daß eine erforderliche Abstimmung mit dieser Behörde bereits im Vorfeld eines Erwerbs erfolgt sein sollte. Gemäß Nr. 4.3. der Verordnung "Ordnung über das Verfahren zur Vorlage von Anträgen und Anzeigen nach den §§ 17 und 18 AntimonG an die Antimonopolbehörde"[279]. treffen die vorgenannten Pflichten jedoch ausdrücklich den Käufer der Beteiligung. Da Verstöße gegen die Genehmigungs- und Anzeigepflichten gemäß §§ 18 Abs. 9, 22 ff. AntimonG zur Anfechtbarkeit der Verträge und zur Verhängung von Strafen führen können, sollte ein Käufer in der Privatisierung in jedem Fall sicherstellen, daß die erforderlichen Anträge gestellt bzw. Mitteilungen gemacht werden. Hierbei wird es sich in den meisten Fällen um eine reine Formalität handeln, da die kartellrechtlich relevanten Schwellen im russischen Recht bereits in Bereichen ansetzen, in denen sich noch keine Auswirkungen auf die Märkte ergeben.

---

[278] Gemeinsamer Brief GKI/GKAP No. Atsch-19/3009, LB/1869 vom 30. April 1993 "Über das Verfahren der Zusammenarbeit des Komitees für die Verwaltung des Staatsvermögens und seiner örtlichen Verwaltungsstellen mit dem Staatskomitee für Antimonopolpolitik bei der Privatisierung staatlicher Unternehmen und der Gründung von Holdings", abgedruckt in BNA 1/1994/7; vgl. auch Befehl des GKAP No. 86 vom 22. Juli 1996 "Über die Vereinbarung über das Verfahren der Zusammenarbeit des Russischen Fonds des Bundesvermögens und des Staatskomitees der Russischen Föderation für Antimonopolpolitik und die Unterstützung neuer Wirtschaftsstrukturen im Verlauf der Privatisierung", jur. Datenbank Kodex.

[279] Befehl GKAP No. 145 vom 13. November 1995, abgedruckt in ESh 52/1995/19.

V. Vertragsbeteiligte und Zustimmung Dritter

b) Gewerbeaufsicht

Das Privatisierungsrecht enthält keine speziellen Vorschriften über die Auswirkungen der Privatisierung auf den Bestand gewerberechtlicher Genehmigungen. § 559 Abs. 3 ZGB bestimmt für Unternehmenskäufe, daß gewerberechtliche Genehmigungen grundsätzlich nicht auf den Erwerber übergehen, sofern nicht das Gesetz den Übergang ausdrücklich anordnet[280]. Ob davon nur personenbezogene Genehmigungen erfaßt sein sollen, ist nicht ausdrücklich gesagt, jedoch zu vermuten. Da es in Rußland kein einheitlich kodifiziertes Gewerberecht, vergleichbar der deutschen Gewerbe- oder Handwerksordnung oder dem Bundesimmissionsschutzgesetz gibt, muß anhand der für den jeweiligen Gewerbetyp geltenden Spezialvorschriften[281] im Einzelfall geprüft werden, ob gewerberechtliche Genehmigungen durch die Privatisierung womöglich ungültig werden oder ihre Umschreibung erforderlich ist[282].

Grundsätzlich sind jedoch beim Erwerb von Kleinbetrieben keine über die allgemeinen ordnungsrechtlichen Anforderungen hinausgehenden Genehmigungen in der Form personengebundener Lizenzen erforderlich. Es existiert keine berufsständische Kontrolle der Handwerksausübung, und der Betrieb von Dienstleistungsbetrieben, wie bspw. Gaststätten, wird von den zuständigen Ordnungsbehörden überwacht, ohne daß an die Person des Dienstleistenden besondere Anforderungen gestellt werden. Bei der Veräußerung der Aktien umgewandelter Staatsbetriebe bleiben etwaige Anlagegenehmigungen oder Lizenzen grundsätzlich unberührt, da sie betriebsbezogen sind. Für bestimmte Arten von Lizenzen, wie etwa Rundfunklizenzen, ist jedoch

---

[280] Vgl. hierzu *Masewitsch*, Die rechtliche Regulierung von Immobilienbeziehungen, Prawo i Ekonomika 12/1996/17 (20).

[281] Allg. zum Gewerberecht vgl. Sakon 6/1994 zum Thema Lizenzierung; vgl. PD No. 1418 vom 24. Dezember 1994 "Über die Lizenzierung einiger Arten von Tätigkeiten", SS 1/1995/69; siehe auch den gewerberechtlichen Sammelband: Die Lizenzierung einiger Arten von Tätigkeiten.

[282] Zum Rechtscharakter von Gewerbelizenzen in Rußland vgl. auch *Solotych*, Das Zivilgesetzbuch der Russischen Föderation, S. 18, 21.

vorgesehen, daß die Lizenz umgeschrieben werden muß, wenn sich die Eigentumsverhältnisse am Unternehmen ändern.

Da das Gewerbe- und Lizenzrecht ein sehr zersplittertes Rechtsgebiet ist, sollte sich ein Käufer vor dem Erwerb von Unternehmen oder größeren Akienpaketen in jedem Fall beraten lassen. Bei der Privatisierung des Vermögens liquidierter Unternehmen besteht die Möglichkeit, daß Genehmigungen oder Lizenzen durch die Auflösung erlöschen, weshalb auch hier eine genaue vorherige Prüfung erforderlich ist.

4. Zwischenergebnis

Beim Verkauf in der Privatisierung tritt auf der Seite des Veräußerers grundsätzlich der Vermögensfonds der Verwaltungsebene auf, der das staatliche Eigentum aufgrund Gesetzes zugeordnet ist. Der egalitäre Ansatz des Privatisierungsrechts, nach dem alle Arten von Käufern grundsätzlich gleich behandelt werden, wurde in der Vergangenheit durch die weitgehenden Vergünstigungen an die Belegschaft eingeschränkt. Bis heute gelten Einschränkungen des Erwerbs von bestimmten Industrien durch Ausländer fort. Zustimmungserfordernisse zu Kaufverträgen in der Privatisierung bestehen nicht. Gegebenenfalls hat ein Käufer in der Privatisierung jedoch kartellrechtliche und gewerberechtliche Genehmigungs- oder Anzeigepflichten.

VI. Vertragsschluß, Nichtigkeits- und Anfechtungsgründe

Für den Vertragsschluß sowie die Nichtigkeit und Anfechtung von in der Privatisierung geschlossenen Rechtsgeschäften gilt, neben den speziellen Bestimmungen des Privatisierungsrechts, das Zivilgesetzbuch, vgl. auch § 28 Abs. 1 PrivG[283]. Dessen Bestimmungen werden jedoch durch spezielle Nichtigkeits- und Anfechtungsgründe des Privatisierungsrechts verschärft. Darüber hinaus schlägt die in der Praxis sehr häufige Anfechtung von Auktions- oder Ausschreibungsprotokollen und in der Privatisierung ergangenen Verwaltungsakten durch Dritte auf die Wirksamkeit von Kaufverträgen durch und führt so ebenfalls zu ihrer Nichtigkeit.

1. Vertragsschluß

Wie nach deutschem kommt ein Vertrag auch nach russischem Recht durch die durch Angebot und Annahme erfolgende Einigung über die wesentlichen Vertragsbestandteile zustande, §§ 432, 433 ZGB. Für Angebot und Annahme gelten keine Besonderheiten. Die wesentlichen Vertragsbestandteile sind gemäß § 432 Abs. 1 ZGB der Gegenstand des Vertrages, die vom Gesetz als wesentlich benannten Inhalte und das, was nach dem zutage getretenen Willen einer der Parteien wesentlich ist[284]. Die gesetzlichen Mindestanforderungen beim Kaufver-

---

[283] Vgl. *Mindach*, Vertragsabschluß nach dem neuen russischen Zivilrecht, ROW 1995, S. 159.

[284] Vgl. *Nowoselowa*, Über die Beurteilung des Vorliegens von Vertragsbeziehungen durch die Wirtschaftsgerichte, ChiP 9/1994/101; *Denisow*, Die wesentlichen Vertragsbedingungen, ESh 11/1998/21; *Kabalkin*, Der Begriff und die Bedindungen des Vertrages, Ross. Just. 6/1996/19 (21).

1. Vertragsschluß

trag sind nach § 455 Abs. 3 ZGB die Benennung des Kaufobjektes und seiner Menge[285]. Für Immobilien sind darüber hinaus §§ 554, 555 ZGB zu beachten, nach denen die räumliche Lage des Kaufobjektes genau beschrieben werden und auch ein konkreter Preis vereinbart sein muß.

Das Privatisierungsrecht stellt in § 28 Abs. 2 PrivG besondere Anforderungen an Kaufverträge in der Privatisierung, die über den Mindestinhalt des Zivilgesetzbuches hinausgehen. Der Kaufvertrag muß danach unter anderem auch Regelungen zur Kaufpreiszahlung, Garantien zur Einhaltung von Pflichten auf seiten des Käufers, Bestimmungen über die Übergabe des Vermögens und, beim Verkauf mit aufgeschobenem Eigentumsübergang, die Bedingungen der zwischenzeitlichen Nutzung des Vermögens. Sind die Anforderungen nicht erfüllt, so gilt der Vertrag als nicht geschlossen[286].

Gemäß § 159 Abs. 1 ZGB sind Verträge grundsätzlich formfrei. Beim Kaufvertrag in der Privatisierung ist gemäß § 161 Abs. 1 Ziffer 1 ZGB die Schriftform vorgeschrieben.

Sofern es sich um einen Unternehmenskauf im Wege des Asset Deal handelt, sind zusätzlich die für diese Arten von Rechtsgeschäften geltenden Vorschriften des Zivilgesetzbuches zum Unternehmenskauf zu beachten. § 560 ZBG in Verbindung mit § 561 Abs. 2 ZGB sieht vor, daß dem Kaufvertrag folgende Anlagen beizufügen sind: Inventarliste, Bilanz, Gutachten eines Wirtschaftsprüfers und genaue Benennung der Unternehmensschulden. Daneben bedarf der Vertrag der staatlichen Registrierung, § 560 Abs. 1 ZGB. Diese erfolgt nach den Bestimmungen des Gesetzes "Über die staatliche Registrierung von Immobilienrechten und Immobiliengeschäften"[287]. Die Nichtbeachtung

---

[285] Vgl. zu den nach altem Recht höheren Anforderungen *Lewschina* in *Klejn* u. a., Unternehmensrecht, S. 329, 321.

[286] Vgl. Kommentar zum Privatisierungsgesetz, S. 135; *Klejn* in *Klejn* u. a., Unternehmensrecht, S. 203; *Gribanow* in *Suchanow* u. a., Zivilrecht II, S. 64; zu den Problemen hierbei vgl. auch *Masewitsch/Tscheutschewa*, Der Unternehmensverkauf, Delo i Prawo 7/1996/26 (30).

[287] Gesetz vom 21. Juli 1997, SS 30/1997/3594; deutsche Übersetzung mit Einführung in WiRO 1998, S. 21.

VI. Vertragsschluß, Nichtigkeits- und Anfechtungsgründe

der Formvorschriften führt zur Nichtigkeit des Vertrages, § 560 Abs. 2 ZGB. Immobiliengeschäfte sind nach §§ 550, 551 ZGB stets schriftlich zu schließen und anschließend ebenfalls nach den Bestimmungen des oben genannten Gesetzes zu registrieren.

2. Nichtigkeit und Anfechtung

Für die Nichtigkeit und Anfechtung von in der Privatisierung geschlossenen Verträgen gelten die Bestimmungen des Zivilgesetzbuches sowie die besonderen Nichtigkeits- und Anfechtungsgründe des Privatisierungs-, Antimonopol- und zur Verhinderung der Geldwäsche ergangenen Rechts.
Die Nichtigkeit und Anfechtung von Rechtsgeschäften ist in §§ 166 ff. ZGB geregelt[288]. Die Nichtigkeitsfolge tritt automatisch ein. Eine Anfechtung kann hingegen nur durch richterliches Urteil erfolgen[289]. Bei Nichtigkeit gilt der Vertrag als von vornherein nicht geschlossen (ex tunc-Wirkung), bei der Anfechtung entfällt er grundsätzlich ebenfalls ex tunc, der Richter hat jedoch die Möglichkeit, die Unwirksamkeit ex nunc festzustellen, § 167 Abs. 3 ZGB. Für nichtig erklärte Verträge werden nach Bereicherungsrecht rückabgewickelt[290]. Während diese Folge früher zwingend war, vgl. § 167 Abs. 2 ZGB[291],

---

[288] Vgl. zu beidem *Braginski*, Rechtsgeschäfte. Vertretung. Fristen. Klagefrist. Kommentar zum ZGB, ChiP 6/1995/3 (9); *Lewschina* in *Sadikow* u. a., Kommentar zum Zivilgesetzbuch der Russischen Föderation. Erster Teil, §§ 166 ff; *Kolpin/Masljajew*, Zivilrecht. Erster Teil. Lehrbuch, S. 173 ff.

[289] Vgl. hierzu auch *Solotych*, Das Zivilgesetzbuch der Russischen Föderation, S. 43; *Lewschina* in *Sadikow* u. a., Kommentar zum Zivilgesetzbuch der Russischen Föderation. Erster Teil, § 166 ff.

[290] *Kolpin/Masljajew*, Zivilrecht. Erster Teil. Lehrbuch, S. 177; *Koslow/Jaurow*, Erwerben Sie, sparen Sie, doch verletzen Sie nicht das Gesetz, ESh 19/1997/20.

[291] Vgl. Entscheidung des Obersten Wirtschaftsgerichts No. 920/95 vom 1. August 1995, abgedruckt in ChiP 3/1996/86.

2. Nichtigkeit und Anfechtung

besteht seit dem Inkrafttreten des neuen Zivilgesetzbuches die Möglichkeit der Anwendung des § 566 ZGB. Er sieht vor, daß von der Rückgängigmachung eines Unternehmenskaufvertrages abgesehen werden kann, wenn dadurch die Rechte von Gläubigern oder sonstigen Personen verletzt werden oder dies dem öffentlichen Interesse widerspricht.

Eine Klage auf Feststellung der Nichtigkeit kann von jeder durch das nichtige Rechtsgeschäft beschwerten Person erhoben werden. Zur Anfechtung sind nur die gesetzlich ausdrücklich hierzu ermächtigten Personen berechtigt, § 166 Abs. 2 ZGB. Die Frist für die Erhebung einer Klage auf Feststellung der Nichtigkeit beträgt 10 Jahre seit dem Abschluß des Rechtsgeschäfts; die Anfechtungsfrist ist ein Jahr seit Kenntnis des Anfechtungsberechtigten vom Anfechtungsgrund, § 181 Abs. 2 ZGB.

Die Nichtigkeitsgründe des Zivilgesetzbuches sind: fehlende Geschäftsfähigkeit einer Partei, §§ 171, 172 ZGB, Sittenwidrigkeit des Vertrages, § 169 ZGB, Abschluß eines Schein- oder verdeckten Rechtsgeschäftes, § 170 ZGB, und der Verstoß gegen gesetzliche Verbote, § 168 ZGB. Die letztgenannte Vorschrift ist schärfer als der vergleichbare § 134 BGB. Ein Rechtsverstoß liegt danach bereits vor, wenn der Inhalt und die rechtlichen Ergebnisse eines Rechtsgeschäfts den Anforderungen des geltenden Rechts widersprechen[292]. In der Praxis kann daher jedes nicht dem Gesetz entsprechende Rechtsgeschäft für nichtig erklärt werden; die Anwendung des § 180 ZGB über die Teilnichtigkeit wird in Privatisierungsrechtsstreitigkeiten von den Gerichten üblicherweise nicht in Erwägung gezogen [293].

Die Anfechtungsgründe des Zivilgesetzbuches sind Irrtum und Täuschung oder Drohung, §§ 178, 179 ZGB. Fraglich ist, ob der spezielle Anfechtungsgrund des § 562 ZGB, wonach ein Gläubiger, der beim Verkauf eines Unternehmens der Übertragung des Vermögens und dem Übergang der Schulden auf den Erwerber nicht zugestimmt hat, das daraufhin geschlossene Rechtsgeschäft anfechten

---

[292] *Kolpin/Maslajew*, Zivilrecht. Erster Teil. Lehrbuch, S. 179.

[293] Vgl. Entscheidung des Obersten Wirtschaftsgerichts No. 1998/95 vom 26. März 1996, abgedruckt in Sakon 12/1996/100.

VI. Vertragsschluß, Nichtigkeits- und Anfechtungsgründe

kann, in der Privatisierung Anwendung findet. Dagegen spricht, daß der staatliche Verkäufer, der das Eigentum am Betrieb kraft Gesetzes übernommen hat, nicht wie ein echter privater Eigentümer in Haftung genommen werden kann. Ein weiteres Gegenargument ist, daß gleichzeitig mit dem Verkauf eines Unternehmens in der Privatisierung auch ein Umwandlungstatbestand vorliegt und der alte Rechtsträger damit untergeht. Alle damit zusammenhängenden Probleme scheinen jedoch mit der gesetzlich angeordneten Rechtsnachfolge erfaßt, so daß ein zusätzlicher Gläubigerschutz nicht erforderlich ist.

§ 29 PrivG erweitert die im Zivilgesetzbuch vorgesehenen Nichtigkeitsgründe und dehnt den Kreis derjenigen, die hiergegen rechtlich vorgehen können, auf die Regierung der Russischen Föderation, die Staatsorgane von Subjekten der Föderation und die Organe der örtlichen Selbstverwaltung aus[294]. Daneben ist auch die Staatsanwaltschaft aufgrund ihrer allgemeinen Rechtsaufsicht befugt Klage zu erheben. Die genannten Stellen sind nicht nur berechtigt, sondern sogar verpflichtet bei rechtswidrigen Privatisierungsgeschäften Klage auf Feststellung der Nichtigkeit zu erheben[295]. Folgende Gründe sind in § 29 PrivG genannt:

- Verstöße gegen das Privatisierungsrecht;
- Abschluß eines Privatisierungsgeschäfts durch einen nicht zugelassenen Käufer;
- die Bezahlung mit nicht zugelassenen Zahlungsmitteln;
- unzulässige Absprachen zwischen den Parteien, insbesondere über einen niedrigeren Kaufpreis[296];
- unzulässige Vorteilsgewährung an einen Käufer.

---

[294] Vgl. hierzu auch *Sintschenko/Gasarjan*, Anfechtbare und nichtige Rechtsgeschäfte in der Praxis des Unternehmertums, ChiP 2/1997/120 (128).

[295] Hierzu ausführlich *Micheler*, Zur Unwirksamkeit von Rechtshandlungen im Rahmen der Privatisierung in der Russischen Föderation, OER 1996, S. 139.

[296] Dies ist vor allem bei der Privatisierung von Pachtunternehmen von Bedeutung, vgl. Entscheidung des Obersten Wirtschaftsgerichts No. 8526/94 vom 25. Juli 1995, abgedruckt in ChiP 2/1996/95.

2. Nichtigkeit und Anfechtung

Das alte Privatisierungsgesetz sah darüber hinaus vor, daß ein Kaufvertrag auch dann nichtig sein sollte, wenn der Käufer den Kaufpreis nicht zahlte[297] oder die Ausschreibungsbedingungen, wozu vor allem die Investitions- und Sozialbedingungen zählten, nicht erfülle[298]. Diese Bestimmung ist in modifizierter Weise in § 21 Abs. 7 PrivG übernommen worden. Danach fällt Vermögen, hinsichtlich dessen die Investitions- oder Sozialbedingungen nicht erfüllt worden sind, entschädigungslos an den Staat zurück; der Kaufvertrag ist aufzulösen.

Die Anordnung der Unwirksamkeit von Privatisierungsrechtsgeschäften in den vorgenannten Fällen erscheint nicht immer sachgerecht. In Moskau räumt das örtliche Privatisierungsrecht[299] den Gerichten daher die Möglichkeit ein, dann, wenn ein Käufer die vertraglichen Bedingungen nicht einhält, statt der Unwirksamerklärung des Vertrages eine nachträgliche Kaufpreiserhöhung anzuordnen. In Nr. 59 der

---

[297] Vgl. hierzu Entscheidung des Obersten Wirtschaftsgerichts ohne Nummer und Datum, abgedruckt in ChiP 1/1996/97; vgl. auch *Nikitina*, Die Anwendung der Gesetzgebung über die Privatisierung staatlichen und kommunalen Vermögens, Delo i Prawo 12/1996/42 (42 ff.).

[298] Vgl. hierzu *Otnjukowa*, Die Erfüllung von Verpflichtungen, Ross. Just. 3/1996/16 (17); Entscheidung des Obersten Wirtschaftsgerichts ohne Nummer und Datum, abgedruckt in ChiP 2/1996/189; zu anderen Sanktionen vgl. auch den Mitarbeiter des Vermögensfonds *Muchatschow*, Die Gewinner von Investitionsausschreibungen werden nicht gerichtet, ESh 47/1996/7; zum Fall der britischen Firma Illingworth Morris Limited vgl. Mocow Times vom 26. April 1996, Court Says Firm's Sale Not Legal, Moscow Times vom 7. Mai 1996, Investor to Lose Stake in Textile Factory; Moscow Times vom 23. Juli 1996, Court Backs Verdict on Textile Firm Stakes Sale; Moscow Times vom 27. November 1996, British Garment Maker Wins Bolshevichka Restraint Order; vgl. auch *Kulikowa*, Aus Materialien der wirtschaftsgerichtlichen Praxis bei der Entscheidung von Streitigkeiten im Zusammenhang mit der Anwendung von Vorschriften des Zivilgesetzbuches über Verträge, Delo i Prawo 11/1996/51 (57).

[299] VO der Regierung von Moskau No. 461 vom 4. Juni 1996 "Über die Ordnung der Durchführung der Kontrolle über die Erfüllung von Kaufverträgen über kommunales (staatliches) Eigentum und Maßnahmen zum Erhalt des Angebotsprofils von Unternehmen des Verbrauchermarktes", abgedruckt in ESh Moskowski Wypusk 27/1996/13.

VI. Vertragsschluß, Nichtigkeits- und Anfechtungsgründe

gemeinsamen Verordnung des Plenums des Obersten Gerichts und des Obersten Wirtschaftsgerichts der Russischen Föderation "Über einige Fragen der Anwendung des ersten Teils des Zivilgesetzbuches der Russischen Föderation"[300] ist bestimmt, daß die Unwirksamkeitsgründe des Privatisierungsrechts dazu führen sollen, daß der Vertrag nach §§ 453 Abs. 4 ZGB, d. h. wie ein durch vertragliche Vereinbarung ex nunc aufgelöster Vertrag, rückabzuwickeln sei. Auch dadurch werden die Vorschriften über die Unwirksamkeit von rechtswidrigen Privatisierungsgeschäften abgemildert.

Die Anordnung der Rückabwicklung von Privatisierungsgeschäften ist dennoch problematisch, da ein Unternehmenskauf kaum rückgängig zu machen ist. Die Gerichte neigen daher dazu, die Nichtigkeitsklage bei Privatisierungsgeschäften zwar weiterhin zuzulassen, die damit verbundene Rechtsfolge, die Unwirksamkeit des Rechtsgeschäfts und seine Rückabwicklung, jedoch unter Anwendung des § 566 ZGB oder zumindest des darin enthaltenen Rechtsgrundsatzes nicht eintreten zu lassen[301].

Zwei weitere Nichtigkeitsgründe sind in § 18 Abs. 9 AntimonG genannt: Der erste betrifft Verträge, die unter Verstoß gegen die in dieser Vorschrift genannten Genehmigungs- und Anzeigepflichten beim Aktien- oder Anteilserwerb einer bestimmten Größenordnung geschlossen wurden. Sofern die Durchführung der Verträge dazu führt, daß es zu einer Beherrschung der Konkurrenz oder Einschränkung des Wettbewerbs kommt, oder diese Wirkung verstärkt wird und die Parteien den ihnen vom Staatskomitee für Antimonopolpolitik gemachten Anordnungen zur Wiederherstellung der erforderlichen Wettbe-

---

[300] VO No. 6/8 vom 1. Juli 1996, Ross. Gaseta vom 13. August 1996.

[301] Vgl. Kurskorrektur. Aus dem Bericht des Komitees zur Verwaltung des Staatsvermögens "Die Ergebnisse der Privatisierung im Jahre 1995 und der Gang der Ausführung des Präsidialdekrets No. 478 vom 11. Mai 1995 "Über Maßnahmen zur Sicherstellung der garantierten Einnahmen in den Bundeshaushalt aus der Privatisierung" und der Aufgaben im Jahre 1996", Panorama Priwatisazii 7/1996/3 (10); *Masewitsch/Tscheutschewa*, Der Unternehmensverkauf, Delo i Prawo 7/1996/26 (36); *Nikitina*, Die Unternehmensprivatisierung: Die Gesetzgebung und Probleme der wirtschaftsgerichtlichen Praxis, Delo i Prawo 5/1996/52.

3. Anfechtung von Ausschreibungs- oder Auktionsprotokollen

werbsbedingungen innerhalb der gesetzten Frist nicht nachgekommen sind, kann die Behörde gerichtlich auf Feststellung der Nichtigkeit klagen. Das gleiche gilt, wenn die Parteien den von ihr verfügten ablehnenden Entscheidungen oder Auflagen keine Folge leisten.
Gemäß Nr. 6 der Anlage zum Präsidialdekret "Über die Bestätigung der Ordnung für das Verfahren zur Deklarierung der Herkunft von Geldern, die von natürlichen oder juristischen Personen beim Erwerb staatlichen oder kommunalen Eigentums in der Privatisierung zur Bezahlung verwandt werden"[302] sind in der Privatisierung abgeschlossene Rechtsgeschäfte ebenfalls nichtig, wenn die zur Bezahlung verwandten Geldmittel illegaler Herkunft sind oder der Käufer diesbezüglich Falschangaben gemacht hat.

3. Durchschlagen der Anfechtung von Ausschreibungs- oder Auktionsprotokollen und Verwaltungsakten auf Kaufverträge

Als problematisch erweist sich das Durchschlagen der Anfechtung von Ausschreibungs- oder Auktionsprotokollen und im Verlaufe der Privatisierung getroffenen Verwaltungsakten auf die später abgeschlossenen Kaufverträge.
Wurde bei der Durchführung von Ausschreibungen oder Auktionen gegen gesetzliche Bestimmungen verstoßen, so kann das Ergebnis gemäß § 449 Abs. 2 ZGB von den dadurch beschwerten Personen, oder nach § 29 PrivG von den darin genannten Regierungsstellen sowie der Staatsanwaltschaft angefochten werden. Die Anfechtung schlägt auf den daraufhin abgeschlossenen Kaufvertrag durch, ein gutgläubiger Erwerb ist ausgeschlossen, § 449 Abs. 2 ZGB[303]. Häufig

---

[302] RegVO No. 206 vom 28. Februar 1995, SS 10/1995/907.
[303] Vgl. hierzu auch *Solotych*, Das Zivilgesetzbuch der Russischen Föderation, Erster Teil, S. 56.

VI. Vertragsschluß, Nichtigkeits- und Anfechtungsgründe

klagt hier ein zu Unrecht übergangener oder von vornherein nicht zugelassener Mitbieter[304].

Eine ähnliche Wirkung hat auch die Anfechtung von in der Privatisierung ergangenen Verwaltungsakten[305] im Verwaltungsrechtsweg. Hier kommen vor allem Klagen gegen den durch Beschluß des Komitees zur Verwaltung des Staatsvermögens festgesetzten Privatisierungsplan in Betracht. Da ein rechtswidriger Verwaltungsakt stets für unwirksam erklärt werden muß und das Vertrauen auf seinen Bestand im russischen Recht nicht geschützt ist[306], können ganze Unternehmensprivatisierungen bei erfolgreicher Anfechtung des Privatisierungsplans rückgängig gemacht werden[307].

4. Zwischenergebnis

Beim Vertragsschluß in der Privatisierung ist besonderes Augenmerk auf die wesentlichen Vertragsbestandteile zu verwenden, da hier vom allgemeinen Zivilrecht abweichende Besonderheiten des Privatisierungsrechts bestehen. Einen schwerwiegenden Mangel des Privatisierungsrechts stellen die zahlreichen Nichtigkeitsgründe und der breite Kreis der Klageberechtigten dar. Gerade bei Unternehmenskäufen ist die Rückgewähr der beiderseitig empfangenen Leistungen praktisch

---

[304] Vgl. Entscheidungen des Obersten Wirtschaftsgerichts No. 38-3827-94 vom 25. Juli 1995, abgedruckt in Sakon 11/1995/119 und ohne Nummer und Datum, abgedruckt in ChiP 1/1996/94; Moscow Times vom 24. November 1995, Bank Plans to Sue over Norilsk Tender; Blick durch die Wirtschaft vom 14. Februar 1996, Privatisierungen vor Gericht.

[305] Vgl. allgemein hierzu *Nosow*, Verwaltungsakte bei der Privatisierung staatlicher und kommunaler Unternehmen.

[306] Vgl. auch *Koslow* in *Alexin/Karmolizki/Koslow*, Das Verwaltungsrecht der Russischen Föderation, S. 231.

[307] Vgl. Kommersant Daily vom 28. März 1996, Die Gerichte haben das Unternehmen "Russischer Bernstein" zerstört; Entscheidung des Obersten Wirtschaftsgerichts No. 8526/94 vom 25. Juli 1995, abgedruckt in ChiP 2/1996/95.

4. Zwischenergebnis

äußerst schwierig. Die Nichtigerklärung von in der Privatisierung abgeschlossenen Rechtsgeschäften mit ihrer anschließenden Rückabwicklung sollte daher nur in eng begrenzten Fällen zulässig sein. Im Privatisierungsrecht verhält es sich jedoch genau umgekehrt. Dieser Mangel, gepaart mit den Versuchen konservativer Kreise, die Privatisierung zu stoppen und, wo möglich, wieder rückgängig zu machen, führt zu einer großen Unsicherheit über die Dauerhaftigkeit der durch den Kauf in der Privatisierung erworbenen Rechtspositionen.

VII. Eigentumsübergang

Beim Erwerb in der Privatisierung erfolgt der Eigentumsübergang grundsätzlich nach den Bestimmungen des Zivilgesetzbuches, § 217 Satz 2 ZGB[308]. Dessen Regelungen werden jedoch durch Spezialvorschriften des Privatisierungsrechts zum Teil verdrängt. Wichtigste Folge des Eigentumsübergangs ist auch nach russischem Recht der Übergang der Gefahr für den zufälligen Untergang oder die Verschlechterung der Sache auf den Käufer, § 459 ZGB.

1. Sachen

Nach dem Zivilgesetzbuch geht das Eigentum an beweglichen Sachen mit ihrer Übergabe auf den Käufer über, § 223 Abs. 1 ZGB, sofern das Gesetz oder der Vertrag nichts anderes bestimmt. Während das alte Privatisierungsgesetz vorschrieb, daß das Eigentum an privatisiertem beweglichem wie unbeweglichem Vermögen erst mit der Registrierung des Kaufvertrages beim Komitee für die Verwaltung des Staatsvermögens überging, § 27 Abs. 3 des alten Privatisierungsgesetzes, verweist das neue Recht auf die im Kaufvertrag getroffenen Regelungen, § 28 Abs. 3 PrivG. Damit sind die zuvor bestehenden Unklarheiten hinsichtlich der Registrierung bei der staatlichen Behörde beseitigt. Hierfür gab es lediglich unveröffentlichte Verwaltungsvorschriften. Da der genaue Zeitpunkt und das Verfahren der Registrierung ungewiß blieben, bestand eine nicht ganz geringe Rechtsunsicherheit hinsichtlich des konkreten Zeitpunkts des Eigentumsübergangs.

---

[308] Allgemein hierzu vgl. *Kolpin/Masljajew*, Zivilrecht. Erster Teil. Lehrbuch, S. 238.

1. Sachen

Der Eigentumsübergang an unbeweglichen Sachen erfolgt mit der staatlichen Registrierung des Vertrages, §§ 551 Abs. 1 in Verbindung mit 223 Abs. 2 ZGB. Obwohl Unternehmen nach §§ 559 ff. ZGB zum unbeweglichen Vermögen zählen, ist in Abweichung von diesem Grundsatz in § 563 Abs. 2 Satz 2 ZGB bestimmt, daß das Eigentum an Unternehmen mit der Übergabe erworben wird[309].

Rechtsgeschäfte über Immobilien werden nach dem Gesetz "Über die staatliche Registrierung von Rechten von Immobilienrechten und Immobiliengeschäften" (RegG)[310] registriert. Zuständig sind die Grundbuchämter am Ort der Belegenheit der Immobilie, § 2 Abs. 4 RegG. Die Rechtsänderung wird binnen eines Monats seit Stellung des Antrags eingetragen, § 13 Abs. 3 RegG. Mit der Eintragung gilt das Recht als registriert, § 12 Abs. 3 RegG.

Bis zum Inkrafttreten des Registrierungsgesetzes am 1. Januar 1997 wurden das Eigentum und der Übergang des Eigentums an unbeweglichem Vermögen nach den alten Verfahren registriert, § 8 EinfG ZGB[311]. Diese waren sehr uneinheitlich; sie sahen eine getrennte Erfassung von Grundstücken, gewerblichen und Wohnzwecken dienenden baulichen Anlagen unter vorrangig technischen Aspekten vor[312]. Weil alte Eigentumsurkunden fortgelten und nicht umgeschrieben werden und aus Gründen der Vollständigkeit werden die alten Regelungen nachfolgend kurz dargestellt.

Die Komitees für Bodenressourcen und Bodenordnung führten gemäß dem Präsidialdekret "Über das staatliche Grundstückskataster

---

[309] Vgl. *Lewschina* in *Klejn* u. a., Unternehmensrecht, S. 332.
[310] Gesetz vom 21. Juli 1997, SS 30/1997/3594, deutsche Übersetzung in WiRO 1997, S. 21.
[311] Vgl. auch RegVO No. 622 vom 25. August 1992 "Über die Vervollkommnung der Führung des staatlichen Bodenkatasters in der Russischen Föderation", zuletzt geändert am 4. August 1995, jur. Datenbank Kodex; *Masewitsch/Tscheutschewa*, Der Unternehmensverkauf, Delo i Prawo 7/1996/26 (30); *Dosorzew*, Rechtsgeschäfte mit Immobilien, Delo i Prawo 10/1996/10 (11).
[312] Vgl. *Busow*, Die Horizonte des Hypothekengeschäfts, Shurnal dlja Akzionerow, 3/1995/43 (44); *Suchanow*, Objekte des Eigentumsrechts, Sakon 4/1995/94 (95).

VII. Eigentumsübergang

und die Registrierung von Dokumenten über Rechte an unbeweglichem Vermögen"[313] die Registrierung und die Ausgabe von Eigentumsurkunden an Grundstücken durch. Die Komitees zur Verwaltung des Staatsvermögens waren für die Erfassung von gewerblichen Zwecken dienenden baulichen Anlagen zuständig und die sogenannten Büros für technische Inventarisierung (auf russisch abgekürzt BTI)[314] führten die Wohnungsregister. Zum Teil werden aufgrund örtlicher Rechtsvorschriften, vor allem in den Großstädten, im Vorgriff auf die zukünftige Neuordnung des Grundbuchwesens bereits einheitliche Registrierungssysteme geschaffen[315].

Unvollendete bauliche Anlagen konnten nach der bisherigen Rechtslage nicht registriert werden. Voraussetzung hierfür war stets die Fertigstellung und baupolizeiliche Abnahme. Dem entspricht auch die Regelung in § 219 ZGB, wonach das Eigentum an einem neu errichteten Gebäude erst mit dessen Registrierung entsteht. Mittlerweile gibt es jedoch eine Ausnahme für im Rahmen der Privatisierung verkaufte

---

[313] PD No. 2130 vom 11. Dezember 1993, SA PiP 50/1993/4868.

[314] Vgl. Brief BauMin No. BE-19-23/28 vom 3. November 1995 "Über die Tätigkeit der Behörden für technische Inventarisierung", jur. Datenbank Kodex.

[315] Vgl. VO des Bürgermeisters von St. Petersburg No. 1329-r vom 29. Dezember 1994 "Über die staatliche Registrierung von unbeweglichem Vermögen auf dem Gebiet von St. Petersburg" und VO des St. Petersburger Komitees für Bodenressourcen und Bodennutzung No. 87 vom 29. Dezember 1994 "Über die Registrierung und Ausstellung von Dokumenten über Rechte an Grundstücken und untrennbar damit verbundenen Immobilien in St. Petersburg, beide abgedruckt in *Kowernik* u. a., Der Boden als unbewegliches Vermögen, S. 73 u. 87; VO der Regierung von Moskau No. 327 vom 18. April 1995 "Über die Abgrenzung des staatlichen Eigentums auf dem Gebiet von Moskau und die staatliche Registrierung von Vermögensrechten", Westnik Merii Moskwy 9/1995/28; Gesetz des Moskauer Gebietes vom 12. Juli 1995 "Über das einheitliche System der staatlichen Registrierung von Subjekten unternehmerischer Tätigkeit, vermögenswerten und damit verbundenen nichtvermögenswerten Rechte und Rechtsgeschäften im Moskauer Gebiet", zuletzt geändert am 17. Januar 1996, jur. Datenbank Kodex; Mitarbeiter der Verwaltung des Leningrader Gebietes *Sergewnin*, Das Eigentum erhielt einen Verteidiger, ESh 24/1995/26.

unvollendete Bauwerke: diese können bereits bei Vorlage des Kaufvertrages, des Pachtvertrages über das dazugehörige Grundstück und der Baugenehmigung registriert werden, Nr. 1 des Präsidialdekrets "Über Garantien für Eigentümer baulicher Anlagen zum Erwerb der dazugehörigen Grundstücke zu Eigentum"[316].

Eine Besonderheit hinsichtlich des Eigentumsübergangs gilt nach dem neuen Privatisierungsgesetz beim Erwerb von Vermögen durch eine Ausschreibung mit Investitions- oder Sozialbedingung. Gemäß § 21 Abs. 2 PrivG erwirbt der Käufer das Eigentum erst dann, wenn er sämtliche solche Bedingungen erfüllt hat. Dies kann in manchen Fällen Jahre dauern. Da nach § 21 Abs. 7 PrivG als Sanktion für die Nichterfüllung der vertraglichen Pflichten zudem auch noch die kompensationslose Wegnahme des Vermögens möglich ist, kann die Rechtsposition eines Erwerbers in den genannten Fällen nur als extrem unsicher bezeichnet werden.

2. Rechte

Der Übergang des Eigentums an Rechten erfolgt grundsätzlich durch formfreie Abtretung, §§ 382 ff. ZGB[317].

Der Erwerb des Eigentums an übertragbaren gewerblichen Schutzrechten wie Marken, Patenten, Gebrauchs- und Geschmacksmustern bedarf gemäß § 25 des Gesetzes "Über Waren- und Dienstleistungszeichen sowie Herkunftsbezeichnungen" (WZG)[318] und § 10 Abs. 6 des Patentgesetzes (PatG)[319] der Registrierung beim Patentamt. Ohne diese Registrierung ist er unwirksam.

---

[316] PD No. 485 vom 16. Mai 1997, SS 20/1997/2240.

[317] Vgl. allg. zur Abtretung *Bakschinskaja*, Der Zessionsvertrag (die Forderungsabtretung), ESh 24/1997/21.

[318] Gesetz vom 23. September 1992, WSND RF 42/1992/2322; deutsche Übersetzung in HdB. WiRO RUS 480.

[319] Gesetz vom 23. September 1992, WSND RF 42/1992/2319; deutsche Übersetzung in HdB. WiRO RUS 450.

VII. Eigentumsübergang

Das Registrierungsverfahren ist in den Verordnungen des Komitees der Russischen Föderation für Patente und Warenzeichen "Regeln für die Registrierung von Verträgen über die Abtretung eines Warenzeichens und von Lizenzverträgen über die Gewährung des Rechts zum Gebrauch eines Warenzeichens"[320] und "Regeln für die Bearbeitung und Registrierung von Verträgen über die Übertragung von Patenten und Lizenzverträgen über die Einräumung von Nutzungsrechten an Erfinderpatenten, Gebrauchs- und Geschmacksmusterzeugnissen"[321] geregelt.

Die Firma ist nach § 54 ZGB geschützt. Spezielle Regeln zur Übertragung des Rechts, das Unternehmen unter der alten Firma fortzuführen, existieren nicht. Der Übergang erfolgt daher nach den Vorschriften über die Abtretung von Rechten[322].

3. Besonderheiten beim Erwerb von Aktien

Beim Erwerb von Aktien unterscheidet auch das russische Recht zwischen der Übertragung des Eigentums am Papier und dem in ihm verbrieften Recht, die nur gemeinsam übertragen werden können[323]. Für Namenspapiere, die einzig zulässige Form von Aktien in Rußland, ist bestimmt, daß das Recht aus dem Papier nach den Vorschriften über den Erwerb von Rechten übertragen wird, § 146 Abs. 2 ZGB.

---

[320] VO Komitee für Patente und Warenzeichen No. 960 vom 13. Oktober 1995, abgedruckt in ESh 43/1995/27.

[321] VO Komitee für Patente und Warenzeichen ohne Nummer vom 21. April 1995, abgedruckt in BNA 7/1995/57.

[322] Vgl. hierzu auch *Masewitsch/Tscheutschewa*, Der Unternehmensverkauf, Delo i Prawo 7/1996/26 (33).

[323] Vgl. hierzu *Braginski/Suchanow/Jaroschenko*, Objekte ziviler Rechte, ChiP 5/1995/3 (11); Mitarbeiterin der russischen Zentralbank *Demuschkina*, Die Schaffung eines Systems bargeldloser Wertpapiere in Rußland: Rechtliche Aspekte, ESh 26/1995/15; *Lomakin*, Die rechtliche Regelung der Übergabe von Aktien, ChiP 8/1996/141 und 9/1996/170.

4. Besonderheiten beim Kauf ganzer Unternehmen

§ 29 des Gesetzes "Über den Wertpapiermarkt" (WertpapG)[324] enthält Bestimmungen dazu, ab wann die Rechte aus der Aktie gegenüber der Aktiengesellschaft geltend gemacht werden können. Bei den in der Vergangenheit durchgeführten Scheckauktionen ging das Eigentum an der Aktie erst mit der Eintragung des Erwerbers in das Aktionärsregister über, Nr. 6.1. der "Ordnung über spezielle Scheckauktionen"[325]. Für einfache spezielle Auktionen für den Verkauf von Aktien war bestimmt, daß das Eigentum an der Aktie bereits mit der amtlichen Bestätigung des Auktionsprotokolls auf den Käufer überging, Nr. 6.1. der Verordnung "Ordnung für den Verkauf von Aktien auf speziellen Auktionen"[326]. Wurden Aktien per Investitionsausschreibung veräußert, so ging das Eigentum daran erst mit der vollständigen Bezahlung des Kaufpreises über, Nr. 5.1. der Verordnung "Ordnung über die Investitionsausschreibung zum Verkauf von Aktienpaketen von Aktiengesellschaften, die im Verfahren der Privatisierung staatlicher und kommunaler Unternehmen geschaffen wurden"[327]. Diese unterschiedlichen Regelungen waren sachlich nicht gerechtfertigt und beruhten vermutlich einzig auf der fehlenden Abstimmung der Rechtsvorschriften untereinander.

4. Besonderheiten beim Kauf ganzer Unternehmen

Beim Verkauf von Kleinbetrieben und sonstigem betrieblichen Vermögen im Wege des Asset Deal muß grundsätzlich jeder Vermögensgegenstand im Wege der Einzelrechtsnachfolge gesondert auf den Erwerber übertragen werden. Der russische Gesetzgeber spricht indes in mehreren Vorschriften des Zivil- und Privatisierungsrechts davon,

---

[324]Gesetz vom 22. April 1996, SS 17/1996/1918.

[325] VO GKI No. 701-r vom 4. November 1992 in der geänderten Fassung vom 16. Dezember 1992, abgedruckt in dem Sammelband Wertpapiere, S. 385; dazu auch *Klejn* in *Klejn* u. a., Unternehmensrecht, S. 201.

[326] VO GKI No. 2469-r vom 6. Oktober 1994, abgedruckt in Priv. III, S. 140.

[327] VO GKI No. 342-r vom 15. Februar 1994, abgedruckt in ESh 8/1994/5.

VII. Eigentumsübergang

daß ein Unternehmen als Ganzes übertragen wird, vgl. die Formulierungen in Nr. 5.5. der Anlage 4 und Nr. 5.6. der Anlage 5 zum Präsidialdekret "Über die Beschleunigung der Privatisisierung staatlicher und kommunaler Unternehmen"[328], Nr. 34 der Verordnung "Musterordnung für Investitionsausschreibungen beim Verkauf von Privatisierungsobjekten, die im staatlichen oder kommunalen Eigentum stehen"[329], §§ 132, 559 ZGB[330] und § 27 Abs. 3 des alten Privatisierungsgesetzes. Damit stellt sich die Frage, ob diese Form des Erwerbs im Wege der Gesamtrechtsnachfolge möglich ist.

Hiergegen spricht, daß das russische Zivilrecht die Gesamtrechtsnachfolge nur bei der Erbschaft und der Umwandlung einer juristischen Person anordnet, vgl. § 129 Abs. 1 ZGB. Zur Umwandlung zählen gemäß § 57 Abs. 1 ZGB der Zusammenschluß, der Anschluß, die Teilung, die Abtrennung und die Umwandlung von Unternehmen. Die Privatisierung eines Kleinbetriebes, der zunächst in der Form des kommunalen Unternehmens existiert und dessen Rechtsträger mit der Übertragung des Vermögens auf einen Käufer in der Privatisierung untergeht, ist dadurch nicht erfaßt. Weiterhin spricht gegen die Möglichkeit der Eigentumsübertragung im Wege der Gesamtrechtsnachfolge, daß die Übertragung des Eigentums an gewerblichen Schutzrechten, Grundstücken oder Bauwerken in der Regel der Einhaltung besonderer formeller Voraussetzungen bedarf.

Es muß daher davon ausgegangen werden, daß auch im russischen Recht der Übergang des Eigentums an einem Unternehmen, das im Wege des Asset Deal verkauft wird, nur im Wege der Einzelrechtsnachfolge möglich ist. Daher wird auch hier das Eigentum an den einzelnen Vermögensgegenständen nach den Vorschriften des Zivilgesetzbuches über den Erwerb von Sachen und Rechten übertragen[331].

---

[328] PD No. 66 vom 29. Januar 1992, WSND RF 7/1992/312.

[329] VO GKI No. 770-r vom 13. November 1992, abgedruckt in Priv. I, S. 251.

[330] Vgl. die Kommentierung in *Braginski/Suchanow/Jaroschenko*, Objekte ziviler Rechte, ChiP 5/1995/3 (5); *Sergejew/Tolstoj*, Zivilrecht. Lehrbuch. Teil Zwei, S. 104.

[331] Vgl. auch *Solotych*, Das Zivilgesetzbuch der Russischen Föderation, Erster Teil, S. 49.

5. Gutgläubiger Erwerb

Die Möglichkeit eines Erwerbs vom Nichtberechtigten ist beim Kauf in der Privatisierung gering, da der Vermögensfonds aufgrund Gesetzes Eigentümer des staatlichen Vermögens ist. Eine Gefahr droht nur dann, wenn Vermögen privatisiert wird, auf das nichtstaatliche Organisationen Eigentumsansprüche erheben, oder beim Verkauf von Grundstücken, da die Vermögensfonds hier lediglich als Vertreter der örtlichen Verwaltung handeln und eventuell nicht über ausreichende Vollmachten verfügen.

Grundsätzlich ist ein Käufer, der einen Vermögensgegenstand in gutem Glauben und gegen Entgelt von einem sich als Eigentümer ausgebenden Besitzer erwirbt, nach § 302 ZGB vor der Inanspruchnahme durch den wahren Eigentümer geschützt, wenn die Sache diesem nicht abhandengekommen ist. Falls ein Vermögensgegenstand jedoch zum Zeitpunkt seines Verkaufs schon streitbefangen ist, sollte Vorsicht geboten sein, da die Rechtsprechung zum Gutglaubensschutz in Rußland noch nicht als gefestigt bezeichnet werden kann. Gegenstand des guten Glaubens ist im übrigen nur das Eigentum des Verfügenden, nicht aber auch die Lastenfreiheit des erworbenen Objekts.

Das Grundbuch und die grundbuchähnlichen Register sind im Hinblick auf die Gutgläubigkeit rechtlich relevant, vgl. § 2 Abs. 1 Satz 2 RegG, Nr. 7 der Anlage zur Verordnung "Über die Registrierung und Ausstellung von Dokumenten über Rechte an Grundstücken und untrennbar damit verbundenen Immobilien in St. Petersburg"[332]. Eine dem § 892 BGB ähnliche Regelung, daß das Immobilienregister öffentlichen Glauben genießt, gibt es im russischen Recht indes nicht.

---

[332] VO des St. Petersburger Komitees für Bodenressourcen und Bodennutzung No. 87 vom 29. Dezember 1994, abgedruckt in *Kowernik* u. a., Der Boden als unbewegliches Vermögen, S. 87.

VII. Eigentumsübergang

6. Zwischenergebnis

Bei Kaufverträgen in der Privatisierung geht das Eigentum grundsätzlich nach den allgemeinen Bestimmungen des Zivilrechts über. Bei beweglichem Vermögen ist die Übergabe maßgeblich, bei unbeweglichem die Eintragung in das staatliche Register. Bei Verträgen mit Investitions- oder Sozialbedingungen geht das Eigentum am erworbenen Vermögen erst über, nachdem die Bedingungen erfüllt sind.

VIII. Vertragliche Pflichten

Beim Kauf in der Privatisierung richten sich die vertraglichen Pflichten grundsätzlich nach den kaufvertraglichen Bestimmungen des Zivilgesetzbuches. Sie werden durch detaillierte Regelungen des Privatisierungsrechts ergänzt, die in Abhängigkeit vom Kaufgegenstand und der Art seines Verkaufs zusätzliche Vertragsbedingungen vorsehen. Verträge lassen sich nicht individuell aushandeln. Das Komitee zur Verwaltung des Staatsvermögens legt die besonderen Bedingungen des Verkaufs bereits im Privatisierungsplan fest. Dessen Festlegungen sind für den Verkäufer bindend.
Vorvertragliche Pflichten existieren nur in geringem Umfang. Über die wenigen gesetzlich normierten Pflichten hinaus werden keine ungeschriebenen vorvertraglichen Pflichten anerkannt[333].

1. Vorvertragliche Pflichten

a) Verkaufsankündigung

Der Verkäufer ist nach § 448 Abs. 2 ZGB verpflichtet, Ort und Termin des Verkaufs, die wichtigsten Informationen über das Kaufobjekt sowie die Verkaufsbedingungen öffentlich anzukündigen. Gleiche Regelungen sind in den alten Verfahrensordnungen für die verschiedenen Auktionsarten und auch der neuen "Ordnung über den Verkauf staatlichen und kommunalen Vermögens auf Auktionen"[334] enthalten. Die Pflicht zur Bekanntmachung wird durch § 18 PrivG konkretisiert. Die

---

[333] Vgl. *Solotych*, Das Zivilgesetzbuch der Russischen Föderation, Erster Teil, S. 59.
[334] RegVO No. 356 vom 27. März 1998, abgedruckt in ESh 16/1998/12.

VIII. Vertragliche Pflichten

Vorschrift legt den Mindestinhalt der Ankündigung fest und bestimmt, daß sie mindestens 45 Tage vorher erfolgen muß. Ein rechtsverbindliches Angebot im Sinne des § 435 ZGB ist die Ankündigung nicht[335]. Gemäß § 448 Abs. 3 ZGB darf der Organisator einer Auktion oder Ausschreibung sie jedoch nur innerhalb einer bestimmten Frist absagen. Andernfalls ist er den Teilnehmern zum Ersatz eines dadurch entstandenen Schadens verpflichtet.

Weiterhin ist in § 18 PrivG und den Verfahrensordnungen die Verpflichtung des Verkäufers vorgesehen, Interessenten nach der öffentlichen Verkaufsankündigung das Objekt betreffende Unterlagen oder das Objekt selber zugänglich zu machen.

b) Erteilung des Zuschlags

Die Folgen der Erteilung des Zuschlags bei einer Auktion oder Ausschreibung in der Privatisierung richten sich nur zum Teil nach den Bestimmungen des Zivilgesetzbuches über Auktionen und Ausschreibungen in §§ 447 bis 449 ZGB, überwiegend jedoch nach Privatisierungsrecht. Sowohl nach dem Zivilgesetzbuch als auch nach Privatisierungsrecht gilt der Vertrag mit der Erteilung des Zuschlags noch nicht als geschlossen. Das Ergebnis ist jedoch nach dem Zivilgesetzbuch für beide Seiten verbindlich und berechtigt bei Weigerung der anderen Seite zur Klage auf Abschluß des Vertrages, § 448 Abs. 5 Satz 5 ZGB. Nach altem Privatisierungsrecht war nur der Verkäufer einseitig gebunden, Nr. 14 der Verordnung "Über einige Fragen der Entscheidung von Streitigkeiten, die im Zusammenhang mit der Anwendung der Gesetzgebung über die Privatisierung staatlicher und kommunaler Unternehmen entstehen"[336].

Grundsätzlich muß nach der Erteilung des Zuschlags ein Protokoll erstellt und noch am selben Tage unterzeichnet, bzw. dem Gewinner zugesandt werden, § 448 Abs. 5 ZGB, Nr. 4.4. der Anlage 4 zum

---

[335] Vgl. auch *Mindach*, Vertragsabschluß nach dem neuen russischen Zivilrecht, ROW 1995, S. 159 (160).
[336] VO des Obersten Wirtschaftsgerichts No. 32 vom 2. Dezember 1993, abgedruckt in Ross. Just. 4/1994/57.

1. Vorvertragliche Pflichten

Präsidialdekret "Über die Beschleunigung der Privatisierung staatlicher und kommunaler Unternehmen"[337], Nr. 4.9. der Anlage 5 zum Präsidialdekret "Über die Beschleunigung der Privatisierung staatlicher und kommunaler Unternehmen"[338], Nr. 29 "Ordnung über den Verkauf staatlichen und kommunalen Vermögens auf Auktionen"[339].

Weigert sich der Käufer nach der Auktion, das Protokoll zu unterschreiben, so erhält er lediglich die zuvor als Teilnahmepfand eingezahlte Geldsumme nicht zurück, Nr. 4.5. der Anlage 4 zum Präsidialdekret "Über die Beschleunigung der Privatisierung staatlicher und kommunaler Unternehmen"[340], Nr. 31 "Ordnung über den Verkauf staatlichen und kommunalen Vermögens auf Auktionen"[341]. Die Auktion muß daraufhin beim mündlichen Bietverfahren für nichtig erklärt werden, beim schriftlichen Bietverfahren erhält derjenige den Zuschlag, der den zweithöchsten Preis geboten hat.

Kommt der Käufer bei der Zusendung des Ergebnisprotokolls einer Ausschreibung der darin enthaltenen Aufforderung zur Unterzeichnung des Kaufvertrages zu erscheinen, nicht innerhalb der vorgesehenen Frist nach, so erhält derjenige Teilnehmer, der den zweithöchsten Preis geboten hat, an seiner Stelle den Zuschlag, Nr. 5.2. der Anlage 5 zum Präsidialdekret "Über die Beschleunigung der Privatisierung staatlicher und kommunaler Unternehmen"[342]. In § 31 des alten Privatisierungsgesetzes war darüber hinaus bestimmt, daß ein Käufer, der nach der Unterzeichnung des Protokolls den Vertragsschluß verweigert, eine Geldstrafe in Höhe von 5 bis 20 % des Startpreises zu zahlen hat.

Daß die Erteilung des Zuschlags in Auktionen oder Ausschreibungen nicht unmittelbar den Vertragsschluß zur Folge hat, hat sich in der Praxis bereits als problematisch erwiesen. Davon zeugt der Fall der mißlungenen Bewerbung der italienischen Telefongesellschaft Stet um eine Beteiligung an der russischen Telefongesellschaft Swjasinwest.

---

[337] PD No. 66 vom 29. Januar 1992, WSND RF 7/1992/312.
[338] PD No. 66 vom 29. Januar 1992, WSND RF 7/1992/312.
[339] RegVO No. 356 vom 27. März 1998, abgedruckt in ESh 16/1998/12.
[340] PD No. 66 vom 29. Januar 1992, WSND RF 7/1992/312.
[341] RegVO No. 356 vom 27. März 1998, abgedruckt in ESh 16/1998/12.
[342] PD No. 66 vom 29. Januar 1992, WSND RF 7/1992/312.

VIII. Vertragliche Pflichten

Die italienische Gesellschaft erhielt bei einer Ende 1995 durchgeführten Investitionsausschreibung um eine 25 %ige Beteiligung an Swjasinwest den Zuschlag. Die Verkaufsbedingungen sahen vor, daß zunächst ein Teilnahmepfand von $2,5 Mio. eingezahlt werden mußte. Nach dem Erhalt des Zuschlags sollte der Gewinner weitere $25 Mio. als Garantie für die Einhaltung des Investitionsprogramms einzahlen. Zu diesem Zeitpunkt waren jedoch die Details des komplexen Kaufvertrages noch nicht alle ausgehandelt. Stet erklärte sich daher lediglich dazu bereit, diese Summe auf ein ausländisches Treuhandkonto einzuzahlen. Die russische Seite stimmte dem nicht zu und berief sich auf die, infolge der Weigerung des Gewinners die weiteren Bedingungen zu erfüllen, eingetretene Wirkungslosigkeit der Erteilung des Zuschlags. Damit platzte das Geschäft unter großem Skandal. In der Folgezeit drohte der Vermögensfonds Stet an, die Gesellschaft mit der in § 31 des alten Privatisierungsgesetzes vorgesehenen Geldstrafe zu belegen[343].

2. Vertragliche Pflichten

Die allgemeinen kaufvertraglichen Pflichten sind in §§ 454 ff. ZGB geregelt, die besonderen Pflichten im Privatisierungsrecht. Vertragliche Haupt- und Nebenpflichten unterscheidet das russische Recht nicht klar voneinander[344]. Die Vorschriften zur Art und Weise der Erfüllung vertraglicher Pflichten und zu Sanktionen bei Verstößen gelten einheitlich für Haupt- wie Nebenpflichten, vgl. §§ 307 und 393 ff. ZGB.

Nach den kaufvertraglichen Vorschriften der §§ 454 ff. ZGB ist der Verkäufer zur Verschaffung des Eigentums an der Kaufsache, der Käufer zur Annahme und Zahlung des Kaufpreises verpflichtet. Die

---

[343] Vgl. Moscow Times vom 10. Januar 1996, Stet Still Hopes to Connect; Moscow Times vom 12. Januar 1996, Russia Seeks Recourse on Failed Stet Deal.

[344] Vgl. Solotych, Das Zivilgesetzbuch der Russischen Föderation, Erster Teil, S. 7, 58; Gutbrod, Das Kaufrecht nach dem russischen Zivilgesetzbuch, WiRO 1996, S. 330 (331).

2. Vertragliche Pflichten

verkaufte Sache muß mit ihrem gesamten Zubehör, einschließlich der dazugehörigen Dokumente, und frei von Rechten Dritter übergeben werden, §§ 456, 460 ZGB. Der Käufer ist verpflichtet, den vertraglich vereinbarten Kaufpreis zu zahlen und die Sache anzunehmen, § 454 Abs. 1 ZGB.

Alle weiteren Rechte und Pflichten sind den für den jeweiligen Kaufgegenstand und die Art seines Verkaufs geltenden speziellen Vorschriften des Privatisierungsrechts zu entnehmen. Danach ist die Vereinbarung sonstiger Vertragsbedingungen nur bei der Ausschreibung, nicht aber bei der Auktion möglich, §§ 21, 22 PrivG. Üblicherweise werden solche Bestimmungen bereits in den Privatisierungsplan aufgenommen und können später nicht mehr geändert werden.

Die besonderen Vertragsbedingungen legen dem Käufer stets besondere Pflichten auf, sind für ihn daher durchweg nachteilig. Bei Unternehmenskäufen in der deutschen Treuhandprivatisierung übliche vertragliche Regelungen, wie Nachbewertungsklauseln für Grundstücke, Freistellungen oder höhenmäßige Beschränkungen der Haftung für Umweltaltlasten oder Altschulden sind nicht vorgesehen.

Beim Verkauf in der Privatisierung besteht grundsätzlich die Tendenz, den Käufer mit solchen zusätzlichen Pflichten zu belasten. Daher ist der bedingungslose Verkauf auf Auktionen die Ausnahme und es dominiert die Ausschreibung. Hauptgründe hierfür sind zum einen, daß zahlreiche Lücken, vor allem des öffentlichen Rechts, durch vertragliche Regelungen ausgefüllt werden müssen, wie im Bereich des Bauplanungs- und Denkmalschutzrechts[345] oder bei der Nutzung zum Betrieb gehörender Zivilschutzanlagen[346] oder sonstigen für Katastrophenschutz- und Verteidigung notwendigen Einrichtungen und Ver-

---

[345] Vgl. PD No. 2121 vom 26. November 1994 "Über die Privatisierung von unbeweglichen Denkmälern der Geschichte und Kultur von örtlicher Bedeutung in der Russischen Föderation", SS 32/1994/3330, geändert in SS 9/1995/734.

[346] RegVO No. 359 vom 23. April 1994 "Über die Bestätigung der Ordnung für das Verfahren der Nutzung von Zivilschutzanlagen durch privatisierte Unternehmen, Einrichtungen und Organisationen", SS 2/1994/94.

VIII. Vertragliche Pflichten

mögen[347]. Zum anderen können auch schlicht die sozialen Verhältnisse die Auferlegung besonderer Pflichten notwendig machen, wie im Fall, daß zu dem Betrieb Einrichtungen der örtlichen Infrastruktur gehören, deren Weiterbetrieb vertraglich abgesichert wird[348].

Die besonderen Pflichten werden teils direkt in den Kaufvertrag hereingenommen, teils wird vertraglich die Pflicht des Käufers vereinbart, mit der zuständigen Behörde einen weiteren Vertrag zu schließen. Letzteres ist beim Erwerb denkmalgeschützter Gebäude[349] oder bei der Privatisierung eines Betriebes mit Zivilschutzanlagen[350] vorgesehen.

Die Überbrückung der Lücken des öffentlichen Rechts und des sozialen Netzes durch die Auferlegung besonderer vertraglicher Pflichten ist aus mehreren Gründen problematisch: Im Falle ihrer Verletzung drohen Schadensersatzforderungen nach § 393 Abs. 1 ZGB oder die Rückgängigmachung des Vertrages nach § 21 Abs. 7 PrivG. Die Kontrolle über die Einhaltung und Durchsetzung vertraglicher Pflichten ist

---

[347] VO GKI No. 1041-r vom 7. Dezember 1992 "Über die Privatisierung von Transportunternehmen mit Mobilisierungsaufgaben", abgedruckt in Priv. II, S. 333; VO GKI No. 444-r vom 16. Oktober 1992 "Über die Besonderheiten der Umwandlung in Aktiengesellschaften und Privatisierung von Unternehmen des Luft-, See-, Binnenschiffahrts- und Automobiltransports sowie der Verkehrswirtschaft" abgedruckt in Priv. II, S. 336.

[348] Vgl. PD No. 8 vom 10. Oktober 1993 "Über die Nutzung von soziokulturellen und örtlichen Dienstleistungseinrichtungen zu privatisierender Unternehmen", SA PiP 3/1993/168; Moscow Times vom 20. August 1996, Freeing Factories of Social Burdens.

[349] Vgl. hierzu *Nikolajew*, Die Privatisierung ist bei den unter Denkmalsschutz stehenden Gebäuden angelangt, ESh Moskowski Wypusk, 36/1995/8.

[350] Vgl. den "Mustervertrag über die Rechte und Pflichten hinsichtlich von Objekten und Vermögen des Zivilschutzes, sowie zur Ausführung von Maßnahmen des Zivilschutzes", Anlage 2 zur RegVO No. 359 vom 23. April 1994 "Über das Verfahren der Nutzung von Objekten und Vermögen des Zivilschutzes durch Unternehmen, Einrichtungen und Organisationen", SS 2/1994/94.

2. Vertragliche Pflichten

ungleich schwieriger und unsicherer als die gesetzlich normierter Pflichten[351]. Darüber hinaus ist diese Konstruktion nur beim Asset Deal realisierbar, da der Käufer hier Eigentümer des Staatsbetriebes wird und insofern für die Erfüllung unternehmensbezogener Pflichten haften kann, wobei indes die Frage offenbleibt, wie und ob die Bedingungen bei einem Weiterverkauf des Unternehmens auch dem neuen Eigentümer gegenüber durchgesetzt werden können[352]. Die Gerichte haben hier bereits entschieden, daß ein Kaufvertrag zwischen einem Ersterwerber in der Privatisierung und einem nachfolgenden Erwerber nicht rückgängig gemacht werden kann, wenn der Ersterwerber es unterlassen hat, den nachfolgenden Erwerber vertraglich zur Einhaltung der ihm auferlegten Ausschreibungsbedingungen zu verpflichten[353].

Beim Share Deal sind die Möglichkeiten, dem Käufer von Aktien unternehmensbezogene Verpflichtungen aufzuerlegen, sinnvollerweise auf die Tätigung von Investitionen begrenzt. Daher wählte man in der Vergangenheit oft den Weg einer Aufnahme spezieller Verbote, wie dem Abbau von Arbeitsplätzen oder von Änderungen des Produktions-

---

[351] Vgl. hierzu den Vorsitzenden des Vermögensfonds der Russischen Föderation *Sokolow*, Die Unternehmen denken immer mehr über die Kapitalisierung ihrer Aktien nach, ESh 25/1995/1; VO der Regierung von Moskau No. 461 vom 4. Juni 1996 "Über die Ordnung der Durchführung der Kontrolle über die Erfüllung von Kaufverträgen über kommunales (staatliches) Eigentum und Maßnahmen zum Erhalt des Angebotsprofils von Unternehmen des Verbrauchermarktes", ESh Moskowski Wypusk 27/1996/13; Gesetz der Stadt Moskau vom 2. April 1997 "Über die staatliche Kontrolle für das Berichtswesen, die Registrierung und die Nutzung von Gewerbeimmobilien in der Stadt Moskau", abgedruckt in ESh Moskowski Wypusk 16/1997/15.

[352] Dafür *Seliwanowskaja*, Die Ausschreibungsteilnehmer werden zur Ordnung gerufen, ESh 27/1996/5; dagegen *Masewitsch/Tscheutschewa*, Der Unternehmensverkauf, Delo i Prawo 7/1996/26 (30).

[353] *Kulikowa*, Aus Materialien der wirtschaftsgerichtlichen Praxis bei der Entscheidung von Streitigkeiten im Zusammenhang mit der Anwendung von Vorschriften des Zivilgesetzbuches über Verträge, Delo i Prawo 11/1996/51 (57).

VIII. Vertragliche Pflichten

profils und anderer Produktionsdaten, in die Unternehmenssatzung[354] und untersagt dem Erwerber eines Aktienpaketes für deren Änderung zu stimmen.

Den vorgenannten Mängeln trägt das neue Privatisierungsrecht wie folgt Rechnung: Das Gesetz unterscheidet nur noch zwischen Investitions- und Sozialbedingungen, wobei die Sozialbedingungen in § 21 Abs. 4 PrivG abschließend aufgezählt sind. Sie gelten einheitlich für den Asset wie für den Share Deal. Einem Käufer kann die Verpflichtung Sozialbedingungen zu erfüllen nur dann auferlegt werden, wenn er ein Unternehmen als Ganzes oder ein Aktienpaket von über 50 % erwirbt. Daneben wird das Eigentum an einem im Wege der Ausschreibung verkauften Privatisierungsobjekt erst dann auf den Käufer übertragen, wenn er alle Verkaufsbedingungen erfüllt hat. In der Zwischenzeit kann er über das Vermögen nicht verfügen. Sind Aktien einer offenen Aktiengesellschaft der Kaufgegenstand, so ist es dem Käufer darüber hinaus untersagt, auf der Aktionärsversammlung in wesentlichen Fragen ohne die Zustimmung des Komitees zur Verwaltung des Staatsvermögens abzustimmen.

a) Share Deal

Beim Verkauf staatlicher Beteiligungen an gemischten Gesellschaften sollte zwar auch die Ausschreibung zulässig sein, Nr. 5.2. Privatisierungsprogramm, eine gesetzliche Normierung von Verfahren und Verkaufsbedingungen fehlt jedoch. Daher kommt hier nur die Darstellung der Verkaufsbedingungen beim Aktienerwerb in Betracht.

aa) Kommerzielle Ausschreibung mit Investitionsbedingung

Die zulässigen Bedingungen für den Verkauf von Aktienpaketen im Wege der, nach neuem Privatisierungsrecht kommerzielle Ausschreibung mit Investitionsbedingung genannten, Investitionsausschreibung

---

[354] Vgl. Nr. 4 der VO GKI No. 1206-r vom 23. Dezember 1992 "Über die Besonderheiten der Privatisierung von Binnenhäfen", abgedruckt in Priv. II, S. 339.

2. Vertragliche Pflichten

waren zunächst in Nr. 5.7., 6.33. Privatisierungsprogramm 1994, und den Verordnungen "Ordnung über die Investitionsausschreibung zum Verkauf von Aktienpaketen von Aktiengesellschaften, die im Verfahren der Privatisierung staatlicher und kommunaler Unternehmen geschaffen wurden"[355] und "Über die Berücksichtigung des ökologischen Faktors bei der Privatisierung staatlicher und kommunaler Unternehmen oder Organisationen"[356] geregelt und sind später in das neue Privatisierungsgesetz aufgenommen worden.

Nach dem alten Recht waren folgende Bedingungen vorgesehen:

- Der Käufer mußte die im Privatisierungsplan des Unternehmens oder in einem von ihm erarbeiteten Investitionsplan vorgesehenen Investitionen binnen höchstens drei Jahren tätigen. Dabei konnte ein Zeitplan und eine bestimmte Zweckbindung der Mittel vereinbart werden.
- Innerhalb eines Monats nach Abschluß des Kaufvertrages mußte der Käufer mindestens 20 % der Investitionssumme auf das Bankkonto des Unternehmens einzahlen. Auf Beschluß der Regierung konnte diese Anzahlung in Einzelfällen auf bis zu 10 % gemindert werden. 1 % der Summe mußte je zur Hälfte an das Komitee zur Verwaltung des Staatsvermögens und den Vermögensfonds gezahlt werden.

---

[355] VO GKI No. 342-r vom 15. Februar 1994, abgedruckt in ESh 8/1994/5; ergänzt durch Briefe GKI No. AR-2/1576 vom 1. März 1996 "Über einige Fragen, die bei der Organisation und Durchführung von Investitionsausschreibungen entstehen", abgedruckt in Panorama Priwatisazii 5/1996/48 und No. AR-2/1577 vom 1. März 1996 "Über die Voraussetzungen für die Durchführung einer kommerziellen Auktion mit Investitionsbedingungen und die Voraussetzungen für die Ablehnung der Teilnahme eines Antragstellers an solchen Ausschreibungen", Panorama Priwatisazii 6/1996/36; gemeinsamer Brief GKI/FI No. AK-2/9351 vom 14. November 1995 "Über einige Fragen bei der Durchführung von Investitionsausschreibungen", jur. Datenbank Kodex.

[356] Gemeinsame VO GKI/UmwMin No. 791-r/1 vom 8. Juli 1995, BNA 9/1995/59.

VIII. Vertragliche Pflichten

- Bei stark umweltverschmutzenden Betrieben waren dem Käufer Auflagen zur ökologischen Sanierung zu machen.

Daneben war es üblich, mit den Investitionsbedingungen auch solche Bedingungen zu kombinieren, die für die kommerzielle Ausschreibung vorgesehen waren. Dies war unter der Geltung der alten Verfahrensordnung für die Investitionsausschreibung[357] ausdrücklich gestattet. Dementsprechend war häufig vorgesehen, daß der Käufer sich vertraglich verpflichten mußte, in der Aktionärsversammlung nicht für Entlassungen, Änderungen des Produktionsprofils oder die Kürzung der Mittel für die Finanzierung sozialer Einrichtungen des Betriebes[358] zu stimmen[359]. Die Fristen, innerhalb derer diese zusätzlichen Beschränkungen gelten sollten betrugen bis zu 10 Jahren.

§ 21 Abs. 5 bis 8 PrivG enthält eine beispielhafte Aufzählung der nach dem neuen Privatisierungsrecht zulässigen Investitionsbedingungen. Wesentliche Veränderungen erfolgten hier, bis auf die neu hinzugekommene Bedingung russische Rohstoffe oder Produkte zu verwenden, nicht. Genannt sind die Durchführung von Maßnahmen zur Unternehmenssanierung, Ankauf von bestimmten Produktionsmitteln, Modernisierung und Erweiterung der Produktion, Verwendung russischer Rohstoffe oder Zulieferteile und die Tilgung von Unternehmensschulden gegenüber dem Fiskus. Alle Bedingungen sind verbindlich innerhalb von vertraglich bestimmten Fristen zu erfüllen.

---

[357] Nr. 3 der VO GKI No. 770-r vom 13. Oktober 1992 "Musterordnung über Investitionsausschreibungen für den Verkauf von Objekten der Privatisierung, die sich im staatlichen oder kommunalen Eigentum befinden", abgedruckt in Priv. I, S. 251.

[358] Vgl. hierzu RegVO No. 1325 vom 23. Dezember 1993 "Über die Finanzierung von soziokulturellen oder der kommunalen Versorgung dienenden Einrichtungen, die der örtlichen Verwaltung unterstellt sind, bei der Privatisierung von Unternehmen", SA PiP 52/1993/5091; Moscow Times vom 20. August 1996, Freeing Factories of Social Burdens.

[359] Vgl. hierzu die Verkaufsanzeigen des Vermögensfonds der Stadt Moskau in Bjulleten Fonda Imuschtschestwa Moskwy 4/1995/9 ff.

2. Vertragliche Pflichten

bb) Kommerzielle Ausschreibung mit Sozialbedingung

Die nach neuem Privatisierungsrecht kommerzielle Ausschreibung mit Sozialbedingung genannte kommerzielle Ausschreibung für den Verkauf von Aktien war vor Erlaß des neuen Privatisierungsgesetzes nur unzureichend geregelt. In Nr. 5.2. Privatisierungsprogramm 1994 war sie nur am Rande erwähnt und in Nr. 3.4.3. Grundbestimmungen wurde bezüglich der Details dieser Verkaufsform auf eine Verfahrensordnung verwiesen, die jedoch nicht erging. Bis auf die auch für die kommerzielle Ausschreibung geltenden Umweltschutzvorschriften in Nr. 6.33. Privatisierungsprogramm 1994 in Verbindung mit der Verordnung "Über die Berücksichtigung des ökologischen Faktors bei der Privatisierung staatlicher und kommunaler Unternehmen oder Organisationen"[360] existierten keine rechtlichen Regelungen. In der Praxis orientierte man sich daher an den für die kommerzielle Ausschreibung im Wege des Asset Deal[361] aufgestellten Bedingungen[362]. Dazu gehörten:

- die Beschränkung des Käuferkreises auf Unternehmen aus dem gleichen Produktionszyklus;
- eine dahingehende Einschränkung der Stimmrechte, daß der Käufer in der Aktionärsversammlung in bestimmten Fragen nicht mit "ja" stimmen durfte, wozu Entlassungen, Änderungen des Produktions-

---

[360] Gemeinsame VO GKI/UmwMin No. 791-r/1 vom 8. Juli 1995, BNA 9/1995/59.
[361] Geregelt in Nr. 2.8. der Anlage 5 zum PD No. 66 vom 29. Januar 1992 "Über die Beschleunigung der Privatisierung staatlicher und kommunaler Unternehmen", WSND RF 7/1992/312.
[362] Die angegebenen Beispiele entstammen den Verkaufsangeboten des Vermögensfonds der Stadt Moskau Bjulleten Fonda Imuschtschestwa Moskwy 3/1995, 4/1995.

VIII. Vertragliche Pflichten

profils oder Kürzung der Mittel für die vom Betrieb unterhaltenen sozialen Einrichtungen[363] gehörten;
- bei stark umweltverschmutzenden Betrieben waren Auflagen zur ökologischen Sanierung vorzusehen.

Im neuen Privatisierungsrecht sind diese Bedingungen weitestgehend übernommen worden. Nach § 21 Abs. 4 PrivG kann der Erwerber wie folgt verpflichtet werden:

- Erhalt einer bestimmten Zahl von Arbeitsplätzen oder die Schaffung zusätzlicher Arbeitsplätze;
- Umschulung oder Weiterbildung von Beschäftigten;
- Verbot, die Bedingungen des Arbeits- oder Gesundheitsschutzes der Angestellten zu verschlechtern;
- unveränderter Weiterbetrieb sozialer, kultureller, Versorgungs- oder Transporteinrichtungen des Betriebes;
- Vornahme von Maßnahmen des Umwelt- oder Gesundheitsschutzes.

cc) *Erwerb von Aktien nach der Privatisierungsvariante Drei*

Die Bedingungen, zu denen nach der Privatisierungsvariante Drei Betriebsangehörige oder Außenstehende mit Zustimmung der Arbeiterschaft Aktienpakete in Höhe von 30 % erwerben konnten, waren in Nr. 5.3.1. Privatisierungsprogramm 1994, ergänzt durch Nr. 3.4.1. Grundbestimmungen, und der "Ordnung über das Verfahren des Vertragsschlusses und des Aktienerwerbs mit einer Gruppe Betriebsangehöriger, die sich zur Realisierung des Privatisierungsplanes und

---

[363] Vgl. hierzu PD No. 8 vom 10. Januar 1993 "Über die Nutzung von soziokulturellen und kommunalen Versorgungseinrichtungen privatisierter Betriebe", SA PiP 3/1993/168; VO GKI No. 135-r vom 27. Januar 1993 in der geänderten Fassung vom 20. Mai 1993 "Über die Ordnung des Prozesses der Abgrenzung der Eigentumsrechte an soziokulturellen und kommunalen Versorgungseinrichtungen privatisierter Unternehmen", abgedruckt in Priv. II, S. 128.

2. Vertragliche Pflichten

Verhinderung der Insolvenz des privatisierten Unternehmens verpflichten"[364], geregelt. Der Vertrag wurde für die Dauer von maximal einem Jahr geschlossen. Der Erwerber mußte sich verpflichten, den Privatisierungsplan zu erfüllen, insbesondere den Bankrott des Unternehmens zu verhindern, die jeweils fälligen Schulden zu bezahlen und 70 % der Arbeitsplätze zu erhalten. Zur Absicherung dieser Verpflichtungen mußte jeder Teilnehmer der Gruppe Vermögen im Werte von mindestens dem 200fachen des gesetzlichen Mindestlohnes verpfänden, das im Falle der Nichterfüllung des Vertrags einbehalten wurde. Dafür erhielt er während dessen Laufzeit das Recht zur Ausübung der Stimmrechte an den vom Vermögensfonds gehaltenen stimmberechtigten Aktien und durfte 30 % der Aktien nach Vertragsablauf zum Nennwert erwerben.

b) Asset Deal

aa) Kleinbetriebe

Da Kleinbetriebe nicht zum Bundesvermögen gehören, sondern das Eigentum hieran den Subjekten der Russischen Föderation und den Kommunen zugewiesen wurde[365], kann das nachfolgend dargestellte Bundesrecht lediglich die Rahmenbedingungen vorgeben, von denen in der örtlichen Praxis entsprechend den lokalen Privatisierungspro-

---

[364] VO GKI No. 862-r vom 23. November 1992, abgedruckt in dem Sammelband Wertpapiere, S. 401.

[365] Vgl. RegVO No. 3020-1 vom 27. Dezember 1991 "Über die Aufteilung des staatlichen Vermögens der Russischen Föderation in Bundesvermögen, Vermögen der Republiken, Kreise, Gebiete, Autonomen Gebiete, Autonomen Kreise, der Städte Moskau und St. Petersburg, und Kommunalvermögen", WSND RSFSR 3/1992/89, geändert in WSND RSFSR 22/1992/1185.

VIII. Vertragliche Pflichten

grammen oftmals abgewichen wird[366]. Soweit Rechtsquellen zugänglich waren, wird jedoch auch auf die örtliche Praxis eingegangen.

(1) Kommerzielle Ausschreibung mit Investitionsbedingung

Die Bedingungen der, im neuen Privatisierungsrecht kommerzielle Ausschreibung mit Investitionsbedingung genannten Investitionsausschreibung beim Verkauf von Kleinbetrieben sind in der Verordnung "Musterordnung für die Investitionsausschreibung beim Verkauf von zu privatisierenden Objekten aus dem staatlichen oder kommunalen Eigentum"[367] geregelt, die ursprünglich auch für den Aktienverkauf galt. Mit der Verabschiedung einer neuen Verfahrensordnung für den Verkauf von Aktien auf Investitionsausschreibungen[368] wurde sie jedoch insoweit außer Kraft gesetzt[369]. Sie wird ergänzt durch Nr. 6 der Verordnung "Über die Durchführung zusätzlicher Maßnahmen zum Schutz des Rechts der russischen Bürger auf Teilnahme an der Privatisierung"[370] und der Verordnung No. 1760-r des Komitees zur Verwaltung des Staatsvermögens ohne Namen[371]. Weil die vorgenannten Vorschriften dem neuen Privatisierungsgesetz zum Teil nicht ganz

---

[366] Vgl. die Angebote des Vermögensfonds von St. Petersburg, Informazionnyj Bjulleten Fonda Imuschtschestwa St. Peterburga 20/1993, in denen statt der (bundes)gesetzlichen dreijährigen Frist, während derer der Käufer zum Beibehalt des Dienstleistungsangebotes bei der kommerziellen Ausschreibung verpflichtet sein soll, hierfür ein Zeitraum von 15 Jahren bestimmt ist.

[367] VO GKI No. 770-r vom 13. November 1992 in der geänderten Fassung vom 20. Juli 1993 abgedruckt in Priv. II, S. 232.

[368] Anlage zur VO GKI No. 342-r vom 15. Februar 1994, abgedruckt in Priv. II, S. 90.

[369] Nr. 6 VO GKI No. 342-r vom 15. Februar 1994 ohne Namen, abgedruckt in Priv. II, S. 89.

[370] RegVO No. 757 vom 10. August 1993, SA PiP 33/1993/3093, geändert in SS 35/1994/3712.

[371] VO GKI vom 8. Oktober 1993, abgedruckt in Priv. II, S. 229, geändert durch VO GKI No. 343-r vom 15. Februar 1994, abgedruckt in Priv. II, S. 89.

2. Vertragliche Pflichten

entsprechen, sollte dieses als das spätere Recht vorgehen. Nach der bisherigen Rechtslage waren folgende Bedingungen möglich:
Zwingend vorgeschrieben war die Verpflichtung des Käufers, die im Investitionsprogramm vorgesehenen Investitionen zu tätigen. Daneben durften die folgenden Bedingungen aufgestellt werden:

- die Verpflichtung, die Produktionspalette, bzw. das Dienstleistungsangebot, für einen Zeitraum von ein bis drei Jahren[372] beizubehalten;
- das Verbot, bestehende Stellen abzubauen;
- die Verpflichtung, soziale oder kulturelle Einrichtungen des Betriebs weiter zu betreiben;
- die Verpflichtung, bestimmte Handlungen zu unterlassen;
- die Verpflichtung, im Falle des vorzeitigen Verkaufs des Unternehmens auch dem nächsten Eigentümer die Pflicht zur Beibehaltung der Produktionspalette, bzw. des Dienstleistungsangebotes, aufzugeben, solange die Frist hierfür noch nicht abgelaufen war.

Die gesetzlichen Bestimmungen erzeugten kaum Rechtssicherheit, da sie keine zeitliche Befristung der zu vereinbarenden Vertragspflichten vorsahen und, wie die Verpflichtung bestimmte Handlungen zu unterlassen, zum Teil unklar blieben. Im Bereich der kleinen Privatisierung waren die Käufer daher oftmals der Willkür der örtlichen Behörden ausgeliefert, wovon auch die zahlreichen Rechtsstreitigkeiten wegen der Auferlegung unzulässiger Verkaufsbedingungen zeugen. In Zukunft wird man angesichts der neuen Regelungen im Privatisierungsgesetz davon ausgehen können, daß bei einer reinen Investitionsausschreibung keine Sozialbedingungen auferlegt werden können. Lediglich

---

[372] Nr. 6 PD No. 640 vom 8. Mai 1993 "Über staatliche Garantien des Rechts der Bürger auf Teilnahme an der Privatisierung", SA PiP 20/1993/1755; bestätigt durch das gleichlautende PD No. 1108 vom 26. Juli 1993 "Über zusätzliche Maßnahmen zum Schutz des Rechts der russischen Bürger auf Teilnahme an der Privatisierung", SA PiP 31/1993/2839 und die fast gleichlautende RegVO No. 757 vom 10. August 1993 "Über die Durchführung zusätzlicher Maßnahmen zum Schutz des Rechts der russischen Bürger auf Teilnahme an der Privatisierung", SA PiP 33/1993/3093.

VIII. Vertragliche Pflichten

letztere Bedingungen sind im Gesetz indes abschließend geregelt; bei der Investitionsausschreibung ist die Vereinbarung zusätzlicher Pflichten daher weiterhin möglich. Darüber hinaus regelt das Privatisierungsgesetz auch nur spezifisch privatisierungsrechtliche Fragen. Kaufvertragliche Pflichten, die einem Käufer aufgrund anderer Gesetze auferlegt werden, können daher stets zum Inhalt des Kaufvertrages gemacht werden, ohne daß es einer speziellen Ermächtigung hierzu im Privatisierungsrecht bedarf.

(2) Kommerzielle Ausschreibung mit Sozialbedingung

Die Bedingungen der, nach neuem Privatisierungsrecht kommerzielle Ausschreibung mit Sozialbedingung genannten kommerziellen Ausschreibung beim Verkauf von Kleinbetrieben sind in der Anlage 5 zum Präsidialdekret "Über die Beschleunigung der Privatisierung staatlicher und kommunaler Unternehmen"[373], Nr. 6 der Verordnung "Über die Durchführung zusätzlicher Maßnahmen zum Schutz des Rechts der russischen Bürger auf Teilnahme an der Privatisierung"[374], und in Nr. 5.6. Privatisierungsprogramm 1994 geregelt. Entgegen der in Nr. 5.6. Privatisierungsprogramm 1994 gemachten Ankündigung wurde eine Verfahrensordnung speziell für die kommerzielle Ausschreibung nicht erlassen.

Nach den vorgenannten Vorschriften sind bei dieser Art des Verkaufs folgende Bedingungen zulässig:

- die Verpflichtung, die Produktpalette, bzw. das Dienstleistungsangebot, für bis zu drei Jahre beizubehalten;
- die Verpflichtung, bestehende Arbeitsplätze zu erhalten;
- die Verpflichtung, die Arbeitsbedingungen nicht zu verschlechtern;
- die Verpflichtung, soziale Einrichtungen des Betriebes weiter zu finanzieren oder zu betreiben.

---

[373] PD No. 66 vom 29. Januar 1992, WSND RF 7/1992/312.
[374] RegVO No. 757 vom 10. August 1993, SA PiP 33/1993/3093.

2. Vertragliche Pflichten

Damit entsprechen die Bedingungen nach altem Recht den in § 21 PrivG vorgesehenen; eine Änderung der Rechtslage trat damit mit dem Erlaß des neuen Privatisierungsgesetzes nicht ein.
Bis auf die erstgenannte können die Bedingungen nur für einen Zeitraum von bis zu einem Jahr vereinbart werden[375]. Zulässig war es auch nach altem Recht, die Bedingungen der kommerziellen Ausschreibung mit denen einer Investitionsausschreibung zu verbinden[376] Bei der Privatisierung von Handels- oder Dienstleistungsunternehmen, die den Großteil der auf diese Art privatisierten Betriebe ausmachen, sind die folgenden Bedingungen gem. Nr. 5.6.1. Privatisierungsprogramm 1994 zwingend vorgeschrieben:

- die Verpflichtung zum Beibehalt des Produktionsprofils oder Dienstleistungsangebots;
- die Verpflichtung, die Tätigkeit des Betriebes nicht für länger als zwei Monate in einem Stück oder drei Monate insgesamt im Kalenderjahr zu unterbrechen.

bb) Besonderheiten bei den übrigen Privatisierungsvarianten

Die Bedingungen beim Verkauf insolventer Staatsbetriebe in der Privatisierung sind in dem Präsidialdekret "Über das Verfahren zum Verkauf verschuldeter Staatsbetriebe"[377] geregelt.
Danach mußte der Käufer beim Verkauf des Betriebes ohne dessen Liquidierung vertraglich verpflichtet werden, nicht weniger als 20 % der Unternehmensschulden spätestens einen Monat nach Abschluß des Kaufvertrages zu tilgen, sowie das Unternehmen binnen derselben Frist zu reorganisieren. Auf Ersuchen der Kartellbehörden konnte bei marktbeherrschenden Unternehmen die Beibehaltung des Produktions-

---

[375] Nr. 6 PD No. 640 vom 8. Mai 1993 "Über staatliche Garantien des Rechts der russischen Bürger auf Teilnahme an der Privatisierung", SA PiP 20/1993/1755.
[376] Nr. 1 VO GKI No. 1760-r vom 8. Oktober 1993 ohne Namen, abgedruckt in Priv. II, S. 229.
[377] PD No. 1114 vom 2. Juni 1994, SS 6/1994/592.

VIII. Vertragliche Pflichten

oder Dienstleistungsprofils gefordert werden. Daneben war die Vereinbarung von Investitionen möglich. Spezialregelungen galten für Betriebe, in denen über 30 % der arbeitenden Bevölkerung eines Ortes tätig waren[378]. Wurde ein solcher Betrieb verkauft, so mußte dem Käufer der Stellenabbau untersagt werden.

Für den Verkauf der einzelnen Vermögenswerte liquidierter Betriebe war die Auktion vorgeschrieben und demnach die Vereinbarung besonderer Bedingungen unzulässig. Gleiches galt für den Verkauf ausgemusterter Vermögenswerte von Staatsbetrieben, Nr. 5.12.2. Privatisierungsprogramm 1994, 3.6.2. Grundbestimmungen, Verordnung des Komitees zur Verwaltung des Staatsvermögens No. 1068-r ohne Namen[379].

cc) Grundstücke

Nach der Durchführung der Privatisierung wird den Käufern von Kleinbetrieben, und bei Aktiengesellschaften diesen selber, das Recht gewährt, das dazugehörige Betriebsgrundstück langfristig zu pachten oder es später zu Eigentum zu erwerben, Nr. 1 des Präsidialdekrets "Über den Verkauf von Grundstücken an Bürger und juristische Personen bei der Privatisierung staatlicher und kommunaler Unternehmen"[380].

Sofern ein Betrieb mitsamt seiner baulichen Anlagen privatisiert wurde, bleibt das bisherige Nutzungsverhältnis am Grundstück unverändert bestehen, § 37 BodenG. Andernfalls muß ein neuer Pachtvertrag abgeschlossen werden.

Die Bedingungen der Grundstückspacht sind auf Bundesebene nur unzureichend geregelt[381]. Das bisherige System detaillierter gesetzlicher Regelungen der Pachtverhältnisse an Grund und Boden im Bo-

---

[378] RegVO No. 1001 vom 29. August 1994 "Über das Verfahren der Zuordnung eines Unternehmens zu den siedlungsbildenden und die Besonderheiten des Verkaufs solcher verschuldeter Betriebe", SS 19/1994/2217.
[379] VO GKI No. 1068-r vom 17. Mai 1994, abgedruckt in Priv. III, S. 243.
[380] PD No. 301 vom 25. März 1992, VSND RF 14/1992/761.
[381] Vgl. die Beiträge in Sakon 4/1993, Die Pacht.

2. Vertragliche Pflichten

dengesetzbuch und dem Gesetz "Über die Zahlungen für den Boden" (GrundStG)[382] wurde größtenteils zugunsten der Rechtsetzungskompetenz der örtlichen Staatsgewalt aufgegeben, vgl. § 21 GrundStG. Die "Grundlagen der Gesetzgebung der UdSSR über die Pacht"[383] wurden bereits 1992 für unanwendbar erklärt[384]. Es gelten lediglich die mietrechtlichen Bestimmungen des Zivilgesetzbuches, die indes keine Sonderregeln für die Grundstückspacht enthalten. Die Bedingungen der Pacht stehen somit weitgehend im Ermessen der Kommunalverwaltung[385].

Soweit Grundstücke überhaupt verkauft werden können, sind die Bedingungen ihres Verkaufs Nr. 4 Grundbestimmungen und dem die Anlage zum Präsidialdekret "Über die Bestätigung des Verfahrens zum Verkauf von Grundstücken bei der Privatisierung staatlicher und kommunaler Unternehmen, Ausweitung und zusätzlichen Baumaßnahmen dieser Unternehmen und bei der Zurverfügungstellung an Bürger und ihre Vereinigungen für die Ausübung unternehmerischer Tätigkeit" bildenden Musterkaufvertrag für Grundstücke zu entnehmen[386].

Danach ist die Auferlegung besonderer Pflichten oder die Aufstellung besonderer Beschränkungen beim Verkauf der Betriebsgrundstücke an privatisierte Unternehmen, bzw. deren Eigentümer, ausdrücklich für unzulässig erklärt. Gestattet sind lediglich Nutzungsbeschränkungen allgemeiner Art, die auf baupolizeilichen oder baupla-

---

[382] Gesetz vom 11. Oktober 1991, WSND RF 44/1991/1424, zuletzt geändert in SS 16/1995/1860.
[383] Gesetz vom 23. November 1989, WSND SSSR 25/1989/481.
[384] PD No. 1230 vom 14. Oktober 1992 "Über die Regulierung der Pachtbeziehungen und die Privatisierung des Vermögens verpachteter staatlicher und kommunaler Unternehmen", SA PiP 16/1992/1237.
[385] Vgl. hierzu die VO des Bürgermeisters von Moskau No. 14-RM vom 12. Januar 1996 "Über die Änderung der Sätze für Pachtzinsen im Jahre 1996", jur. Datenbank Kodex; *Schuwalowa*, Der Boden bleibt zumindest noch einen Monat umsonst, ESh Moskowski Wypusk 32/1996/1.
[386] Vgl. PD No. 631 vom 14. Juni 1992, WSND RF 25/1992/1427.

VIII. Vertragliche Pflichten

nungsrechtlichen Notwendigkeiten beruhen[387]. Dennoch wird vor allem in den Regionen vielfach versucht, dem Käufer solche besonderen Nutzungsbeschränkungen durch Vertrag oder örtliches Gesetz aufzuerlegen[388]. Beim Verkauf unbebauter Grundstücke zur Ausweitung der Produktion oder Umsiedlung eines privatisierten Betriebes muß sich der Käufer stets zu eben dieser Nutzung verpflichten. Wird das Grundstück nicht binnen drei Jahren bebaut, muß er das Grundstück wieder veräußern. Hierbei, sowie im Falle des Verkaufs des Grundstücks im unbebauten Zustand, müssen 30 % der den ursprünglichen Kaufpreis übersteigenden Summe an die örtliche Verwaltung gezahlt werden.

dd) Bauliche Anlagen

Bei der Privatisierung baulicher Anlagen, die unter Denkmalsschutz stehen, muß der Erwerber vertraglich verpflichtet werden, im Anschluß an den Kaufvertrag eine Sondervereinbarung zu schließen, in der seine Erhaltungspflichten niedergelegt werden, Nr. 4.2. Grundbestimmungen, Nr. 1 des Präsidialdekrets "Über die Privatisierung unbeweglicher Denkmäler der Geschichte und Kultur von örtlicher Bedeutung der Russischen Föderation"[389]. Bei der Verpachtung solcher Anlagen muß

---

[387] Zum Verfahren der Feststellung solcher Beschränkungen vgl. die gemeinsame VO BauMin/GKI No. WB-1/2 und PM-9/4500 vom 14. Juli 1992 "Über die Vorbereitung der für den Verkauf von innerstädtischen Grundstücken erforderlichen Unterlagen", abgedruckt in: Das Bodenrecht der Russischen Föderation, S. 525; allgemein zu Servituten *Schtschennikowa*, Die Sachenrechte im Zivilrecht Rußlands, S. 44 ff.

[388] Vgl. *Ustjukowa*, Kaufverträge über Grundstücke, Ross. Just. 3/1996/9 (10).

[389] PD No. 2121 vom 26. November 1994, SS 32/1994/3330, zuletzt geändert in SS 4/1997/514; vgl. auch VO der Moskauer Duma No. 6 vom 17. Januar 1996 "Über die Bestätigung der Ordnung über das besondere Verfahren und die Bedingungen der Privatisierung von zu Denkmälern der Geschichte und Kultur gehörenden Immobilien", jur. Datenbank Kodex.

2. Vertragliche Pflichten

stets die Verpflichtung des Pächters zur Versicherung des Gebäudes in den Vertrag aufgenommen werden[390].

(1) Genutzte bauliche Anlagen

Sofern ein Betrieb ohne die dazugehörigen baulichen Anlagen privatisiert wurde, wird der Gesellschaft, bzw. dem Eigentümer, das Recht gewährt, bestehende Nutzungsverhältnisse als Pachtverträge fortzusetzen, Nr. 5.9. Privatisierungsprogramm 1994. Während der Laufzeit dieser Verträge kann die bauliche Anlage gemäß Nr. 4.9. Grundbestimmungen jederzeit gekauft werden. Das Privatisierungsrecht sieht hierbei keine besonderen Vertragsbedingungen vor und erklärt insbesondere das Verbot des Weiterverkaufs und die Beschränkung auf eine bestimmte Nutzungsart ausdrücklich für unzulässig, Nr. 2.6. Privatisierungsprogramm 1994, Nr. 4.10. Grundbestimmungen. Diese Vorschriften werden jedoch von den örtlichen Behörden oft ignoriert. So werden beispielsweise Nutzungsbeschränkungen, die Gegenstand des Privatisierungsplans und des Kaufvertrages über das Unternehmen sind, in Moskau auch als Bedingung in den Kaufvertrag über die dazugehörige bauliche Anlage aufgenommen[391].

Für ungenutzte bauliche Anlagen existieren keine besonderen Vorschriften über die zulässigen Vertragsbedingungen.

(2) Unvollendete bauliche Anlagen

Für den Verkauf unvollendeter oder ungenutzter Bauwerke, darunter auch Gewerbeflächen in Wohnhäusern gemäß Nr. 2.6., 5.12.3. Privatisierungsprogramm 1994, Nr. 4.1. Grundbestimmungen, fehlen gesetzliche Regelungen der hierbei zulässigen Bedingungen. Unvermietete bauliche Anlagen werden häufig im Wege der kommerziellen Aus-

---

[390] Gemeinsame VO KultusMin/GKI No. 12/1481 vom 13. Oktober 1995 ohne Namen, jur. Datenbank Kodex.
[391] Vgl. Interview mit der Mitarbeiterin des Moskauer Komitees zur Verwaltung des Staatsvermögens *Goremykina*, Der Verkauf unbeweglichen Vermögens in Moskau, Sakon 12/1994/88 (89).

VIII. Vertragliche Pflichten

schreibung verkauft. Zu den in Moskau üblichen Vertragsklauseln zählt die Verpflichtung zur Fertigstellung bis zu einem festgesetzten Termin, die Pflicht, das Gebäude nur auf eine vorgeschriebene Art zu nutzen, sofern nicht die örtliche Präfektur anderes ausdrücklich gestattet, die Vereinbarung, daß das wichtigste Dokument über das Eigentumsrecht am Gebäude, die Eigentümerurkunde, erst nach der Innutzungnahme des Gebäudes ausgestellt wird sowie die Verpflichtung des Erwerbers, mit der zuständigen Behörde einen Pachtvertrag über das dazugehörige Grundstück abzuschließen.

3. Zwischenergebnis

Beim Verkauf in der Privatisierung werden dem Käufer oftmals besondere und durchweg nachteilige Pflichten auferlegt, die teils Lücken des öffentlichen Rechts, teils des sozialen Netzes schließen sollen. Welche Vertragsbedingungen im Einzelfall zulässig sind, ist den für den jeweiligen Kaufgegenstand und die Art seines Verkaufs vorgesehenen gesetzlichen Bestimmungen zu entnehmen. Die Vereinbarung von Investitions- oder Sozialbedingungen ist vor allem deshalb problematisch, weil der Käufer bis zu ihrer Erfüllung kein Eigentum erwirbt und im Falle der Nichterfüllung die Unwirksamerklärung des Kaufvertrages droht.

IX. Vertragliche Haftung

Die Regeln der vertraglichen, vor allem jedoch der kaufvertraglichen Haftung, sind relativ neu. Während das allgemeine Schuldrecht des neuen russischen Zivilgesetzbuches seit 1. Januar 1995 gilt, trat der zweite Teil, der das besondere Schuldrecht behandelt, erst am 1. März 1996 in Kraft. Daher sind die Vorschriften bisher nicht ausführlich kommentiert und Rechtsprechung zu ihrer Auslegung fehlt gänzlich. Der zum Teil empfohlene Rückgriff auf Kommentare zum UN-Kaufrecht, dem das russische Kaufrecht nachgebildet ist, ist aufgrund der russischen Besonderheiten zweifelhaft.

Fragen der vertraglichen Haftung, vor allem auch der Gewährleistung, sind im russischen Recht bisher nur von untergeordneter Bedeutung. Ursache hierfür ist sowohl die Unterentwicklung des russischen Vertragsrechts insgesamt als auch eine fehlende Streit- und Klagebereitschaft in Haftungsfragen.

1. Allgemeine vertragliche Haftung

Beim Kaufvertrag in der Privatisierung richtet sich die Haftung für die Verletzung vertraglicher Pflichten, bis auf die für Sachmängel, grundsätzlich nach den allgemeinen schuldrechtlichen Bestimmungen der §§ 393 ff. ZGB. Sie unterscheiden nicht zwischen der Verletzung von Haupt- oder Nebenpflichten. Hinsichtlich der Art der Haftung bestehen keine Besonderheiten im Verhältnis zur vertraglichen Haftung nach deutschem Recht. Der Schuldner hat Vorsatz und Fahrlässigkeit zu vertreten. Schadensersatz wird in Geld unter Einschluß entgangenen Gewinns geleistet. Für das Verschulden von Erfüllungsgehilfen wird wie für eigenes Verschulden gehaftet.

Eine vorvertragliche Haftung existiert grundsätzlich nicht. Es gibt keine Bestimmungen oder Rechtsgrundsätze, die der deutschen cic

IX. Vertragliche Haftung

oder pVv vergleichbar wären. Ansprüche, die nach deutschem Recht unter diese Rechtsinstitute fallen, werden in Rußland lediglich nach Deliktsrecht gewährt.

Die Anfechtung eines Vertrages wegen bei Vertragsabschluß bestehender Irrtümer oder Täuschungen ist uneingeschränkt zulässig. Sie wird nicht, wie im deutschen Recht, durch die Vorschriften des Gewährleistungsrechts, eingeschränkt[392].

Bei Mängeln der Kaufsache kommt sowohl die Irrtumsanfechtung, § 178 ZGB, als auch die wegen Täuschung oder Drohung, § 179 ZGB, in Betracht. Hat der Verkäufer schuldhaft einen Irrtum des Käufers herbeigeführt, so ist er zum Schadensersatz verpflichtet. Rechtlich erheblich sind Irrtümer über die Natur des Rechtsgeschäfts, seine Identität, oder solche Eigenschaften der den Gegenstand des Geschäfts bildenden Sache, die ihre bestimmungsgemäße Verwendung wesentlich beeinträchtigen. Motivirrtümer sind unbeachtlich.

Der Verkäufer ist ebenfalls zum Schadensersatz verpflichtet, wenn er den Käufer durch Täuschung, Gewalt, Drohung, arglistiges Zusammenwirken von Vertretern oder durch Ausnutzen einer Zwangslage zum Abschluß des Rechtsgeschäfts bestimmt hat.

2. Haftung aus kaufvertraglichen Gewährleistungsvorschriften

Wie auch in anderen Rechtsordnungen, ist die Haftung des Verkäufers für Sachmängel gesondert von der allgemeinen vertraglichen Haftung geregelt. Für den Kaufvertrag in der Privatisierung gibt es keine besonderen Gewährleistungsbestimmungen; es gelten die allgemeinen Vorschriften[393]. Das sind die allgemeinen Gewährleistungsbestimmungen für Kaufverträge, §§ 460, 461, 465 ff. ZGB. Daneben kommt, soweit es sich um einen Unternehmenskaufvertrag nach §§ 559 ff.

---

[392] Vgl. auch *Solotych*, Das Zivilgesetzbuch der Russischen Föderation, Erster Teil, S. 46.

[393] Vgl. auch *Scherstobitow* in *Suchanow* u. a., Zivilrecht II, S. 82.

2. Haftung aus kaufrechtlichen Gewährleistungsvorschriften

ZGB handelt, die Anwendung des § 565 ZGB in Betracht[394]. Auch nach russischem Recht haftet der Verkäufer danach unabhängig von seinem Verschulden für Mängel der verkauften Sache.

a) Rechtsmängel

Bei Rechtsmängeln hat der Käufer die Wahl zwischen der Minderung des Kaufpreises und dem Rücktritt vom Vertrag, § 460 Abs. 1 Satz 2 ZGB. Wird ihm die Sache infolge der Geltendmachung von Rechten Dritter weggenommen, so hat er Anspruch auf Schadensersatz, § 460 Abs. 1 Satz 2, 461 Abs. 1 ZGB. Der Begriff des Rechtsmangels ist weit auszulegen. Er umfaßt dingliche, obligatorische und sonstige Rechte[395].

b) Sachmängel

Im Falle eines Sachmangels hat der Käufer die Wahl zwischen der Minderung des Kaufpreises, der Nachbesserung und dem Ersatz der Kosten für die Beseitigung des Mangels mit eigenen Kräften. Demnach muß er die Sache grundsätzlich trotz des Mangels behalten. Nur wenn er nicht behebbar ist, steht dem Käufer auch das Recht der Wandlung oder des Umtausches zu, § 475 ZGB. Eine besondere Haftung auf Schadensersatz wegen des Fehlens zugesicherter Eigenschaften ist nicht vorgesehen. Jedoch hat der Käufer bei weitergehenden Schäden auch Schadensersatzansprüche nach den allgemeinen Vorschriften der §§ 393 ff. ZGB[396].

Sachmängel müssen innerhalb angemessener Frist gerügt werden, § 483 Abs. 1 ZGB. Jedoch wird der Verkäufer nur dann ganz oder teilweise von seiner Haftung frei, wenn er nachweist, daß ihm die Erfüllung seiner Verpflichtungen durch die Verspätung der Rüge unmöglich geworden ist oder unverhältnismäßige Ausgaben erfordert,

---

[394] Vgl. hierzu auch *Sergejew/Tolstoj*, Zivilrecht. Lehrbuch. Teil Zwei, S. 110.
[395] Vgl. *Lewschina* in *Sadikow* u. a., Kommentar zum ZGB, S. 12.
[396] Vgl. auch *Solotych*, Das Zivilgesetzbuch der Russischen Föderation, Erster Teil, S. 65.

IX. Vertragliche Haftung

§ 483 Abs. 2 ZGB. Wenn weder vertraglich eine Garantiefrist noch die Haltbarkeitsdauer gesetzlich festgelegt werden, gilt eine angemessene Frist, höchstens aber zwei Jahre, § 477 Abs. 2 ZGB. Hierbei handelt es sich nicht um eine Verjährungsfrist nach deutschem Verständnis. Notwendig ist nur, daß der Mangel innerhalb der Frist auftritt[397].

Die Definition des Sachmangels entspricht der nach deutschem Recht. Danach liegt ein Fehler vor, wenn die tatsächliche Beschaffenheit der Kaufsache von der vertraglich vereinbarten abweicht. Fehlt eine solche Vereinbarung, so muß sie von gewöhnlicher Qualität sein und zum vertraglich vorausgesetzten oder sonst dem Verkäufer bekannten Gebrauch taugen. Eine darüber hinausgehende und durch Rechtsprechung differenzierte weitergehende Beschreibung des Sachmangels fehlt in der russischen Rechtstheorie und -praxis bisher[398].

Quantitätsmängel stellen keinen Sachmangel dar. Bei Zuweniglieferung besteht lediglich ein Anspruch auf Nachlieferung oder das Recht der Zurückweisung, § 466 Abs. 1 ZGB. Wenn zuviel geliefert wurde, muß der Käufer den Verkäufer benachrichtigen. Reagiert dieser nicht innerhalb einer angemessenen Frist, so kann der Käufer die Ware gegen Zahlung ihres Kaufpreises behalten, § 466 Abs. 2 und 3 ZGB.

Auch beim Rechtskauf gilt die allgemeine kaufvertragliche Gewährleistung, § 454 Abs. 4 ZGB. Danach haftet der Verkäufer eines Wertpapiers nur für den Bestand der Papiere und nicht für die Beschaffenheit der von dem Recht repräsentierten Unternehmenswerte, vgl. §§ 146 Abs. 2, 390 ZGB[399].

Wenn ein Käufer praktisch das gesamte Unternehmen erwirbt, führt das zu einer nicht gerechtfertigten Benachteiligung beim Share Deal. In Deutschland wendet die Rechtsprechung daher in Fällen des Rechtskaufs, in denen ein Käufer sämtliche Beteiligungsrechte an einer Gesellschaft erwirbt oder sonst eine derart beherrschende Stellung

---

[397] *Gutbrod*, Das Kaufrecht nach dem russischen Zivilgesetzbuch, WiRO 1996, S. 330 (331).

[398] Vgl. *Scherstobitow* in *Suchanow* u. a., Zivilrecht II, S. 72 ff.; *Klejn* in *Sadikow* u. a., Kommentar zum ZGB, S. 16.

[399] Vgl. auch *Masewitsch/Tscheutschewa*, Der Unternehmensverkauf, Delo i Prawo 7/1996/26 (27).

2. Haftung aus kaufrechtlichen Gewährleistungsvorschriften

erlangt, daß keine Minderheitenrechte mehr bestehen bleiben, die Regeln über den Sachkauf an[400]. Diese Möglichkeit wird in Rußland nicht diskutiert.

Die Sachmängelhaftung beim Grundstückskauf richtet sich ebenfalls nach den allgemeinen kaufvertraglichen Gewährleistungsvorschriften, § 557 ZGB. Nach Nr. 3 der Verordnung "Mustervertrag für den Verkauf von Grundstücken bei der Privatisierung staatlicher und kommunaler Grundstücke, Ausdehnung und zusätzlichen Bebauung solcher Unternehmen sowie bei der Zurverfügungstellung an Bürger und ihre Vereinigungen zur Ausübung unternehmerischer Tätigkeit"[401] kann der Verkäufer vertraglich zusichern, daß das Grundstück nach seiner Kenntnis von Rechten Dritter unbelastet ist. Da das russische Recht keine besondere Haftung für Zusicherungen kennt, kommt ihr keine über die §§ 460, 461 ZGB hinausgehende Bedeutung zu.

Soweit ein Kaufvertrag in der Privatisierung in den Anwendungsbereich der §§ 559 ff. über den Unternehmenskauf fällt, gilt das allgemeine kaufvertragliche Gewährleistungsrecht mit den durch § 565 ZGB erfolgenden Modifikationen. Darin werden typischen Unternehmensmängeln die jeweils sachgerechten Rechtsbehelfe zugeordnet. Die allgemeinen Rechtsbehelfe sind insoweit ausgeschlossen.

Danach gilt folgendes: Beim Verkauf nicht bekanntgemachte Schulden des Unternehmens berechtigen den Käufer zu einer entsprechenden Kaufpreisminderung, wenn er von ihrer Existenz nichts gewußt hat und nichts hat wissen können. Fehlen bei der Übergabe bestimmte Vermögensbestandteile oder sind solche fehlerhaft, hat der Verkäufer nachzuliefern oder Ersatz zu leisten. Das Recht auf Wandlung oder Änderung des Vertrages steht dem Käufer nur zu, wenn das Unternehmen infolge des Mangels nicht für den vertraglich bestimmten Zweck tauglich ist, und der Mangel sich nicht zu den gesetzlich bestimmten Bedingungen, Verfahren und Fristen beheben läßt.

Leider gibt es weder Rechtsprechung noch eine theoretische Auseinandersetzung mit dem Problem, unter welchen Voraussetzungen

---

[400] *Beisel/Klumpp*, Der Unternehmenskauf, Rz. 930.
[401] Gemeinsamer Brief Bodenkomitee/GKI No. 5-10/2125 vom 10. August 1992 und PM-9/5132 vom 11. August 1992, abgedruckt in: Das Bodenrecht der Russischen Föderation, S. 353.

IX. Vertragliche Haftung

eine negative Qualitätsabweichung bei Unternehmen einen Mangel darstellt und das Unternehmen nicht zu dem vertraglich bestimmten Zweck taugt. Aufgrund der Schwierigkeiten bei der Rückabwicklung von Unternehmenskaufverträgen ist zu vermuten, daß, wie auch in Deutschland, ein enger Sachmängelbegriff zugrundegelegt wird, vgl. § 566 ZGB.

3. Haftung aus zusätzlichen Garantien

Eine weitergehende Haftung des Verkäufers, etwa für die Ertragskraft des Unternehmens, läßt sich nur durch Vereinbarung zusätzlicher selbständiger oder unselbständiger Garantien erreichen. Dies ist zwar nicht im Zivilrecht normiert, jedoch auch nicht unzulässig, da kein numerus clausus der Rechtsgeschäfte besteht, § 421 Abs. 2 ZGB[402].

Beim Kauf in der Privatisierung dürfte jedoch die Vereinbarung einer solchen weitergehenden Haftung des Verkäufers nicht durchsetzbar sein. Der staatliche Verkäufer ist beim Vertragsschluß an die gesetzlichen Vorgaben des Privatisierungsrechts gebunden, die die Gewährung besonderer Vorteile an einzelne Käufer ausschließen. Nur bei größeren Objekten dürften zusätzliche Garantien in Verhandlungen auf höchster Ebene durchsetzbar sein.

Werden sie vereinbart, so sollten die entsprechenden Erklärungen oder Angaben im Vertrag ausdrücklich als Garantieversprechen oder -vertrag gekennzeichnet sein und genaue Sanktionen für den Fall der Nichteinhaltung der Garantie beinhalten.

4. Zwischenergebnis

Die Vorschriften des russischen Rechts zur vertraglichen Haftung sind von ihrer rechtlichen Ausgestaltung her durchaus als modern zu

---

[402] So auch *Braginski*, Schuldrecht, ESh 23/1995/9.

4. Zwischenergebnis

bezeichnen. Hervorhebenswert ist vor allem die zweijährige Verjährungsfrist für Sachmängelansprüche. Indes spielt das Haftungsrecht bisher in Rußland nur eine untergeordnete Rolle. Eine, auch durch Rechtsprechung abgesicherte, Ausfüllung des Sachmangelbegriffs steht noch aus. Fragen der Haftung beim Unternehmenskauf, die in Deutschland eine bedeutende Rolle spielen, werden in Rußland nicht diskutiert.

X. Haftungsübernahme

Im folgenden wird die Frage behandelt, inwieweit ein Käufer in der Privatisierung mit dem Vermögen rechtliche Verpflichtungen übernimmt, an deren Entstehung er nicht selber mitgewirkt hat. Im Vordergrund steht hier die Nachfolge des neuen privaten Rechtsträgers in die Verpflichtungen des mit der Privatisierung untergehenden Staatsbetriebes. Daneben wird jedoch auch dargestellt, welche Risiken der Käufer eines Grundstücks hinsichtlich der Übernahme der Haftung für Altlasten eingeht.

Das Privatisierungsrecht ordnet beim Verkauf eines Unternehmens und bei der Umwandlung eines Staatsbetriebes in eine offene Aktiengesellschaft die Rechtsnachfolge des neuen Rechtsträgers an. Dieser übernimmt damit sämtliche Verbindlichkeiten des Vorgängers. Da der alte Rechtsträger, der Staatsbetrieb, mit dem Verkauf des Unternehmens, bzw. seiner Umwandlung in eine offene Aktiengesellschaft untergeht, trifft die Haftung den neuen Rechtsträger in vollem Umfang[403]. Nur wenn ein Staatsbetrieb vor seinem Verkauf liquidiert wird, ist die gesetzliche Rechtsnachfolge ausgeschlossen. Oftmals werden solche Unternehmen dann jedoch unter der Bedingung einer vertraglichen Haftungsübernahme veräußert[404]. Die Rechtsnachfolge trifft

---

[403] Allg. zu diesem Problem vgl. die Richterin am Obersten Wirtschaftsgericht *Majkowa*, Konfliktsituationen beim Verkauf von gewerblich genutzten baulichen Anlagen, ESh 30/1995/8; *Masewitsch*, Die rechtliche Regulierung von Immobilienbeziehungen, Prawo i Ekonomika 12/1996/17 (18); Mitarbeiter des Komitees zur Verwaltung des Staatsvermögens des Altai-Gebietes *Pjatkow*, Das Staatsunternehmen als Gegenstand eines Kaufvertrages, Chosjajstwo i Prawo 1/1998/80.

[404] VO No. 32 des Obersten Wirtschaftsgerichts vom 2. Dezember 1993, Über einige Fragen der Entscheidung von Streitigkeiten, die im Zusammenhang mit rechtlichen Bestimmungen über die Privatisierung staatlicher und kommunaler Unternehmen entstehen", Fall Nr. 18, abgedruckt in Ross. Just. 4/1994/57.

X. Haftungsübernahme

den Käufer eines Unternehmens direkt, den Erwerber von Aktien nur indirekt, da nicht er persönlich, sondern die Aktiengesellschaft haftet. Die Rechtsnachfolge beim Unternehmenskauf in der Privatisierung war in § 28 Abs. 2 des alten Privatisierungsgesetzes ausdrücklich geregelt. Nach dieser Bestimmung tritt der Erwerber eines Unternehmens mit der Registrierung des Kaufvertrages die Rechtsnachfolge des Staatsbetriebes an. Obwohl das neue Privatisierungsgesetz keine entsprechende Vorschrift enthält, dürfte die Rechtsnachfolge dennoch aus einer analogen Anwendung der Umwandlungsvorschriften des Zivilgesetzbuches folgern. Für Aktiengesellschaften ist in Nr. 4.3. der Anlage 3 zum Präsidialdekret "Über die Beschleunigung der Privatisierung staatlicher und kommunaler Unternehmen"[405] und Nr. 10 des Präsidialdekrets "Ordnung über die Kommerzialisierung staatlicher Unternehmen mit der gleichzeitigen Umwandlung in Aktiengesellschaften des offenen Typs"[406] bestimmt, daß eine durch Umwandlung aus einem Staatsbetrieb hervorgegangene offene Aktiengesellschaft mit ihrer Registrierung Rechtsnachfolgerin des Staatsbetriebes wird. Diese Regelung entpricht den Bestimmungen der §§ 58 - 60 ZGB über die Umwandlung von Unternehmen.

Der Umfang der Rechtsnachfolge kann gemäß Nr. 10 des oben als zweites genannten Präsidialdekrets vom Komitee für die Verwaltung des Staatsvermögens näher bestimmt werden. Hierbei erfolgt jedoch keine Haftungsbeschränkung, sondern lediglich eine gleichmäßige Verteilung der Haftung bei der Teilung von Unternehmen.

Weder im Privatisierungsrecht noch im Umwandlungsrecht des Zivilgesetzbuches ist die Rechtsnachfolge im übrigen näher definiert. Während die Haftung eines Unternehmenserwerbers beim Asset Deal nach deutschem Recht unter den Voraussetzungen der §§ 25 HGB, 75 AO, 419, 613a BGB zeitlich und vom Umfang her beschränkt ist, und die Rechtsnachfolge lediglich im Fall der Umwandlung unbegrenzt bleibt, ist nach russischem Privatisierungsrecht in beiden Fällen von der unbeschränkten und alleinigen Haftung des Rechtsnachfolgers auszugehen. Die die solidarische Haftung von Verkäufer und Käufer

---

[405] PD No. 66 vom 29. Januar 1992, WSND RF 7/1992/312.
[406] PD No. 721 vom 1. Juli 1992, SA PiP RF 1/1992/3.

X. Haftungsübernahme

bestimmende Vorschrift des § 562 Abs. 4 ZGB findet, wie bereits früher erläutert, beim Erwerb in der Privatisierung keine Anwendung. Als verschärfender Umstand tritt hinzu, daß gesetzlich keine Möglichkeiten vorgesehen sind, die Haftung durch vertragliche Freistellungsvereinbarungen abzumildern und daß auch für solche Verbindlichkeiten gehaftet wird, die dem Käufer beim Erwerb des Vermögens nicht bekannt waren. Die Rechtsnachfolge beinhaltet den Eintritt in die zivil- und öffentlichrechtliche Haftung des Rechtsvorgängers. Eingeschlossen ist danach die Haftung für bereits entstandene oder in Zukunft entstehende und noch auf dem Handeln des Rechtsvorgängers beruhende deliktische Verbindlichkeiten, von denen vor allem die unter dem Obergriff der Industriehaftung zusammengefaßte Umwelt-, Produkt- und Arbeitgeberhaftung von Bedeutung ist. Weiterhin werden die vertraglichen Verbindlichkeiten des Rechtsvorgängers übernommen. Hinsichtlich der Übernahme der öffentlich-rechtlichen Haftung ist das Einstehen für Abgabenschulden des Rechtsvorgängers von Bedeutung[407]. Leider hat ein Erwerber aufgrund der oftmals unvollständigen und nur schwer zugänglichen Unternehmensinformationen vielfach keine Chancen, vor dem Kauf den vollen Umfang des übernommenen Risikos einzuschätzen.

1. Deliktische Haftung

Die Übernahme der deliktischen Haftung ist in Rußland kaum kalkulierbar. Bislang wird das Risiko, daß durch fehlerhafte Produkte, Emissionen oder unzureichende Verkehrssicherung Abnehmer, Angestellte oder Dritte geschädigt werden, in ungleich geringerem Maße als in den entwickelten Industrienationen auf Versicherungen verlagert, ein Umstand, der unter anderem auch darauf zurückzuführen ist, daß Unternehmen Versicherungsbeiträge bisher steuerlich nicht geltend

---

[407] Vgl. hierzu *Frenkel* in *Smit/Pechota*, Privatization in Eastern Europe, S. 53; Informationsbrief des Obersten Wirtschaftsgerichts No. S 1-7/OP-506 vom 28. August 1996 ohne Namen, abgedruckt in WWAS 11/1995/96 unter Nr. 2.

1. Deliktische Haftung

machen konnten[408]. Das Fehlen von Versicherungsdeckung wird zwar dadurch abgemildert, daß das Schadensersatzrecht trotz des Vorhandenseins entsprechender Vorschriften in der russischen Rechtspraxis bislang nur eine untergeordnete Rolle spielt[409]. Mit der fortschreitenden Diversifikation des Eigentums und im Zuge der Anpassung an die internationalen Rechtsstandards wird sich dieser Zustand jedoch bald ändern, so daß das deliktische Haftungsrisiko nicht unterschätzt werden sollte.

Die deliktische Industriehaftung ist größtenteils spezialgesetzlich geregelt. Da dieses Sonderrecht jedoch auf dem allgemeinen Haftungsrecht des Zivilgesetzbuches aufbaut und zum Teil auch darauf verweist, soll zunächst das allgemeine Deliktsrecht dargestellt werden.

Die Tatbestandsmerkmale der deliktischen Verschuldenshaftung sind gemäß § 1064 ZGB die gleichen wie auch in anderen Rechtsordnungen: Vorliegen einer rechtswidrigen Handlung, bzw. eines Unterlassens, ein dadurch kausal verursachter Schaden und Verschulden, wobei letzteres vermutet wird, § 1064 Abs. 2 ZGB[410]. Der Schädiger kann sich entlasten indem er beweist, daß er die erforderliche Sorgfalt hat walten lassen, § 1064 Abs. 2 ZGB.

Die Gefährdungshaftung setzt die Verursachung eines Schadens durch eine Quelle erhöhter Gefahr voraus. Der Schadensersatz wird vom Betreiber geschuldet; rechtswidriges Handeln ist nicht erforderlich. Der Begriff der Gefahrenquelle wird weit ausgelegt[411]. Das Vor-

---

[408] Vgl. RegVO No. 552 vom 5. August 1992 "Über die Bestätigung der Ordnung für die Berechnung der Ausgaben für Produktion und Verkauf, die in den Selbstkostenpreis der Produktion Eingang finden und das Verfahren der Bestimmung der finanziellen Ergebnisse, die bei der Gewinnbesteuerung berücksichtigt werden", SA PiP 9/1992/602, zuletzt geändert in SS 49/1996/5557; RegVO No. 299 vom 21. März 1996 "Über die Außerkraftsetzung von einigen Entscheidungen der Regierung der Russischen Föderation zur Frage der Berücksichtigung von Beiträgen an freiwillige Versicherungen bei den Produktionskosten", abgedruckt in ESh 20/1996/9.

[409] Vgl. *Heidemann*, Unternehmenshaftung in Rußland, S. 30.

[410] *Kulagina* in *Suchanow* u. a., Zivilrecht II, S. 392.

[411] Vgl. *Kulagina* in *Suchanow* u. a., Zivilrecht II, S. 404.

X. Haftungsübernahme

liegen von Schuld ist keine Tatbestandsvoraussetzung[412], jedoch kann sich der Schädiger durch den Nachweis höherer Gewalt oder vorsätzlichen Handelns des Geschädigten entlasten, §§ 1079 ff. ZGB. Mehrere Schädiger haften solidarisch, §1079 Abs. 3 ZGB.

Geschützte Rechtsgüter sind bei beiden Arten der Haftung die Person und das Vermögen natürlicher und juristischer Personen. Ersatzfähig ist der gesamte Schaden einschließlich des entgangenen Gewinns. Immaterielle Schäden sind nur bei Verletzung der Gesundheit oder Tötung einer Person und in wenigen gesetzlich bestimmten Fällen in Geld ersetzbar, §§ 1099 ff. in Verbindung mit § 151 ZGB[413]. Schmerzensgeld wird in der gerichtlichen Praxis maßvoll zugesprochen[414]. Bei Verletzung von Leben, Körper oder Gesundheit werden Leistungen der Krankenversicherung angerechnet, Invaliditätsrenten hingegen nicht[415].

Ein etwaiges Mitverschulden des Geschädigten in Form von Vorsatz oder grober Fahrlässigkeit wird anspruchsmindernd berücksichtigt; leichte Fahrlässigkeit bleibt außer Betracht, § 1083 ZGB.

Die Verjährung deliktischer Ansprüche beträgt drei Jahre für Vermögensschäden, § 196 ZGB. Ansprüche wegen der Schädigung von Gesundheit oder Leben eines Menschen verjähren nicht, können jedoch bei Überschreiten der Dreijahresfrist maximal für die vergangenen drei Jahre geltend gemacht werden, § 208 ZGB.

a) Umwelthaftung

Die Umwelthaftung tritt ein, wenn betriebsbedingte Emissionen Schäden an fremden Rechtsgütern verursachen[416]. Sie ist im Gesetz "Über

---

[412] *Em* in *Suchanow* u. a., Zivilrecht II, S. 406.
[413] Vgl. *Gljanzew* in *Sadikow* u. a., Kommentar zum ZGB, S. 706.
[414] Vgl. *Erdelewski*, Die Haftung für moralischen Schaden, Ross. Just. 7/1994/35.
[415] *Kulagina* in *Suchanow* u. a., Zivilrecht II, S. 410.
[416] Allg. hierzu vgl. *Petrow*, Das Umweltrecht Rußlands, S. 263 ff.

1. Deliktische Haftung

den Schutz der natürlichen Umwelt" von 1991 (UmwSchG)[417] geregelt. Aufgrund des fehlenden politischen Willens zur Durchsetzung der Vorschriften[418] und der mangelnden Lösung der wichtigsten haftungsrechtlichen Fragen durch Gesetzgeber, Rechtswissenschaft und Gerichte[419] werden Schadensersatzansprüche nach diesem Gesetz bisher kaum geltend gemacht[420]. Auch hier ist jedoch mit einer baldigen Änderung der Situation zu rechnen.

Rechtsgrundlage für die Umwelthaftung sind die §§ 81 ff. UmwSchG, ergänzt durch das allgemeine Deliktsrecht des Zivilgesetzbuches. Danach gibt es sowohl eine Verschuldens- als auch eine Gefährdungshaftung. Bei der Verschuldenshaftung sind Tatbestandsmerkmale das Vorliegen einer schuldhaften rechtswidrigen Handlung, bzw. eines Unterlassens, durch die die natürliche Umwelt, die Gesundheit oder das Vermögen von Bürgern oder die Volkswirtschaft geschädigt werden, §§ 81, 86 UmwSchG. Damit bleibt das Vermögen juristischer Personen nach dieser Vorschrift ungeschützt. Ein Grund dafür ist nicht ersichtlich und die gesetzliche Abweichung wirkt sich nicht aus, da die Schäden juristischer Personen nach dem allgemeinen Deliktsrecht in gleicher Weise ersetzt werden[421]. Wie Schäden an der Volkswirtschaft juristisch handhabbar gemacht werden sollen, bleibt unklar.

Ersatzpflichtig ist der Verursacher, der ein beliebiges Rechtssubjekt sein kann. Bezüglich der Kausalität, des Verschuldens und des Umfangs des Schadensersatzanspruchs sind im Umweltschutzgesetz keine

---

[417] Gesetz vom 19. April 1991, WSND RF 10/1992/457, zuletzt geändert in WWS RF 29/1993/1111, deutsche Übersetzung in HdB. WiRO Rus 830.
[418] *Kolbasow*, Der Ersatz ökologischer Schäden an Bürger, GiP 10/1994/107.
[419] *Heidemann*, Umwelthaftung in der Russischen Föderation, WiRO 1993, S. 29.
[420] Zum Stand von öffentlich-rechtlichen und zivilrechtlichen Abwehrklagen im Bereich des Umweltschutzes vgl. *Wasilewa*, Juristische Aspekte der Teilnahme von Bürgern am Umweltschutz, GiP 5/1995/128.
[421] Vgl. *Heidemann*, Umwelthaftung in der Russischen Föderation, WiRO 1993, S. 329.

X. Haftungsübernahme

besonderen Regelungen getroffen, und es gilt mithin das allgemeine Deliktsrecht[422].

Eine eigenständige Regelung der Gefährdungshaftung ist im Umweltschutzgesetz nicht enthalten[423]. Der unvollständig gehaltene § 88 UmwSchG verweist weitgehend auf die allgemeinen Vorschriften des Zivilgesetzbuches zur Gefährdungshaftung. Voraussetzung der Haftung ist danach das Betreiben einer Quelle erhöhter Gefahr für die Umwelt, worunter praktisch alle Industrieanlagen fallen. Der Betreiber haftet für durch die Tätigkeit des Unternehmens verursachte Schäden an den vom Umweltschutzgesetz erfaßten Rechtsgütern natürliche Umwelt, Gesundheit und Vermögen von Bürgern und Volkswirtschaft sowie an dem vom allgemeinen Deliktsrecht umfaßten Schutzgut des Vermögens juristischer Personen.

Der Umfang des Schadensersatzes bemißt sich nach den allgemeinen deliktsrechtlichen Vorschriften des Zivilgesetzbuches, die durch Bestimmungen des Umweltschutzgesetzes näher erläutert werden. Für die Berechnung von Schäden an der Umwelt sind die in der Regierungsverordnung "Über die Bestätigung der Ordnung für die Bestimmung der Zahlungen und ihrer Grenzwerte für Umweltverschmutzung, Abfallbeseitigung und andere Arten schädlicher Umweltbeeinflussung"[424] genannten Sätze als Berechnungsgrundlage heranzuziehen.

Hinsichtlich der Anspruchsverjährung gelten die oben genannten deliktischen Verjährungsfristen.

---

[422] *Kulagina* in *Suchanow* u. a., Zivilrecht II, S. 392.

[423] Vgl. hierzu jedoch auch Selesnow, Die Vermutung ökologischer Gefährdung, Ross. Just. 4/1998/35.

[424] RegVO No. 632 vom 28. August 1992, SA PiP RF 10/1992/726; Brief UmwMin No. 01-14/29-3452 vom 15. Dezember 1995 "Über die Indexierung von Zahlungen für Umweltverschmutzung im Jahre 1996", in Verbindung mit Brief BuStD No. NP-4-04/2n vom 5. Januar 1996 gleichen Namens, beide jur. Datenbank Kodex; vgl. auch Dozent der Moskauer Staatlichen Universität *Wolkow*, Zahlungen für Umweltverschmutzung: Wer ist der Zahlende? Chosjajstwo i Prawo 1/1998/74.

1. Deliktische Haftung

b) Produkthaftung

Die Produkthaftung eines Warenherstellers tritt ein, wenn Abnehmer oder sonstige Personen durch die Produkte eines Unternehmens Schäden erleiden. Dabei kommt neben der deliktischen auch eine vertragliche Haftung in Betracht. Typischerweise tritt jedoch der Schaden erst beim Endverbraucher ein, zu dem der Geschädigte in der Regel keine vertraglichen Beziehungen unterhält.
Spezielle Vorschriften für die Produkthaftung sind in §§ 1095 ff. ZGB und § 14 Gesetz "Über den Schutz der Verbraucher" (VerbrSchG)[425] enthalten. Das Verbraucherschutzgesetz, wie auch die §§ 1095 ff. ZGB gelten ausschließlich für Schadensersatzansprüche von Bürgern im Rahmen der alltäglichen Bedarfsdeckung. Schadensersatzansprüche gewerblicher Abnehmer werden danach nicht gewährt. Ähnlich wie bei der Umwelthaftung ist die Bedeutung der Produkthaftung in der russischen Rechtspraxis bisher nur gering.

Gemäß § 13 VerbrSchG haften unabhängig von der Rechtsform neben Verkäufern und Herstellern von Waren auch diejenigen, die Arbeiten ausführen oder Dienste leisten. Damit wird der Anwendungsbereich der Produkthaftung auf Werk- und Dienstvertragsleistungen erweitert. Voraussetzung für die Haftung ist das Vorliegen eines Konstruktions-, Produktions-, Rezept- oder sonstigen Fehlers. Verschulden ist grundsätzlich nur für den Ersatz immaterieller Schäden erforderlich, § 15 VerbrSchG. Die Einhaltung des gegenwärtigen Standes der Technik schließt die Haftung nicht aus, § 14 Abs. 4 VerbrSchG. Der Anspruch entfällt nur dann, wenn der in Anspruch Genommene beweist, daß der Schaden auf einer fehlerhaften Bedienung oder Lagerung des Produktes durch den Verbraucher oder höherer Gewalt beruhte. Ersatzfähig sind Schäden an Leben, Gesundheit oder Vermögen eines Verbrauchers; immaterielle Schäden unter der oben genannten Ein-

---

[425] Gesetz vom 7. Februar 1992, WSND RF 15/1992/766, neugefaßt in SS 3/1996/140; vgl. hierzu auch VO des Plenums des Obersten Gerichts No. 7 vom 29. September 1994, mit Änderung vom 25. April 1995 "Über die Praxis der Entscheidung von Verbraucherschutzangelegenheiten durch die Gerichte", abgedruckt in Sakon 4/1997/55.

X. Haftungsübernahme

schränkung[426]. Für die Geltendmachung der Ansprüche sind bestimmte Fristen einzuhalten: solange die Schäden innerhalb der Zeit des gewöhnlichen Gebrauchs des Produktes auftreten, sind sie ersatzfähig. Fehlen solche eigens festgesetzten Fristen, so beträgt die Frist 10 Jahre. Außerhalb der genannten Fristen wird nur noch nach den allgemeinen Bestimmungen des Zivilgesetzbuches gehaftet. Gegenüber gewerblichen Abnehmern wird nach den Produkthaftungsbestimmungen der §§ 1095 ff. ZGB gehaftet.

c) *Arbeitgeberhaftung*

Die Arbeitgeberhaftung ist die Haftung des Arbeitgebers gegenüber seinen Arbeitnehmern für Personenschäden. Während sie in Deutschland völlig auf die Berufsgenossenschaften verlagert wurde, wird der Arbeitgeber in Rußland nicht durch die Sozialversicherung freigestellt. Im Gegensatz zur Umwelt- und Produkthaftung ist die Durchsetzung solcher Ansprüche in der russischen Praxis verbreitet.

Rechtsgrundlagen sind das Arbeitsgesetzbuch (ArbG)[427], die §§ 1084 ff. ZGB und die Verordnung des Obersten Sowjets "Regeln über den Ersatz von Schäden, die Arbeitnehmer bei Erfüllung ihrer Arbeitspflichten durch Körperverletzung, Berufskrankheit oder andere Gesundheitsschädigung erleiden, durch den Arbeitgeber" (EntschG)[428].

Nach § 159 ArbG haften Arbeitgeber für Personenschäden ihrer Arbeitnehmer, die im Zusammenhang mit der Erfüllung von Arbeits-

---

[426] Vgl. hierzu auch *Sork*, Wie man Ersatz für materiellen und moralischen Schaden erhält, Sakon 4/1997/61.

[427] Gesetz vom 9. Dezember 1971 WWS RSFSR 50/1971/1007, zuletzt geändert am 17. März 1997, jur. Datenbank Kodex.

[428] VO OS RF No. 4214-I vom 24. Dezember 1992, WSND RF 2/1993/71, geändert durch Gesetz vom 24. November 1995, SS 48/1995/4562; vgl. auch VO des Plenums des Obersten Gerichts No. 3 vom 28. April 1994 "Über die gerichtliche Praxis bei Streitigkeiten über den Ersatz eines Schadens, der durch eine Verletzung der Gesundheit hervorgerufen wurde", abgedruckt in Sakon 4/1997/44; *Korschunow*, Kommentar zu den Regeln über den Ersatz von Schäden, die Arbeitern bei der Erfüllung ihrer Arbeitspflichten zugefügt werden, ChiP 5/1996/135 und 6/1996/133.

pflichten erlitten werden. Die einzelnen Haftungsvoraussetzungen sind dem allgemeinen Deliktsrecht zu entnehmen, das durch das Arbeitnehmerentschädigungsgesetz konkretisiert wird. Danach kommt sowohl eine Verschuldens- als auch eine Gefährdungshaftung in Betracht.

Im Rahmen der Verschuldenshaftung hat ein Arbeitgeber für rechtswidrige und schuldhafte Handlungen, bzw. Unterlassen, einzustehen, durch die ein Arbeitnehmer eine Gesundheitsschädigung erleidet.

Gemäß § 2 EntschG gelten nicht nur unselbständige Angestellte oder Arbeiter, sondern auch Personen, die auf Werkvertragsbasis für einen anderen eine Tätigkeit verrichten, als Arbeitnehmer, wodurch die Haftung ausgeweitet wird. Die Schädigung muß in Erfüllung der Arbeitspflichten eingetreten sein. Neben einer Gesundheitsschädigung durch Arbeitsunfall ist auch die Schädigung durch eine anerkannte Berufskrankheit anerkannt. Für das Verschulden gelten keine Besonderheiten.

Gemäß § 3 EntschG unterliegt der Arbeitgeber bei Betreiben einer erhöhten Gefahrenquelle auch im Verhältnis zu seinen Arbeitnehmern der deliktischen Gefährdungshaftung. Dadurch werden seine Möglichkeiten, sich vom Verschuldensvorwurf zu entlasten, verringert.

Ein Mitverschulden des Arbeitnehmers wirkt ausnahmsweise nur bei grober Fahrlässigkeit anspruchsmindernd, § 3 Abs. 1 EntschG. Für den Umfang des Schadensersatzanspruchs sieht das Entschädigungsgesetz vor, daß neben dem Ersatz von Einkommenseinbußen und zusätzlichen Ausgaben auch eine einmalige Unterstützungszahlung in Höhe von fünf gesetzlichen Mindestlöhnen geleistet werden muß, §§ 21 bis 25 EntschG.

Hinsichtlich der Verjährung bestimmt § 43 EntschG, daß solche Schäden für die Vergangenheit höchstens für drei Jahre geltend gemacht werden können.

2. Vertragliche Haftung

Aufgrund der Rechtsnachfolge findet eine gesetzliche Schuldübernahme des Erwerbers, bzw. der aus einem Staatsbetrieb hervorgegangenen Aktiengesellschaft, statt. Der Rechtsnachfolger haftet damit kraft

X. Haftungsübernahme

Gesetzes für die vertraglich begründeten Verbindlichkeiten seines Rechtsvorgängers[429]. Dadurch geht indes nicht das gesamte Vertragsverhältnis über; eine solche Folge kann infolge des Grundsatzes der Vertragsfreiheit nur durch eine dreiseitige Einigung bzw. durch spezialgesetzliche Anordnung eintreten.

Da viele russische Staatsbetriebe Schulden bei Banken, Telefongesellschaften, Energieversorgern[430] und Zulieferern angehäuft haben und sich zum Teil auch in monatelangen Lohnzahlungsrückständen befinden[431], ist die Wahrscheinlichkeit, daß neben der deliktischen Haftung auch vertragliche Verbindlichkeiten übernommen werden, recht groß. Die Haftung besteht unabhängig davon, ob die Verbindlichkeiten zum Zeitpunkt des Erwerbs in der Unternehmensbilanz ausgewiesen waren, oder dem Käufer sonst bekannt waren oder hätten bekannt sein können[432].

Weder das Zivil-, noch das Privatisierungsrecht regeln die gesetzliche Schuldübernahme. Ähnlich den §§ 414 ff. BGB gibt es auch in Rußland lediglich gesetzliche Vorschriften über die vertraglich vereinbarte Schuldübernahme, §§ 391, 392 ZGB. Damit stellt sich die Frage,

---

[429] Vgl. auch *Masewitsch/Tscheutschewa*, Der Unternehmensverkauf, Delo i Prawo 7/1996/26 (34); zur gerichtlichen Durchsetzung dieser Haftung vgl. Nr. 18 des Überblicks über Privatisierungsstreitigkeiten, Ross. Just. 17/1993/22; zur Durchgriffshaftung gegen eine Muttergesellschaft vgl. auch Moscow Times vom 24. Juli 1997, Court Decision No Help to Tea Trader.

[430] Zum Verfahren der Vollstreckung in das Vermögen des Schuldners bei Zahlungsrückständen gegenüber Telefongesellschaften und Energieversorgern vgl. *Nowoselowa*, Die Abbuchung von Mitteln vom Bankkonto, ESh 48/1996/32.

[431] Vgl. *Djatschenko/Korobow*, Rückständige Lohnzahlungen: Wie dagegen vorgehen?, Ross. Just. 2/1995/28; PD No. 1054 vom 20. Juli 1996 "Über Maßnahmen zur Beseitigung der Zahlungsrückstände von Arbeitgebern bei Arbeitslöhnen und Steuern", SS 30/1996/3610; zur Verhängung von Ordnungsgeldern gegen Unternehmen, die die Löhne nicht auszahlen vgl. §§ 41, 210 Gesetz vom 20. Juni 1984 "Über das Verwaltungsunrecht", WSND RSFSR 27/1984/910, zuletzt geändert in SS 49/1996/5496.

[432] Vgl. Entscheidung des Obersten Wirtschaftsgerichts ohne Nummer und Datum, abgedruckt in ChiP 2/1996/190.

3. Öffentlich-rechtliche Haftung

ob derjenige, der Schulden kraft Gesetzes übernommen hat, dem Gläubiger solche Einwendungen entgegenhalten kann, die sich aus dem Rechtsverhältnis zwischen dem Gläubiger und dem bisherigen Schuldner ergeben. In Analogie zu § 392 ZGB sollte das möglich sein.

3. Öffentlich-rechtliche Haftung

Aufgrund der Rechtsnachfolge haftet der Erwerber, bzw. die aus einem Staatsbetrieb hervorgegangene Aktiengesellschaft, auch für nach öffentlich-rechtlichen Vorschriften begründete Verbindlichkeiten des Rechtsvorgängers. Deren wichtigste ist die Haftung für öffentlichrechtliche Abgaben. Beim Erwerb eines Grundstücks kommt die ordnungsrechtliche Verantwortlichkeit des neuen Eigentümers für Altlasten in Betracht.

a) Haftung für öffentlich-rechtliche Abgaben

Der Rechtsnachfolger haftet für sämtliche Abgabenschulden seines Vorgängers. In Betracht kommen eigene und von den Arbeitnehmern einbehaltene, aber nicht abgeführte Steuern, steuerliche Nebenleistungen (Verspätungszuschläge, Zinsen, Säumniszuschläge, Zwangsgelder, Kosten), nicht entrichtete Sozialversicherungsbeiträge für die Arbeitnehmer sowie Geldbußen für Verstöße gegen das Abgabenrecht. Haftungsbeschränkungen sind nicht vorgesehen; eine dem § 75 AO vergleichbare Regelung fehlt. Damit ist auch die Haftung für Abgabenschulden zeitlich und vom Umfang her unbeschränkt. Da das russische Steuerrecht die Abgabenzahler mit extrem hohen Steuersätzen belastet und oftmals ungerechte und zweifelhafte Regelungen enthält, kommt es häufig vor, daß Unternehmen Steuern hinterziehen oder, und das gilt vor allem für Staatsbetriebe, ihre Steuern und Sozialver-

X. Haftungsübernahme

sicherungsbeiträge aufgrund Geldmangels schlicht nicht zahlen[433], so daß die zuständigen Behörden Nachforderungen erheben und empfindliche Geldbußen verhängen.

Die wichtigsten betriebsbezogenen Steuern sind die Unternehmensgewinn-[434], Mehrwert-[435], Vermögens-[436] und Grundsteuer[437]. Ein Gesetz "Über die Gewerbesteuer" (GewStG)[438] wurde zwar verabschiedet, trat jedoch nie in Kraft, vgl. § 1 EinfG zum GewStG[439]. Grundsteuerpflichtig sind nicht nur Eigentümer, sondern auch Pächter und sonstige Nutzer von Grundstücken. Daneben gibt es verschiedene

---

[433] Dazu auch *Brysgalin/Bernik*, Steuerhinterziehung: Rechtsverletzung oder objektives Phänomen? Sakon 4/1995/113 (113); Osteuropa-Themen, Deutsche Bank Research, Nr. 260 vom 2. August 1996, S. 6; Ostwirtschaftsreport, Nr. 23 vom 8. November 1996, Rechtspanorama Rußland: Neue und bevorstehende Regelungen, S. 445 (446); vgl. auch RegVO No. 214 vom 22. Februar 1997 "Über die Besonderheiten für staatliche Vertreter in den Leitungsorganen von Aktiengesellschaften, deren Aktien sich zum Teil im Staatseigentum befinden, beim Vorhandensein von Schulden dieser Aktiengesellschaften bei Lohnzahlungen, fiskalischen Abgaben und Sozialversicherungsbeiträgen", SS 9/1997/1114; RegVO No. 254 vom 5. März 1997 "Über die Bedingungen und das Verfahren der Restrukturierung der Schulden von Organisationen gegenüber dem Fiskus", SS 10/1997/1193; Moscow Times vom 6. März 1997, Tax Debtors Ordered to Hand over Stakes.

[434] Gesetz vom 27. Dezember 1991 "Über die Besteuerung des Gewinns von Unternehmen und Organisationen", WSND RF 11/1992/525, zuletzt geändert in SS 3/1997/357; deutsche Übersetzung in HdB. WiRO Rus 716.

[435] Gesetz vom 6. Dezember 1991 "Über die Mehrwertsteuer", WSND RSFSR 52/1991/1871, zuletzt geändert in SS 18/1997/2101.

[436] Gesetz vom 13. Dezember 1991 "Über die Steuer auf das Vermögen von Unternehmen", WWS RF 12/1992/599, zuletzt geändert am 8. Januar 1998, abgedruckt in ESh 3/1998/10.

[437] Gesetz vom 11. Oktober 1991 "Über die Zahlungen für den Boden", WWS RSFSR 44/1991/1424, zuletzt geändert in SS 1/1998/10.

[438] Gesetz vom 20. Dezember 1991, WWS RF 12/1992/601, deutsche Übersetzung in HdB. WiRO Rus 715.

[439] Gesetz vom 20. Dezember 1991, WSND RF 12/1992/602.

3. Öffentlich-rechtliche Haftung

Sondersteuern, die vom Bund und den Subjekten der Russischen Föderation erhoben werden[440].

Für nicht korrekt einbehaltene und abgeführte Lohnsteuerbeträge der Angestellten haften Arbeitgeber in gewissem Umfang gemäß § 21 des Gesetzes "Über die Einkommensteuer für natürliche Personen" (EStG)[441]. Für die bis auf 1 % der Rentenbeiträge ganz von ihnen zu tragenden Beiträge an den Sozialversicherungsfonds[442] und die staatliche Renten-[443], Arbeitslosen-[444] und Krankenversicherung[445] ihrer Arbeitnehmer haften Arbeitgeber voll, vgl. § 237 ArbGB.

Da das russische Steuer- und Sozialversicherungssystem in seiner heutigen Form erst seit 1991 existiert, ist die Haftung aus tatsächlichen Gründen in zeitlicher Hinsicht begrenzt. Im übrigen kann ein Erwerber jedoch nicht darauf vertrauen, für vergangene Abrechnungsperioden nicht doch noch erneut überprüft und veranlagt zu werden. Eventuelle Festsetzungsbescheide erlangen nach russischem Recht keine Bestandskraft. Verwaltungsakten kommt lediglich die Vermutung der Rechtmäßigkeit zu[446], und die erlassende Behörde kann sie bei Bedarf grundsätzlich ohne zeitliche Begrenzung aus Zweck- oder Rechtmäßig-

---

[440] Vgl. hierzu auch *Schewakin*, Allgemeine Probleme des Steuersystems in der Russischen Föderation, GiP 1/1995/71 (74).

[441] Gesetz vom 7. Dezember 1991, WSND RF 12/1992/591, zuletzt geändert in SS 3/1997/355.

[442] RegVO No. 101 vom 12. Februar 1994 "Über den staatlichen Sozialversicherungsfonds der Russischen Föderation", SA PiP 8/1994/599, zuletzt geändert in SS 16/1996/1908.

[443] Gesetz vom 20. November 1990 "Über die staatlichen Renten in der RSFSR", WWS RSFSR 27/1990/351, zuletzt geändert am 11. April 1998, abgedruckt in ESh 16/1998/9.

[444] Gesetz vom 19. April 1991 "Über die Beschäftigung der Bevölkerung der Russischen Föderation", WSND RSFSR 18/1991/565, zuletzt geändert in SS 18/1996/1915.

[445] Gesetz vom 28. Juni 1991 "Über die medizinische Versicherung der Bürger in der RSFSR", WSND RSFSR 27/1991/920, zuletzt geändert am 1. Juli 1994, jur. Datenbank Kodex.

[446] *Bachrach*, Verwaltungsrecht, S. 148.

X. Haftungsübernahme

keitserwägungen zurücknehmen bzw. widerrufen. Ausnahmen gelten in beschränktem Umfang nur dann, wenn es sich um einen begünstigenden Verwaltungsakt handelt und das Vertrauen des Adressaten in seinen Bestand schutzwürdig ist[447]. Ausschlußfristen für eine Nachberechnung sind nur in wenigen Gesetzen enthalten wie bspw. eine Dreijahresfrist in § 17 GrundStG.

In Deutschland sind steuerliche Nebenleistungen, wie etwa Verzugszinsen, von der Haftung nach § 75 AO ausgenommen[448], von den Steuerbehörden verhängte Geldbußen hingegen nicht, da andernfalls der Zweck, der mit der Geldbuße erreicht werden soll, durch Umwandlung der Rechtsform vereitelt werden kann[449]. Angesichts fehlender Regeln hierzu im russischen Recht muß davon ausgegangen werden, daß sich die Haftung auch auf steuerliche Nebenleistungen erstreckt.

Sofern keine spezialgesetzlichen Regelungen für den Verzug existieren, wie beispielsweise in § 17 GrundStG, werden für nicht rechtzeitig geleistete Steuerabgaben Verzugszinsen nach § 13 Abs. 1 Buchstabe v des Gesetzes "Über die Grundlagen des Steuersystems" (SteuerG)[450] in Verbindung mit Nr. 14 des Präsidialdekrets "Über die grundsätzliche Richtung der Steuerreform in der Russischen Föderation und Maßnahmen zur Verbesserung der Steuer- und Zahlungsdisziplin"[451] erhoben.

Rechtsgrundlage für die Verhängung einer Geldbuße gegen einen Steuerschuldner wegen eines Verstoßes gegen steuerrechtliche Bestimmungen ist § 13 SteuerG[452], auf den in den jeweiligen Steuergesetzen

---

[447] *Bachrach*, Verwaltungsrecht, S. 156.

[448] *Kühn/Kutter/Hofmann*, Kommentar zur Abgabenordnung, § 75 Nr. 3 c.

[449] *Gähler/Buddendiek*, Kommentar zum Ordnungswidrigkeitengesetz, § 30 Rz. 38.

[450] Gesetz vom 27. Dezember 1991 "Über die Grundlagen des Steuersystems", WSND RF 11/1992/527, zuletzt geändert in SS 30/1997/3593.

[451] PD No. 685 vom 8. Mai 1996, SS 20/1996/2326.

[452] Vgl. hierzu Brief BuStD No. VG-6-14/344 vom 6. Oktober 1993 ohne Namen mit der Anlage "Empfehlungen für die Anwendung von Sanktionen für die Verletzung des Steuerrechts", abgedruckt in dem Sammelband

3. Öffentlich-rechtliche Haftung

verwiesen wird, vgl. §§ 23 GrundStG, 9 MwStG. Danach ist bei zu niedriger oder unterlassener Ausweisung steuerlich relevanter Vorgänge die nicht abgeführte Summe sowie eine Geldbuße in gleicher Höhe zu zahlen[453]. Die Festsetzungsbescheide der Finanzämter können gegen juristische Personen sofort vollstreckt werden, ohne daß es einer vorherigen gerichtlichen Entscheidung bedarf, § 13 Abs. 1 Buchstabe g SteuerG[454]. Die Pfändungsmöglichkeiten der Steuerfahndung gehen hierbei

---

Strafen, Säumnisgebühren, Verzugszinsen, S. 95; *Kurbatow*, Fragen der Verhängung von Bußgeldern für die Verletzung von Steuervorschriften, ChiP 1/1995/63; *Schewakin*, Allgemeine Probleme des Steuersystems in der Russischen Föderation, GiP 1/1995/71; *Bachrach/Krolis*, Die Gesetzlichkeit der Anwendung von Sanktionen für die Verletzung des Steuerrechts, ChiP 3/1996/149.

[453] Vgl. hierzu *Brysgalin/Bernik*, Inhalt und Arten finanzieller Rechtsverstöße in der russischen Steuergesetzgebung, ChiP 5/1995/136, 6/1995/144; *Bachrach/Krolis*, Die Einziehung von Verzugszinsen und Strafen von Steuerzahlern, ChiP 9/1995/36 und 10/1995/48.

[454] Vgl. *Kuhn*, Das unstreitige Verfahren zur Einziehung von Zahlungsforderungen, Verbandsnachrichten des Verbandes der Deutschen Wirtschaft in der Russischen Föderation 5/1997/11; Briefe des Obersten Wirtschaftsgerichts No. C-13/OP-329 vom 23. November 1992 "Über die Entscheidung von Rechtsstreitigkeiten, die im Zusammenhang mit der Anwendung der Steuergesetzgebung entstehen" und No. 03-33 vom 1. August 1994 ohne Namen; Brief BuStD No. W3-6-10/114 vom 20. Februar 1996 "Ordnung über den außergerichtlichen zwangsweisen Einzug von rückständigen Zahlungen an das Budget im Wege der Vollstreckung gegen Schuldner in Höhe der geschuldeten Summen"; Brief des Präsidiums des Obersten Wirtschaftsgerichts No. 4 vom 8. Mai 1996 "Über die Zuständigkeit des Wirtschaftsgerichts bei Klagen des Pensionsfonds der Russischen Föderation auf Vollstreckung in das Vermögen von Schuldnern, die die Versicherungsbeiträge nicht zahlen", alle jur. Datenbank Kodex; zur Verfassungsmäßigkeit dieses Verfahrens vgl. VO des Verfassungsgerichts No. 20-P vom 17. Dezember 1996 "Zum Verfahren über die Prüfung der Verfassungsmäßigkeit des § 11 Abs. 1 S. 2 und 3 des Gesetzes vom 24. Juni 1993 "Über die Bundesorgane der Steuerpolizei", abgedruckt mit Kommentar des Mitarbeiters der Steuerpolizei *Maximowski*, Verstöße gegen das Steuerrecht - Sanktionen sind unvermeidbar, in ESh 6/1997/18.

X. Haftungsübernahme

wesentlich weiter als die Zugriffsmöglichkeiten in der Zwangsvollstreckung nach §§ 408 ff. Zivilprozeßordnung (ZPO)[455] in Verbindung mit dem Präsidialdekret "Über einige Maßnahmen zur Durchführung von Entscheidungen über die Zwangsvollstreckung in das Vermögen von Organisationen"[456]. Ohne vorherige gerichtliche Entscheidung können auch die Festsetzungsbescheide der Sozialversicherungsträger vollstreckt werden, vgl. für die Arbeitslosenversicherung § 27 Gesetz "Über die Beschäftigung der Bevölkerung in der Russichen Föderation"[457]. Wegen unterlassener Zahlung von Sozialversicherungsbeiträgen für die Angestellten wird gegen ein Unternehmen neben Verzugszinsen auch ein Bußgeld verhängt[458].

---

[455] Gesetz vom 11. Juni 1964, WWS RSFSR 24/1964/407, zuletzt geändert in SS 47/1997/5341.

[456] PD No. 199 vom 14. Februar 1996, SS 8/1996/741; dazu auch *Bashanowa*, Probleme der Ökonomie und des Rechts bei der Arbeit der Steuerinspektion, ESh 19/1995/16.

[457] Gesetz vom 19. April 1991, WSND RSFSR 18/1991/565, zuletzt geändert in SS 18/1996/1915; vgl. hierzu auch *Nowoselowa*, Die Abbuchung von Mitteln von einem Bankkonto, ESh 48/1996/32.

[458] Nr. 6, 7 VO OS RF No. 2122-1 vom 27. Dezember 1991 "Über die Zahlung von Versicherungsbeiträgen in den Rentenfonds der Russischen Föderation", WSND RF 5/1992/180, geändert in WSND RF 8/1993/293; Nr. 18 VO OS RF "Über den Sozialversicherungsfonds der Russischen Föderation" SA PiP 8/1994/599 in Verbindung mit Nr. 7 der gemeinsamen VO des Sozialversicherungsfonds No. 2, des MinFin No. 87 und des BuStD No. 07-1-07 vom 2. Oktober 1996 "Über die Bestätigung der Instruktion über das Verfahren der Berechnung und Zahlung von Beiträgen und die Ausgaben und die Rechnungslegung des staatlichen Sozialversicherungsfonds", abgedruckt in ESh 48/1996/26; Nr. 9 VO OS RF "Über die Zahlung von Versicherungsbeiträgen in den Krankenversicherungsfonds der Russischen Föderation", WSND RF 17/1993/591; Nr. 10 VO OS RF "Über den Staatlichen Beschäftigungsfonds der Russischen Föderation", WSND RF 25/1993/911. Wegen des Verfahrens der Geltendmachung der Forderungen der Sozialversicherungsträger vgl. Informationsbrief des Präsidiums des Obersten Wirtschaftsgerichts No. 4 vom 8. Mai 1996 "Über die Zuständigkeit der Wirtschaftsgerichte bei Klagen der Abteilungen der

3. Öffentlich-rechtliche Haftung

b) Ordnungsrechtliche Haftung

Im Rahmen der ordnungsrechtlichen Verantwortlichkeit ist vor allem die Haftung für Umweltaltlasten von Bedeutung. Das sind Belastungen des Bodens oder Grundwassers durch Schadstoffe aus gewerblicher Nutzung, von denen eine Gefahr für die öffentliche Sicherheit oder Ordnung ausgeht, ein Problem, das sich in den letzten Jahren auch in Rußland verschärft hat[459]. Neben dem Wertverfall des Grundstücks muß der Eigentümer damit rechnen, behördlich zur Bodensanierung verpflichtet zu werden. Da nahezu jeder Betrieb auf die Nutzung von Grund und Boden angewiesen ist, ist die Altlastenproblematik für jede Unternehmensakquisition mit Liegenschaften, aber auch für jeden separaten Erwerb eines Grundstücks relevant.

In Rußland fehlt ein Recht der Gefahrenabwehr[460] im gesamten Bereich des Umweltschutzes weitgehend. Zwar sind, wie auch in Deutschland, Ordnungsaufgaben in der Regel besonderen Behörden übertragen[461]. Da sich die natürlichen Ressourcen fast durchweg im Staatseigentum befinden, steht hierbei jedoch der verwaltende Aspekt im Vordergrund. So sind die russischen Umweltbehörden ministeriale

---

Rentenversicherung auf Vollstreckung in das Vermögen von Zahlungsschuldnern", jur. Datenbank Kodex; Brief des Krankenversicherungsfonds No. 3997/81 vom 26. Oktober 1996 "Über die Zuständigkeit der Wirtschaftsgerichte bei Klagen des Krankenversicherungsfonds auf Vollstreckung in das Vermögen von Zahlungsschuldnern", abgedruckt in ESh 51/1996/16; Brief des Obersten Wirtschaftsgerichts No. S1-7/OP-552 vom 11. Oktober 1996 "Über die Zuständigkeit der Wirtschaftsgerichte bei Klagen der Sozialversicherungsträger auf Vollstreckung in das Vermögen", abgedruckt in ESh 51/1996/16.

[459] Dazu auch *Winogradow/Kusmitsch/Nasarewski*, Die Bestimmung von ökologischen Krisengebieten auf dem Territorium der Russischen Föderation und ihre gesetzgeberische Ausarbeitung, GiP 4/1995/73 (75, 76).

[460] Allg. hierzu *Korenew*, Das Verwaltungsrecht Rußlands. Teil Zwei, S. 45 ff.

[461] Zum Verhältnis von allgemeinem Polizeirecht und fachspezifischen Gefahrenabwehrmaterien in Deutschland vgl. *Götz*, Allgemeines Polizei- und Ordnungsrecht, S. 12.

X. Haftungsübernahme

Verwaltungen[462] und haben gemäß § 7 UmwSchG nur einige wenige ordnungsrechtliche Kompetenzen und Zuständigkeiten, wozu bestimmte Kontroll- und Genehmigungsbefugnisse gehören[463]. Eingriffsbefugnisse zur Abwehr konkreter Gefahren im Einzelfall sind ihnen nicht eingeräumt, und es fehlt auch ein entsprechender örtlicher Verwaltungsapparat. Somit kommt als Rechtsgrundlage für den Erlaß einer polizeilichen Ordnungsverfügung nur die Eilzuständigkeit der Vollzugspolizei in Betracht. Gemäß §§ 2, 10, 11 des Gesetzes "Über die Miliz" (PolG)[464] gehört die Abwehr von Gefahren für die öffentliche Sicherheit und Ordnung zu den Aufgaben der Polizei. Gemäß Nr. 3 der "Ordnung über die örtliche Miliz in der Russischen Föderation" (MilizO)[465] ist die lokale Vollzugspolizei für die Erfüllung dieser Aufgabe zuständig. Eine Ermächtigung für die Ergreifung der notwendigen Maßnahmen zur Gefahrenabwehr fehlt jedoch in beiden Gesetzen. Als Befugnisse der Polizei werden in § 11 PolG, auf den Nr. 4 MilizO verweist, lediglich Maßnahmen im Rahmen der Verfolgung und Verhinderung von Straftaten und Ordnungswidrigkeiten aufgezählt; Be-

---

[462] Nach der RegVO No. 943 vom 22. September 1993 "Über besonders bevollmächtigte staatliche Organe der Russischen Föderation im Bereich des Umweltschutzes", SA PiP 39/1993/3622, sind dies in erster Linie das Staatskomitee für Umweltschutz und seine territorialen Untergliederungen, die die Tätigkeit einer Anzahl weiterer Behörden (z. B. Wald-, Wasser-, Geologie-, Boden- und Fischereibehörden) koordinieren; dazu auch *Kalinitschenko*, Die Kontrolle über Umweltschutz und natürliche Ressourcen, GiP 7/1995/74; vgl. auch RegVO No. 126 vom 25. Oktober 1996 "Fragen des Staatskomitees der Russischen Föderation für Umweltschutz", SS 45/1996/5123.

[463] Vgl. RegVO No. 1362 vom 23. Dezember 1993 "Über das Verfahren zur Ausübung der staatlichen Kontrolle für die Nutzung und den Schutz des Bodens in der Russischen Föderation", SA PiP 2/1994/78; zu den behördlichen Sanktionsmöglichkeiten bei Verstößen gegen das Umweltrecht vgl. auch *Golitschenkow*, Praktikum im Umweltrecht, S. 46 und *Petrow*, Das Umweltrecht Rußlands, S. 263 ff.

[464] Gesetz vom 18. April 1991 "Über die Miliz", VSND RSFSR 16/1991/503, zuletzt geändert in WSND RF 32/1993/1231; vgl. auch *Solowej*, Das russische Polizeirecht, Geschichte und Gegenwart, GiP 6/1995/75.

[465] PD No. 209 vom 12. Februar 1993, SA PiP 7/1993/562.

fugnisse, die an der Aufgabe der Gefahrenabwehr orientiert sind, werden nicht genannt[466]. Damit kommt als Rechtsgrundlage für ein polizeiliches Eingreifen im Rahmen der Gefahrenabwehr nur die gesetzliche Aufgabenzuweisung in Betracht. Anders als in Deutschland stehen dem nach russischem Recht keine rechtsstaatlichen Bedenken entgegen, da belastende Verwaltungsakte keinem Gesetzesvorbehalt unterstellt sind. Voraussetzung für ihre Rechtmäßigkeit ist lediglich die Zuständigkeit der erlassenden Behörde, der Einklang der Maßnahme mit dem geltenden Recht und den Zielen etwaiger Spezialgesetze sowie die Einhaltung eventuell vorgeschriebener Formvorschriften[467].

Fälle einer ordnungsrechtlichen Inanspruchnahme zur Sanierung von Altlasten sind in Rußland noch nicht bekannt geworden, und auch in der Fachliteratur wird die Thematik bisher nicht erörtert[468]. Lediglich für Chemie- und sonstige mit gefährlichen Stoffen arbeitende Unternehmen ist in § 10 des Gesetzes "Über die industrielle Sicherheit bei gefährlichen Produktionsobjekten"[469] bestimmt, daß das Unternehmen verpflichtet ist, im Falle einer Störung eventuell dadurch hervorgerufene Umweltfolgen zu beseitigen. Aufgrund der schweren Umweltprobleme ist damit zu rechnen, daß sich die Altlastenproblematik mit der fortschreitenden Bodenprivatisierung und dem sich wandelnden Umweltverständnis ändern wird.

4. Zwischenergebnis

Das privatisierte Unternehmen, im Fall der Umwandlung in eine Aktiengesellschaft, und der Käufer im Falle des Unternehmenserwerbs

---

[466] Vgl. *Schtschedrin*, Maßnahmen der Gefahrenabwehr: Die Entwicklung der Theorie, Unterscheidungsmerkmale und die Klassifizierung, Prawowedenije 4/1994/91.

[467] *Bachrach*, Verwaltungsrecht, S. 146.

[468] Vgl. *Brintschuk*, Privatisierung und Umweltschutz, Ross. Just. 9/1993/8; *Jerofejew*, Das Umweltrecht Rußlands, S. 24.

[469] Gesetz vom 21. Juli 1997, SS 30/1997/3588.

X. Haftungsübernahme

im Wege des Asset Deal, sind Rechtsnachfolger des in der Privatisierung untergehenden Staatsbetriebes. Bisher spielt das Haftungsrecht in Rußland, mit Ausnahme der Arbeitgeberhaftung, keine große Rolle. Jedoch sollte der existierende Trend zur Zunahme von gerichtlichen Streitigkeiten mit haftungsrechtlichem Hintergrund und die im Vergleich zum deutschen Recht sehr scharfe Ausgestaltung der Haftung nach russischen Vorschriften Grund zur Vorsicht bei einem Unternehmenserwerb sein.

XI. Vertragsübergang

Das Privatisierungsrecht enthält keine Regelung darüber, ob die bei der Umwandlung eines Staatsbetriebes in eine Aktiengesellschaft und beim Verkauf eines Kleinbetriebes angeordnete Rechtsnachfolge den automatischen Eintritt in alle Vertragsverhältnisse des Vorgängers, die Universalsukzession, beinhaltet. Indes bedarf eine solche Folge stets der besonderen gesetzlichen Anordnung oder Vereinbarung. §§ 58 ff. ZGB sehen für die Umwandlung vor, daß Rechte und Pflichten bei der Unternehmensumwandlung nur in dem im Umwandlungsakt bestimmten Umfang und nicht sämtlich im Wege der Universalsukzession übergehen. Eine entsprechende Regelung fehlt im Privatisierungsrecht. Damit kann der Eintritt in Vertragsverhältnisse bei der Privatisierung nur aufgrund im Einzelfall getroffener gesetzlicher oder vertraglicher Anordnung erfolgen.

Eindeutige Regelungen zum Vertragsübergang bestehen für Arbeits- und Versicherungsverträge. Hinsichtlich der Mietverhältnisse an Immobilien ist die Rechtslage nicht ganz klar. Die dogmatische Einordnung des Rechtsinstituts ist in Rußland umstritten. Während einige Rechtswissenschaftler die Auffassung vertreten, hierin sei die Beendigung des alten Vertrages mit anschließender Fortsetzung eines Vertrages gleichen Inhalts mit dem Nachfolger zu sehen, sind andere der Meinung, der Vertrag gelte ohne Zäsur mit gleichem Inhalt fort[470]. Dieser Streit wirkt sich im Ergebnis jedoch nicht aus, da man sich darüber einig ist, daß beiden Seiten alle Einwendungen aus dem bisherigen Schuldverhältnis zustehen sollen.

---

[470] Vgl. *Jerschow*, Die Kündigung eines Arbeitsvertrages durch den Arbeitgeber gemäß § 33 Abs. 1 Arbeitsgesetz, Ross. Just. 3/1994/25 (26).

XI. Vertragsübergang

1. Arbeitsverträge

§ 29 ArbG, der vor allem im Hinblick auf die Privatisierung in das Arbeitsgesetzbuch eingefügt wurde, bestimmt, ähnlich den §§ 613a BGB, die Fortsetzung der Arbeitsverhältnisse beim Übergang eines Betriebes. Nach dieser Vorschrift wird das Arbeitsverhältnis im Falle des Eigentümerwechsels oder der Umwandlung eines Betriebes mit dem neuen Rechtsträger fortgesetzt, sofern der Arbeitnehmer dem zustimmt.

Ein Verfahren für die Ausübung des Zustimmungsrechts ist nicht benannt. Obwohl Schweigen im Rechtsverkehr grundsätzlich nicht ausreichend ist, vgl. § 158 Abs. 3 ZGB, wird in der Literatur vertreten, daß die Zustimmung nicht ausdrücklich erteilt werden muß[471].

Vom Übergang werden sämtliche zur Zeit des Betriebsübergangs bestehenden Arbeitsverhältnisse erfaßt. Der Vertrag gilt mit ihnen in der gleichen Form, wie er mit dem Vorgänger bestand, weiter.

Die Umwandlung oder Veräußerung eines Betriebes stellt auch nach russischem Recht keinen Kündigungsgrund dar[472]. Die Beendigung des Arbeitsverhältnisses durch den neuen Arbeitgeber ist nur bei Vorliegen eines der allgemeinen Kündigungsgründe zulässig[473]. Als solche nennt § 33 ArbG Liquidierung des Unternehmens oder Verringerung der Anzahl oder Zusammensetzung der Belegschaft; Nichterfüllung der für die Arbeitsstelle gestellten Anforderungen aufgrund mangelnder Qualifikation oder Krankheit; fortgesetzte nicht entschuld-

---

[471] *Kurennoj*, Arbeitsrecht: Auf dem Weg zum Markt, S. 76; *Orlowski*, Das Arbeitsrecht Rußlands, S. 64.

[472] Vgl. *Kurennoj*, Die rechtliche Regelung der Arbeitsbeziehungen in der Aktiengesellschaft, ESh 9/1994/22.

[473] Dazu *Schrader*, Neueste Reformansätze im russischen Arbeitsrecht, ROW 1993, S. 225 (232); *Heger*, Aktuelle Arbeitsgesetzgebung in Rußland, RIW 1993, S. 463 (465); *Medwedjewa*, Arbeitsverhältnisse in der privaten Wirtschaft Rußlands, WiRO 1992, S. 112 (113); *Jerschow*, Die Kündigung eines Arbeitsvertrages durch den Arbeitgeber gemäß § 33 Abs. 1 Arbeitsgesetz, Ross. Just. 3/1994/25 ff.

1. Arbeitsverträge

bare Verstöße gegen arbeitsvertragliche Pflichten[474]; Fernbleiben von der Arbeit ohne berechtigten Grund; krankheitsbedingte Arbeitsverhinderung von über vier Monaten, ausgenommen Schwangerschaft und Tuberkulose; Wiederbeschäftigung des vorher die Stelle besetzenden Arbeitnehmers in den gesetzlich bestimmten Fällen; Trunkenheit oder Drogeneinnahme im Dienst; Verurteilung aufgrund Diebstahls oder Unterschlagung am Arbeitsplatz.

Darüber hinaus bestimmt § 254 ArbG für bestimmte Kategorien von Arbeitnehmern zusätzliche Gründe[475]: einmalige grobe Pflichtverletzung eines Betriebsleiters oder seines Stellvertreters; schuldhafte Verfehlungen eines Arbeitnehmers, der wegen des direkten Umgangs mit Geld oder Wertsachen in einer besonderen Vertrauensposition steht; mit der Stellung unvereinbare moralische Verfehlungen eines Arbeitnehmers, der Ausbildungsfunktionen ausübt; Eintritt vertraglich vereinbarter sonstiger Kündigungsgründe mit einem Unternehmensleiter.

Gemäß Nr. 5.15.1. Privatisierungsprogramm 1994 bestehen weitere Einschränkungen des gesetzlichen Kündigungsrechts bei noch nicht voll privatisierten Aktiengesellschaften. Sind nicht mehr als 75 % der Aktien verkauft, so ist es der Gesellschaft untersagt, Angestellte ohne die Zustimmung des Arbeitskollektivs zu entlassen. Diejenigen, auch leitenden Angestellten, die Mitglieder der Privatisierungskommission sind, dürfen bis dahin ohne die Zustimmung des Arbeitskollektivs auch nicht an einen anderen Arbeitsplatz versetzt werden.

Rationalisierungsmaßnahmen nach Betriebsübernahme sind zulässig, soweit sie den im Arbeitsgesetzbuch aufgestellten Erfordernissen der betriebsbedingten Kündigung und den Grundsätzen der Sozialauswahl genügen.

Betriebsvereinbarungen gelten gemäß § 27 PrivG beim Wechsel des Rechtsträgers fort. Binnen 3 Monaten seit diesem Zeitpunkt kann die Belegschaft vorschlagen, eine neue Betriebsvereinbarung zu schließen. Diese Vorschrift entspricht nicht ganz § 14 des Gesetzes "Über

---

[474] Dazu Jerschow, Die gerichtliche Behandlung von Streitigkeiten im Zusammmenhang mit einer Kündigung nach § 33 Abs. 3 Arbeitsgesetz, Ross. Just. 2/1994/21.

[475] Dazu Jerschow, Streitigkeiten im Zusammenhang mit zusätzlichen Kündigungsgründen, Ross. Just. 1/1994/21.

XI. Vertragsübergang

Betriebsvereinbarungen und Tarifverträge" (KollG)[476], wonach bei einem Betriebsübergang binnen drei Monaten ein neuer Vertrag ausgehandelt werden muß und der alte Vertrag nach Ablauf dieser Frist erlischt. Ob das Privatisierungsgesetz hier den Vorrang genießt, ist unklar[477]. Tarifverträge bleiben vom Betriebsübergang unberührt, § 22 KollG.

2. Versicherungsverträge

Für Versicherungsverhältnisse sieht § 19 Abs. 4 des Gesetzes "Über die Versicherung" (VersG)[478], ähnlich den §§ 69, 151 Abs. 2 deutsches VVG vor, daß die Rechte und Pflichten aus einem Versicherungsverhältnis bei der Umwandlung einer juristischen Person auf den Rechtsnachfolger übergehen, sofern der Versicherer dem zustimmt. Damit dürften sowohl die Fälle der Umwandlung eines Staatsbetriebes in eine offene Aktiengesellschaft als auch die des Verkaufs eines Kleinbetriebes an einen privaten Erwerber erfaßt sein, da in beiden Fällen die Rechtsform des Unternehmens wechselt.

3. Nutzungsverhältnisse an Immobilien

Ob und mit welchem Inhalt Nutzungsverhältnisse an baulichen Anlagen und Grundstücken bei der Privatisierung übergehen, ist weitgehend ungeregelt. Eine dem § 571 BGB entsprechende Bestimmung fehlt in den Zivilgesetzbüchern. Lediglich das Privatisierungsrecht

---

[476] Gesetz vom 11. März 1992, WSND RF 17/1992/890, zuletzt geändert in SS 48/1995/4558, deutsche Übersetzung in HdB. WiRO Rus 650.

[477] Vgl. *Orlowski* u. a., Kommentar zur Gesetzgebung über Betriebsvereinbarungen und Kollektivverträge, S. 37.

[478] Gesetz vom 27. November 1992 "Über die Versicherung", WSND RF 2/1992/56, deutsche Übersetzung in WiRO 1995, S. 184.

3. Nutzungsverhältnisse an Immobilien

enthält an wenigen verstreuten Stellen Hinweise darauf, welche rechtlichen Folgen die Privatisierung auf solche Nutzungsverhältnisse hat. Der Grund hierfür ist, daß es im Sozialismus keine privatrechlichen Nutzungsverhältnisse an Immobilien gab, sondern nur die im Bodengesetzbuch geregelten öffentlich-rechtlichen Beziehungen. Eine Überführung solcher Verhältnisse in zivilrechtliche Verträge kann grundsätzlich nur durch einen neuen Vertragsschluß erfolgen.

Für Grundstücke ist in Nr. 3 des Präsidialdekrets "Über die Bestätigung des Verfahrens zum Verkauf von Grundstücken bei der Privatisierung staatlicher und kommunaler Unternehmen, Ausdehnung und zusätzlichen Bebauung solcher Unternehmen sowie bei der Zurverfügungstellung an Bürger und ihre Vereinigungen zur Ausübung unternehmerischer Tätigkeit" bestimmt, daß der Eigentümer eines privatisierten Unternehmens das Betriebsgrundstück kaufen oder langfristig pachten kann.

Damit scheint ein automatischer Übergang des Nutzungsverhältnisses am Boden bei der Privatisierung grundsätzlich nicht vorgesehen zu sein. In dem Fall, daß ein Betrieb mitsamt seiner baulichen Anlagen privatisiert wird, geht ein solches Verhältnis jedoch gemäß § 37 BodenG (als öffentlich-rechtliches) auf den neuen Rechtsträger über. Hierbei nimmt die örtliche Staatsgewalt, trotz der Außerkraftsetzung des § 39 BodenG, weiterhin ihr früher bestehendes Recht in Anspruch, dieses Nutzungsverhältnis zu beenden und in ein gewöhnliches kommerzielles Nutzungsverhältnis umzuwandeln, sobald das Unternehmen seine Tätigkeit einstellt oder das Grundstück zu anderen als den ursprünglich vorgesehenen Zwecken nutzt[479]. Sofern § 37 BodenG keine Anwendung findet, ist der Neuabschluß eines Pachtvertrages über das Grundstück erforderlich.

Hinsichtlich der Höhe des Pachtzinses gibt das Gesetz "Über die Zahlungen für den Boden" (GrundStG) Berechnungsgrundlagen vor, die der örtlichen Verwaltung jedoch weiten Spielraum zur Preisfestsetzung gewähren. Im allgemeinen orientieren sich die örtlichen Verwaltungen beim Abschluß der Pachtverträge an den Bedingungen der

---

[479] Vgl. den leitenden Mitarbeiter des Moskauer Bodenkomitees *Melnitschenko*, Moskau hat den vorletzten Schritt zum privaten Grundeigentum getan, ESh 24/1995/16.

XI. Vertragsübergang

vor der Privatisierung mit den Staatsbetrieben bestehenden Nutzungsverhältnisse[480]. Mietverhältnisse an baulichen Anlagen werden mit dem neuen Rechtsträger zu den gleichen Bedingungen fortgesetzt, zu denen sie mit dem Vorgänger bestanden, Nr. 5.9. Privatisierungsprogramm 1994. Hier werden stets neue Verträge geschlossen[481].

4. Sonstige Schuldverhältnisse

Eine etwas unklare Regelung ist in Nr. 6.17. Privatisierungsprogramm 1994 für Feuerschutzbestimmungen enthalten. Danach tritt der neue Eigentümer eines privatisierten Unternehmens zwar einerseits in Verträge, die den Brandschutz zum Gegenstand haben, ein, andererseits ist jedoch vorgeschrieben, daß der Vertrag binnen drei Monaten nach der Registrierung des Unternehmens umzuschreiben ist.

Die Fortsetzung sonstiger Schuldverhältnisse ist keinen rechtlichen Regelungen unterworfen. Obwohl das russische wie auch das deutsche Zivilrecht keine Bestimmungen über den rechtsgeschäftlichen Vertragsübergang enthalten, kann aufgrund des Grundsatzes der Gestaltungsfreiheit der zivilrechtlichen Rechtsbeziehungen davon ausgegangen werden, daß dieses Institut auch in Rußland anerkannt ist[482]. Der Eintritt in einen fremden Vertrag müßte durch dreiseitige Einigung bzw. zweiseitige Einigung und Zustimmung des Dritten erfolgen. Dies kommt vor allem für Verträge mit Energieversorgungsunternehmen, Zu-

---

[480] Vgl. den Mustervertrag für die Grundstückspacht in Moskau, Anlage zur VO des Bürgermeisters von Moskau No. 110-RWM vom 2. März 1992 "Über die Grundstückspacht als Grundform der bodenrechtlichen Beziehungen in der Stadt Moskau", abgedruckt in: Grundstückspachtbeziehungen in der Stadt Moskau, S. 17.

[481] Vgl. die Verkaufsanzeigen in Informazionny Bjulleten Fonda Imuschtschestwa St. Peterburga, 20/1993/5 ff.

[482] Vgl. für das deutsche Zivilrecht Palandt-*Heinrichs*, BGB-Kommentar, § 398 BGB Rz. 38; MüKo-*Möschel*, vor § 414 Rz. 8.

lieferern, Abnehmern, Kredit-, Lizenzgebern, Autoren oder Beratern in Betracht.

5. Zwischenergebnis

Der Vertragsübergang in der Privatisierung erfolgt nur aufgrund spezieller gesetzlicher oder vertraglicher Bestimmung. Eine Universalsukzession ist nicht vorgesehen. Der Übergang von Arbeits- und Versicherungsverträgen ist spezialgesetzlich geregelt. Hinsichtlich des Eintritts in Nutzungsverhältnisse an Immobilien herrscht im russischen Recht einige Unklarheit, die ihren Grund darin hat, daß Nutzungsverhältnisse an staatlichen Immobilien bisher öffentlich-rechtlicher Art waren und daher nicht ohne weiteres in privatrechtliche Verträge überführt werden können. Bei sonstigen Vertragsverhältnissen erfolgt der Eintritt nur durch Vereinbarung.

XII. Rechtsschutz

Wie in anderen mittel- und osteuropäischen Staaten, bietet die Privatisierung des ehemals staatlichen Eigentums an den Produktionsmitteln auch in Rußland genug Stoff für Konflikte. Das Spektrum möglicher Auseinandersetzungen reicht hier von der Zivil- über die Verwaltungs- und Straf- bis hin zur Verfassungsgerichtsbarkeit[483].

Hierbei stehen zwei Arten von Streitigkeiten im Vordergrund: Bei der ersten und bislang dominierenden Art geht es um die Unwirksamerklärung von in der Privatisierung erlassenen rechtswidrigen Verwaltungsakten, wie dem Privatisierungsplan[484], oder um die auf Anfechtung oder Nichtigkeit gestützte Unwirksamerklärung von in der Privatisierung getätigten Rechtsgeschäften, wie Ausschreibungen und Kaufverträgen[485]. Für einen Investor sind diese Streitigkeiten darum

---

[483] Vgl. allg. zu Privatisierungsstreitigkeiten den stellvertretenden Vorsitzenden des Obersten Wirtschaftsgerichts *Witrjanski*, Eigentumsstreitigkeiten, Sakon 9/1993/86.

[484] Der Privatisierungsplan ist ein von einer staatlich eingesetzten Privatisierungskommission für jedes zu privatisierende Unternehmen individuell erarbeiteter Plan, in dem die Details der Privatisierung verbindlich festgelegt werden. Er wird in Rußland als Verwaltungsakt angesehen, der die Rechtsgrundlage für den anschließenden Verkauf des Objektes bildet.

[485] Vgl. hierzu *Micheler*, Zur Unwirksamkeit von Rechtshandlungen im Rahmen der Privatisierung in der Russischen Föderation, OER 1996, S. 139; *Nikitina*, Die Anwendung der Gesetzgebung über die Privatisierung staatlichen und kommunalen Vermögens, Delo i Pravo 12/1996/42; Blick durch die Wirtschaft vom 14. Februar 1996 "Privatisierungen vor Gericht"; Moscow Times vom 24. Mai 1996, Arbitration Court Inundated with Tender Reviews; *Kulikowa*, Aus Materialien der wirtschaftsgerichtlichen Praxis bei der Entscheidung von Streitigkeiten im Zusammenhang mit der Anwendung von Vorschriften des Zivilgesetzbuches über Verträge, Delo i Pravo 11/1996/51; zahlreiche Privatisierungsentscheidungen aus letzter

XII. Rechtsschutz

wichtig, weil die Privatisierung als Folge der Unwirksamerklärung eines vorangehenden Verwaltungsaktes oder des dem Erwerb zugrundeliegenden Rechtsgeschäftes rückabgewickelt werden muß[486]. Spektakuläre solche Fälle waren der geplante Erwerb eines größeren Aktienpaketes an der russischen Telefongesellschaft Swjasinwest durch die italienische Stet Telekom[487]. Kurz nach dem Sieg von Stet auf der entsprechenden Investitionsausschreibung wurde die Erteilung des Zuschlags vom staatlichen Verkäufer für unwirksam erklärt, weil Stet die nach den Ausschreibungsbedingungen geschuldete Anzahlung aufgrund fortbestehender Unklarheiten über wesentliche Details des in der Folge abzuschließenden Kaufvertrages nur auf ein Treuhandkonto, nicht aber auf das Konto des Vermögensfonds, einzahlen wollte. Die Beteiligung wurde später, und auch dieser Verkauf war nicht unumstritten, an ein von der russischen Uneximbank geführtes Konsortium verkauft[488].

Zum Nachteil des Erwerbers scheiterte auch der Kauf der Moskauer Textilfirma Bolschewik durch die englische Gesellschaft Illingworth Morris Ltd.[489]. Jahre nach seinem Abschluß wurde der Kaufvertrag für unwirksam erklärt, weil Illingworth Morris angeblich die vorgeschrie-

---

Zeit sind in ChiP 10/1996/176, 11/1996/180, 12/1996/167 und 1/1997/173 zu finden.

[486] Zu den Problemen hinsichtlich des Anspruchsschuldners bei Rückzahlung des Kaufpreises vgl. VO des Obersten Wirtschaftsgerichts No. 2280/94 vom 23. Januar 1996 "Die Vermögensfonds sind nicht Besitzer oder Nutzer der Summen, die sie beim Verkauf von Privatisierungsobjekten erhalten haben", jur. Datenbank Kodex.

[487] Vgl. Moscow Times vom 10. Januar 1996, STET Still Hopes to Connect und vom 12. Januar 1996, Russia Seeks Recourse on Failed STET Deal.

[488] Vgl. Moscow Times vom 1. August 1997, MOST Asks Premier to Join Svyazinvest Battle und vom 2. August 1997, Svyazinvest Group Will Divide Spoils; Der Spiegel 1997, Nr. 48, S. 206, Der letzte Fehler.

[489] Vgl. Moscow Times vom 26. April 1996, Court Says Firm's Sale Not Legal, vom 7. Mai 1996, Investor to Lose Stake in Textile Factory, vom 23. Juli 1996, Court Backs Verdict on Textile Firm Stakes Sale, vom 27. November 1996, British Garment Maker Wins Bolshevichka Restraint Order und vom 9. August 1997, Canada´s Barrick Gold Eyes Sukhoi Log.

XII. Rechtsschutz

benen Investitionen nicht rechtzeitig getätigt habe. Die Engländer behaupteten hingegen, sie hätten die Gelder wohl zur Verfügung gestellt, die Geschäftsleitung von Bolschewik habe die ausländischen Gesellschafter jedoch boykottiert und die Mittel absichtlich nicht abgerufen.

Aufsehen erregte auch die Unwirksamerklärung der russischen Goldabbaugesellschaft Lensoloto. Diese war 1992 im Rahmen der Privatisierung gegründet worden, um das zentralsibirische Vorkommen Suchoj Log auszubeuten. Die australische Star Mining Corporation hatte bei der anschließenden Privatisierung eine Mehrheitsbeteiligung erworben und im Laufe der nächsten Jahre $72 Mio. in Lensoloto investiert. Bereits vor mehreren Jahren hatte das Oberste Russische Wirtschaftsgericht einen Rechtsstreit um die Wirksamkeit der Privatisierung zugunsten des australischen Investors entschieden. Ein anderer Kläger hatte jedoch mit seiner Klage auf Nichtigerklärung der Gesellschaft wegen eines von der Privatisierungsbehörde bei ihrer Gründung begangenen Gesetzesverstoßes Erfolg und die Gründungsdokumente und die Registrierung von Lensoloto wurden für unwirksam erlärt[490].

Daneben sind auch solche Verfahren typisch, in denen ein übergangener Bewerber oder gar das privatisierte Unternehmen selbst unter Berufung auf eine Verletzung der Ausschreibungsregeln ein Ausschreibungsergebnis anficht und auf gerichtlichem Wege eine Wiederholung der Ausschreibung erstrebt. Spektakuläre Fälle traten vor allem seit 1995 vermehrt auf. Die russische Regierung hatte zu diesem Zeitpunkt ein neues Privatisierungsmodell eingeführt, das sogenannte Loans-for-Shares-Modell[491]. Es sah die Versteigerung der treuhänderischen Ver-

---

[490] Vgl. Moscow Times vom 6. Juni 1997, Star Mining Awaits Fate in Revised Gold Charter; Moscow Tribune vom 7. Juni 1997, Government Orders Sukhoi Log Meeting; Moscow Times vom 9. August 1997, Canada´s Barrick Gold Eyes Sukhoi Log.

[491] Präsidialdekret No. 889 vom 31. August 1995 "Über das Verfahren der Verpfändung von im Bundeseigentum befindlichen Aktien im Jahre 1995", SS 36/1995/3527, in Verbindung mit VO GKI No. 1458-r vom 10. Oktober 1995 "Ordnung über das Verfahren zur Durchführung von Auktionen über das Recht zum Abschluß eines Darlehensvertrages, eines Pfandvertrages über im Bundeseigentum befindliche Aktien und eines Kommissionsver-

XII. Rechtsschutz

waltung kontrollierender staatlicher Beteiligungen an ausgesprochen wertvollen russischen Gesellschaften gegen Gewährung von Darlehen an den Bund vor, wobei der Treuhänder berechtigt war, diese Beteiligungen nach Ablauf eines Jahres zu verkaufen und 30 % des Gewinns zu behalten. Hier fanden wahre Schlachten der Interessenten gegeneinander und der Unternehmen gegen die treuhänderischen Erwerber statt. Die bekanntesten Fälle betrafen die Privatisierung einiger heiß umkämpfter russischer Blue Chips, der Ölgesellschaften Sidanko[492], Yukos[493] und Sibneft[494] und des weltmarktbeherrschenden Nickelproduzenten Norilsk Nickel[495]. Ausländer waren zu den Ausschreibun-

trages zur Gewährleistung von Einnahmen aus der Nutzung staatlichen Vermögens in den Bundeshaushalt im Jahre 1995", abgedruckt in ESh 43/1995/22, geändert durch VO GKI No. 1575-r vom 31. Oktober 1995 ohne Namen, abgedruckt in Panorama Priwatisazii 1/1996/26; beide zum 1. März 1996 außer Kraft gesetzt durch VO GKI No. 284-r vom 1. März 1996 ohne Namen, abgedruckt in Panorama Priwatisazii 8/1996/35 und gemeinsamer VO FI/GKI No. 258-r vom 1. März 1996 "Über die Außerkraftsetzung von Verordnungen des Komitees zur Verwaltung des Staatsvermögens und des Vermögensfonds", abgedruckt in Panorama Priwatisazii 8/1996/36; vgl. auch den ehemaligen Vorsitzenden des Komitees zur Verwaltung des Staatsvermögens *Beljajew*, Auf der neuen Etappe der Privatisierung, Shurnal dlja Akzionerow 6/1995/2 (5); Moscow Times vom 19. Dezember 1995, Loans for the Sharks?

[492] Vgl. Clifford Chance, Newsletter Russia and the Other States of the CIS, Februar 1996, S. 20 (21).

[493] Vgl. Moscow Times vom 30. November 1995, 3 Banks Blast Yukos Share Sale Terms.

[494] Vgl. Moscow Times vom 23. Juli 1996, Sibneft Sale Ruled Invalid und vom 13. Mai 1997, Uneximbank Decries Sibneft Sale.

[495] Vgl. Moscow Times vom 24. November 1995, Bank Plans to Sue over Norilsk Tender, vom 13. Februar 1996, Nickel for a Dime?, vom 28. Februar 1996, Court Nixes Norilsk Nickel Auction Suit, vom 20. April 1996, Norilsk Drops Suit Contesting Auction, vom 18. Juli 1996, Owners Steamed in War for Smelter, vom 23. Juli 1997, Bidding Underway for 38 % of Norilsk, vom 26. Juli 1997, Audit Chamber Says Auction of Norilsk Violates Decrees und vom 5. August 1997, Premier Calls Halt to Charged Norilsk Sale.

XII. Rechtsschutz

gen nicht zugelassen und so stritten sich die wenigen russischen Großbanken, die einzigen Institutionen im Lande, die entsprechendes Kapital aufzubringen vermochten, um die Kontrolle über die Unternehmen[496]. In der Regel klagten die nicht zum Zuge gekommenen Bieter im Fall von Norilsk Nickel das Unternehmen selber, auf Unwirksamerklärung der Ausschreibung. Die Kläger hatten indes durchweg keinen Erfolg.

Die vorgenannten Streitigkeiten sind dadurch charakterisiert, daß auf Initiative einer durch die Privatisierung beschwerten Person die Rückgängigmachung des Erwerbs einer bestimmten Rechtsposition durch einen Investor angestrebt wird. Im russischen Recht geht der in solchen Privatisierungsstreitigkeiten gewährte Rechtsschutz indes deshalb oftmals zu weit, weil dem Rechtmäßigkeitsprinzip absoluter Vorrang vor Gesichtspunkten wie Rechtsfrieden und Investitionsschutz eingeräumt wird.

Das russische materielle Recht versagt rechtswidrigen Rechtsgeschäften - nach § 168 ZGB[497] - und rechtswidrigen Verwaltungsakten - nach herrschender Verwaltungslehre[498] - durchweg die Wirksamkeit. Die aufgrund eines unwirksamen Rechtsgeschäfts ausgetauschten Leistungen sind zurückzugewähren, § 167 Abs. 2 ZGB[499], der rechtswidrige Verwaltungsakt (Privatisierungsplan) entfaltet keine rechtliche

---

[496] Vgl. Moscow Times vom 24. Juli 1997, Privatization Pushes Russian Banks to Dig Deep, vom 1. August 1997, Potanin Reveals Aggressive Bid Plans und vom 2. August 1997, State Gets 2 Bids for Metals Giant.

[497] Vgl. hierzu auch *Braginski*, Rechtsgeschäfte. Vertretung. Fristen. Klagefrist. Kommentar zum ZGB, ChiP 6/1995/3 (9); *Lewschina* in *Sadikow* u. a., Kommentar zum Zivilgesetzbuch der Russischen Föderation. Erster Teil, §§ 166 ff.; *Kolpin/Masljajew*, Zivilrecht. Erster Teil. Lehrbuch, S. 179.

[498] Vgl. *Koslow* in *Alexin/Karmolizki/Koslow*, Das Verwaltungsrecht der Russischen Föderation, S. 231.

[499] Vgl. zu den hierbei entstehenden Fragen *Kolpin/Masljajew*, Zivilrecht. Erster Teil. Lehrbuch, S. 177; Nr. 59 der gemeinsamen VO No. 6/8 vom 1. Juli 1996 des Plenums des Obersten Gerichts und des Obersten Wirtschaftsgerichts der Russischen Föderation "Über einige Fragen der Anwendung des ersten Teils des Zivilgesetzbuches der Russischen Föderation", abgedruckt in Ross. Gaseta vom 13. August 1996.

XII. Rechtsschutz

Wirkung, nachfolgende auf ihm basierende Rechtsgeschäfte sind ebenfalls unwirksam[500]. Auch die Unwirksamerklärung der dem Kauf vorgeschalteten Ausschreibung schlägt auf den Kaufvertrag durch, §§ 449 Abs. 2 ZGB[501].

Die Anwendung des neu eingeführten § 566 ZGB, der vorsieht, daß von der Rückgängigmachung eines Unternehmenskaufs abgesehen werden kann, wenn dadurch die Rechte von Gläubigern oder sonstigen Personen verletzt werden oder dies dem öffentlichen Interesse widerspricht, diskutiert man zwar[502], die Gerichte machen bisher in Privatisierungssachen von dieser Vorschrift jedoch keinen Gebrauch.

Diese Anfechtungsmöglichkeiten des materiellen Rechts werden durch Vorschriften des Prozeßrechts verstärkt. Danach kann ein weiter Personenkreis rechtswidrige Rechtsgeschäfte oder Verwaltungsakte, ohne an strenge Fristen oder Parteianträge gebunden zu sein, im gerichtlichen Verfahren für unwirksam erklären lassen oder anfechten.

Diese Eigenheiten des materiellen und Prozeßrechts bilden zusammen mit den große Rechtsunsicherheit produzierenden tatsächlichen Verhältnissen in Rußland eine unglückliche Allianz. Zu Beginn der Privatisierung kam es aufgrund der schlecht organisierten Ver-

---

[500] Vgl. Kommersant Daily vom 28. März 1996, Die Gerichte haben das Unternehmen Russischer Bernstein zerstört; allg. hierzu *Nosow*, Verwaltungsakte bei der Privatisierung staatlicher und kommunaler Unternehmen; vgl. auch stellvertretende Vorsitzende des Wirtschaftsgerichts der Tschuwaschenrepublik *Petrowa*, Über die Entscheidung von Streitigkeiten über die Unwirksamerklärung von Akten staatlicher Behörden, der Selbstverwaltungsorgane und anderer Stellen, ChiP 10/1997/62.

[501] Vgl. *Solotych*, Das Zivilgesetzbuch der Russischen Föderation. Erster Teil, S. 56.

[502] Vgl. Kurskorrektur, Aus dem Bericht des Komitees zur Verwaltung des Staatsvermögens "Die Ergebnisse der Privatisierung im Jahre 1995 und der Gang der Ausführung des Präsidialdekrets No. 478 vom 11. Mai 1995 "Über Maßnahmen zur Sicherstellung der garantierten Einnahmen in den Bundeshaushalt aus der Privatisierung" und der Aufgaben im Jahre 1996", Panorama Priwatisazii 7/1996/3 (10); *Masewitsch/Tscheutschewa*, Der Unternehmensverkauf, Delo i Prawo 7/1996/26 (36); *Nikitina*, Die Unternehmensprivatisierung: Die Gesetzgebung und Probleme der wirtschaftsgerichtlichen Praxis, Delo i Prawo 5/1996/52.

XII. Rechtsschutz

waltung zum Teil zu chaotischen Verhältnissen, bei denen Form-, Verfahrens- und Zuständigkeitsfehler an der Tagesordnung waren. Erschwerend tritt hinzu, daß viele Streitigkeiten um die eigentumsrechtliche Zuordnung von Immobilien in den Privatisierungsplänen ihren Ursprung in den Zeiten der Perestroika haben, als man versuchte, Unternehmen unter anderem auch durch eine oftmals rechtlich nicht klar strukturierte Neuzuordnung betrieblichen Vermögens zu reformieren. Die weitreichende Korruption und der fehlende gesellschaftliche Konsens über den Nutzen der Privatisierung sind weitere hier eine Rolle spielende Umstände.

Ein Investor in der Privatisierung kann sich daher leider kaum Gewißheit über die zahlreichen Unsicherheiten verschaffen, die seine Investition bedrohen. Noch so viele Juristen, die sich mit Due Diligence beim Unternehmenskauf beschäftigen, können nicht jeden einzelnen Schritt im Privatisierungsverfahren 100 %ig auf seine Rechtmäßigkeit nachprüfen und vorhandene Risiken zuverlässig einschätzen.

Wie verhängnisvoll sich dieser absolute Vorrang des Rechtmäßigkeitsprinzips auswirken kann, hat in der deutschen Privatisierung der Konflikt zwischen Restitutionsberechtigten und Investoren gezeigt. Das Privatisierungstempo verlangsamt sich, die Kosten steigen und der wirtschaftliche Aufschwung wird verzögert. Die Rückgängigmachung einer Investitition in der Privatisierung ist eine überaus schwierige und in sicherlich fast allen Fällen mit hohen Verlusten verbundene Angelegenheit und sollte, anders als in Rußland praktiziert, nur in Ausnahmefällen in Betracht gezogen werden.

Mittlerweile erregt auch eine zweite Art von Privatisierungsstreitigkeiten, die gesellschaftsrechtlich zu beurteilenden Privatisierungsfolgestreitigkeiten, die öffentliche Aufmerksamkeit. Typisch ist hier, daß ein Investor, der in der Privatisierung Eigentümer eines größeren Aktienpaketes geworden ist, bei seinem Versuch, Einfluß auf den Betrieb zu nehmen, mit der Geschäftsleitung der Gesellschaft, die ihre Machtposition nicht aufzugeben bereit ist, in Konflikt gerät[503]. Die zumeist

---

[503] Vgl. Moscow Times vom 16. Juli 1996, The Great Boardroom Revolution, vom 10. April 1997, Shareholders Meetings Augur Few Fireworks und vom 5. August 1997, Tyumen Board Ousts Foe Hari-Kari Style; Richterin am

XII. Rechtsschutz

noch aus sowjetischer Zeit stammenden Generaldirektoren, die nach dem üblichen Privatisierungsschema gemeinsam mit den Arbeitern in der Regel die Mehrheit der Aktien halten, leisten fast immer erbitterten Widerstand gegen die ihnen suspekten Außenseiter. So klagen zur Zeit einige Aktionäre, Uneximbanks Tochter MFK, Renaissance Capital's Sputnik Fund, die Cambridge Captital Management und sogar die Privatisierungsbehörde, das Komitee zur Verwaltung des Staatsvermögens, in aufsehenerregenden Prozessen gegen einen der weltweit größten Stahlhersteller, das Nowolipetsker Metallkombinat[504], auf Nichtigerklärung von Beschlüssen der Organe der Gesellschaft, durch die ihnen zu Unrecht die Ausübung ihrer Aktionärsrechte verweigert wird. Im Fall der MFK wurde deren 14 %ige Beteiligung durch Beschluß der Aktionärsversammlung auf rechtswidrige Weise in Aktien ohne Stimmrecht umgewandelt. Bei den anderen Klägern lehnte die Geschäftsleitung unter Berufung auf eine angebliche Fristversäumnis die Nominierung von Kandidaten für Sitze im Aufsichtsrat der Gesellschaft ab.

In einem anderen Fall verwehrte das Lebedinski Eisenerzkombinat einem seiner Aktionäre, der Bank Rossiski Kredit, den Zugang zu einer Aktionärsversammlung, auf der eine Aktienemission beschlossen wurde, die die Beteiligung von Rossiski Kredit von 30 % auf 5 % verminderte[505].

Obersten Wirtschaftsgericht *Schapkina*, Der gerichtliche Schutz der Aktionärsrechte, ESh 20/1997/19.

[504] Vgl. Moscow Tribune vom 1. März 1997, Banker v. Russian Steel; Moscow Times vom 27. März 1997, Property Committee Joins Novolipetsk Suit, vom 17. April 1997, Metals Investors in Court, vom 8. Mai 1997, Novolipetsk Round One to Investors, vom 22. Mai 1997, Judge Again Rules Against Novolipetsk, vom 30. Mai 1997, Investor Wins Pave Way for More Rights Lawsuits und vom 14. Juni 1997, Novolipetsk Shareholders Decry Agenda Snub; Moscow Tribune vom 14. Juni 1997, Swords Cross in Fight for Steelmaking Giant; Moscow Times vom 8. August 1997, Steel Mill Investors Suffer First Court Defeats.

[505] Vgl. Moscow Times vom 28. März 1996, Shareholder Showdown at Massive Ore Smelter und vom 10. April 1997, Shareholders Meetings Augur Few Fireworks.

XII. Rechtsschutz

Schlagzeilen machte auch der nur außergerichtlich schwelende Kampf der russischen Ölgesellschaft Lukoil um Einfluß auf die Geschäfte der ihr mehrheitlich gehörenden Moskauer Traditionszeitung Iswestija. Mit Mitteln der Sabotage, des Streiks und negativer Publicity versuchten die Journalisten dort, den Mehrheitsaktionär von den Geschäften der Zeitung fernzuhalten[506].

Bei diesen, zuletzt genannten Privatisierungsstreitigkeiten wird in der Regel nur unzureichender Rechtsschutz gewährt. Als Hauptmängel sind mangelnde Sachkompetenz der Gerichte und fehlende Regelungen, vor allem in Fragen des einstweiligen Rechtsschutzes und der Zwangsvollstreckung, zu nennen.

Aufgrund des insgesamt eher schlechten Funktionierens der Rechtspflege in Rußland hält sich sowohl die Zahl der Privatisierungsstreitigkeiten, bei denen die Gewährung eines zu weitreichenden Rechtsschutzes die Interessen der Investoren gefährdet, als auch die der Privatisierungsfolgestreitigkeiten, bei denen umgekehrt zu wenig Rechtsschutz gewährt wird, in relativ geringem Umfang. Zwar steigt die Zahl der Privatisierungsstreitigkeiten, dem allgemeinen Trend zu einem Anwachsen der Rechtsstreitigkeiten insgesamt folgend, ebenfalls kontinuierlich an. Von einer Prozeßwelle, die die Privatisierung ernsthaft gefährdet, kann man indes nicht sprechen. Im Mai 1996 gab es in ganz Rußland 558 zivilgerichtliche und 559 öffentlich-rechtliche Gerichtsverfahren in Privatisierungssachen[507]. Vor den Wirtschaftsgerichten war indes im ganzen Jahr 1995 insgesamt ein vielfaches an

---

[506] Vgl. Moscow Times vom 4. Juni 1997, Izvestia Signs Peace Deal with Lukoil und vom 19. Juli 1997, Izvestia Ends Power Struggle with Election of New Editor; FAZ vom 21. November 1997, Die "Neue Iswestija" will es besser machen als die alte, aber ihre Geldgeber will sie nicht verraten.

[507] Stellvertretender Vorsitzender des Obersten Wirtschaftsgerichts *Witrjanski*, Privatisierung in der Praxis des Wirtschaftsgerichts, ESh 3/1994/22; vgl. auch den Mitarbeiter des Rostower Bezirksgerichts *Mamaj*, Die Umwandlung in Aktiengesellschaften und die Privatisierung von Unternehmen im Prisma gerichtlicher Streitigkeiten, ChiP 8/1995/91.

XII. Rechtsschutz

Streitigkeiten anhängig[508]. Klagen in Privatisierungsstreitigkeiten waren bisher in etwa der Hälfte der Prozesse erfolgreich[509].

Alle Privatisierungsstreitigkeiten werden grundsätzlich auf den existierenden Rechtswegen entschieden, das heißt es gibt keine Sondergerichte oder sonstigen Instanzen, die für derartige Streitigkeiten zuständig sind. Die eingangs genannten Arten von Privatisierungsstreitigkeiten werden daher von der Zivil- und der Verwaltungsgerichtsbarkeit nach den für den jeweiligen Rechtsweg geltenden prozessualen Bestimmungen entschieden.

Die Schiedsgerichtsbarkeit, die bei vertraglichen Streitigkeiten, vor allem mit Ausländern, im Rußlandgeschäft oft angerufen wird, entscheidet keine Privatisierungssachen: Die Möglichkeit, in Verträgen mit dem staatlichen Verkäufer die Zuständigkeit der staatlichen Gerichte abzubedingen und stattdessen den Rechtsweg zu einem Schiedsgericht zu vereinbaren, ist gesetzlich nicht vorgesehen. Eine dahingehende Abrede kann, weil es sich bei Verkäufen in der Privatisierung weitestgehend um gebundene Verwaltung handelt, daher auch nicht getroffen werden.

Bevor auf die Einzelheiten des Zivil- und Verwaltungsrechtsweges in Privatisierungssachen eingegangen wird, seien zum besseren Verständnis vorab zwei Eigenheiten des russischen Gerichtsverfassungsrechts[510] vorgestellt, die im folgenden relevant sind: Die erste ist die institutionelle Einheit von Zivil- und Verwaltungsgerichtsbarkeit. Die Verwaltungsgerichtsbarkeit ist systematisch lediglich eine Nebenzuständigkeit der Zivilgerichte. Ausdruck der institutionellen Einheit ist auch, daß das Verwaltungsprozeßrecht nicht eigenständig kodifiziert wurde, sondern nur als Anhang zum Zivilprozeßrecht geregelt ist.

---

[508] Vgl. Redaktionsbeitrag, Die Tätigkeit der Wirtschaftsgerichte in Rußland im Jahre 1996, Ross. Just. 4/1997/57; Redaktionsbeitrag, Über die Arbeit der Wirtschaftsgerichte in der Russischen Föderation in den Jahren 1995 - 1996, WWAS 4/1997/131.

[509] Vorsitzender des Obersten Wirtschaftsgerichts *Jakowlew*, Neue Signale, neue und alte Probleme des Wirtschaftsgerichts, Sakon 5/1996/112 (115).

[510] Vgl. allg. hierzu *Schroeder*; Gerichte und Richter in Rußland, WiRO 1996, S. 161.

XII. Rechtsschutz

Eine weitere Besonderheit ist die Spaltung der Gerichtsbarkeit in die Volks- und die Wirtschaftsgerichtsbarkeit[511]. Die Volksgerichte sind für zivil- und öffentlich-rechtliche Streitigkeiten unter Beteiligung von Bürgern in ihrer Eigenschaft als solche (und nicht als Unternehmer) zuständig, die Wirtschaftsgerichte für zivil- und öffentlich-rechtliche Streitigkeiten unter Beteiligung eines oder mehrerer Unternehmer oder juristischer Personen.

Bei Zweifelsfragen der Abgrenzung der Zuständigkeit der Volks- und der Wirtschaftsgerichte sind die Verordnungen der Obersten Gerichte "Über einige Fragen der Zuständigkeit der Volks- und Wirtschaftsgerichte"[512] und, speziell für Privatisierungsstreitigkeiten, "Über einige Fragen der Entscheidung von Streitigkeiten, die im Zusammenhang mit der Anwendung der Gesetzgebung über die Privatisierung staatlicher und kommunaler Unternehmen entstehen"[513] heranzuziehen.

Die Gründe für die vorgenannten Besonderheiten sind historischer Natur: Die institutionelle Einheit von ordentlicher und Verwaltungsgerichtsbarkeit und das Fehlen eines eigenständigen Verwaltungsprozeßrechts legen Zeugnis von der fortdauernden Unterentwicklung des russischen Verwaltungsrechtsschutzes ab[514]. Ansätze zu dieser Art von Verfahren gibt es überhaupt erst seit der späten Sowjetzeit, als ein zunächst als Beschwerdeverfahren ausgestalteter und später zu einem Klageverfahren ausgebauter eingeschränkter Verwaltungsrechtsschutz

---

[511] Vgl. *Wölk*, Wirtschaftsgerichtsbarkeit in der Russischen Föderation.

[512] VO des Plenums des Obersten Volks- und Wirtschaftsgerichts No. 12/12 vom 18. August 1992, abgedruckt in E. *Winogradowa*, Die Schiedsgerichtsbarkeit in Rußland, Moskau 1993, S. 29.

[513] VO Oberstes Wirtschaftsgericht No. 32 vom 2. Dezember 1993, abgedruckt in Ross. Just. 4/1994/57.

[514] Vgl. dazu *Lesnizkaja* in *Okunkow* u. a., Kommentar zur Verfassung der Russischen Föderation, Art. 46; stellvertretender Vorsitzender des Obersten Wirtschaftsgerichts *Witrjanski*, Das System der Wirtschaftsgerichte arbeitet, ChiP 3/1993/3 (8); *Shurawlewa*, Die gerichtliche Beschwerde gegen rechtswidrige Handlungen und Entscheidungen: Wie kann ihre Effektivität erhöht werden? Ross. Just. 1/1998/25.

XII. Rechtsschutz

für Bürger eingeführt wurde[515]. Unternehmen waren zu Sowjetzeiten hingegen nie mit dem Recht ausgestattet gegen Akte der Verwaltung vorzugehen. Lange lehnte man aus ideologischen Gründen die Gewaltenteilung und damit auch die Kontrolle staatlicher Behörden durch die Gerichte ab. Erst in letzter Zeit gewinnt der Verwaltungsrechtsschutz, vor allem durch die Zunahme von Abgabenstreitigkeiten zwischen Unternehmen und den russischen Finanzämtern, an Bedeutung[516].

Die Spaltung des Zivilrechtsweges erklärt sich so: Die noch aus sowjetischer Zeit stammende Volksgerichtsbarkeit entscheidet traditionell Straf- und Zivilsachen. Die Wirtschaftsgerichtsbarkeit, die in zivil- und öffentlich-rechtlichen Verfahren, in denen beide Parteien, bzw. eine der Parteien bei öffentlich-rechtlichen Streitigkeiten, in ihrer Eigenschaft als Kaufmann beteiligt ist, entscheidet[517], entwickelte sich 1991 aus der sowjetischen Staatsarbitrage (Gosarbitrash), der staatlichen wirtschaftsrechtlichen Schlichtungsstelle[518] Sie wird deshalb im Russischen und manchmal auch im Deutschen irreführenderweise Arbitrage genannt. Mittlerweile spielen die Wirtschaftsgerichte trotz ihrer im Verhältnis zu den Volksgerichten deutlich geringeren Anzahl eine bedeutende Rolle im Wirtschaftsleben und entscheiden fast alle Privatisierungsstreitigkeiten.

Aufgrund der unterschiedlichen Entstehungszeitpunkte der die Verfahren vor den Zivil- und Wirtschaftsgerichten regelnden Prozeßordnungen - die Zivilprozeßordnung stammt von 1964, die Wirtschaftsprozeßordnung von 1995 - sind die prozessualen Regelungen

---

[515] Vgl. *Sawizki*, Die Organisation der Judikative in der Russischen Föderation, S. 45.

[516] Vgl. zu den Zahlen auch Redaktionsbeitrag, Die Tätigkeit der Wirtschaftsgerichte in Rußland im Jahre 1996, Ross. Just. 4/1997/57.

[517] Hierzu auch *Lipott*, Die Wirtschaftsgerichtsbarkeit in der Russischen Föderation, RIW 1996, S. 106.

[518] Dazu auch *Laptew*, Die Regelung der Unternehmenstätigkeit in Rußland, RIW 1994/372 (374); zur zaristischen Wirtschaftsgerichtsbarkeit *Archipow*, Wirtschaftsgerichte und Wirtschaftsprozeß in Rußland, Prawowedenije 4/1994/108.

XII. Rechtsschutz

vor den Wirtschafts- und den Volksgerichten trotz der Novellierung der Zivilprozeßordnung Ende 1995 nicht immer ganz einheitlich[519].

1. Zivilrechtsschutz

a) Rechtsweg

Wie eingangs erwähnt, sind für Privatisierungsstreitigkeiten je nach Beteiligten die Volks- oder die Wirtschaftsgerichte zuständig, § 29 Abs. 4 PrivG, Nr. 1 der Verordnung "Über einige Fragen der Entscheidung von Streitigkeiten, die im Zusammenhang mit der Anwendung der Gesetzgebung über die Privatisierung staatlicher und kommunaler Unternehmen entstehen".

Die in § 11 Einführungsgesetz zum Privatisierungsprogramm 1992[520] enthaltene Bestimmung, daß für alle Streitigkeiten, in denen es um die Anfechtung von in der Privatisierung abgeschlossenen Rechtsgeschäften im gerichtlichen Verfahren und andere zivilrechtliche Privatisierungsstreitigkeiten geht, die Wirtschaftsgerichte zuständig sind, ist gemäß Nr. 1 der Verordnung "Über einige Fragen der Zuständigkeit der Volks- und Wirtschaftsgerichte" schlicht falsch und wurde so auch nirgends anders im Privatisierungsrecht formuliert, vgl. Nr. 6.2. der Verordnung "Ordnung über die Investitionsausschreibung zum Verkauf von Aktienpaketen von Aktiengesellschaften, die im Verfahren der Privatisierung staatlicher und kommunaler Unternehmen geschaffen wurden"[521], Nr. 8 der Verordnung "Mustervertrag für den Verkauf von Grundstücken bei der Privatisierung staatlicher und

---

[519] Vgl. *Schakarjan* u. a., Der Zivilprozeß, S. 185; *Liwschiz/Bojkow* in *Jakowlew* u. a., Kommentar zur Wirtschaftsprozeßordnung, §§ 40, 90; Dozent an der St. Petersburger Universität *Lebedew*, Die Anfechtung von Beschlüssen der Aktionärsversammlung vor Gericht, Sakon 5/1997/99 (100).

[520] Gesetz vom 11. Juni 1992, WSND RF 28/1992/1617.

[521] VO GKI No. 342-r vom 15. Februar 1994, abgedruckt in Priv. II, S. 89.

1. Zivilrechtsschutz

kommunaler Grundstücke, Ausdehnung und zusätzlichen Bebauung solcher Unternehmen sowie bei der Zurverfügungstellung an Bürger und ihre Vereinigungen zur Ausübung unternehmerischer Tätigkeit"[522]. Gemäß § 22 Abs. 1 Ziffer 1 Wirtschaftsprozeßordnung (WirtPO)[523] ist der Rechtsweg zu den Zivilkammern der Wirtschaftsgerichte bei zivilrechtlichen Streitigkeiten zwischen juristischen Personen und als Unternehmer registrierten Personen gegeben. Der Rechtsweg zu den Zivilkammern der Volksgerichte ist nach § 25 Abs. 1 Zivilprozeßordnung der RSFSR (ZPO)[524] bei zivilrechtlichen Streitigkeiten eröffnet, an denen Bürger beteiligt sind.

Ausländische Investoren und Unternehmen mit ausländischen Investitionen haben im Zivil- wie Verwaltungsverfahren ein Wahlrecht; sie können gemäß § 9 des Gesetzes "Über ausländische Investitionen" (AIG)[525], das Volksgericht, oder nach § 22 Abs. 6 WirtPO das Wirtschaftsgericht anrufen[526].

Gegen die Weigerung einer Aktiengesellschaft oder registerführenden Einrichtung, einen Erwerber von Aktien in das Aktionärsregister einzutragen[527], ist nach Nr. 3 des Präsidialdekrets "Über Maßnahmen zur Gewährleistung der Rechte der Aktionäre"[528] neben dem Rechts-

---

[522] Anlage zum PD No. 631 vom 14. Juni 1992, WSND RF 25/1992/1427.

[523] Gesetz vom 5. April 1995, SS 19/1995/1709.

[524] Gesetz vom 11. Juni 1964, WWS RSFSR 24/1964/407, zuletzt geändert in SS 47/1997/5341.

[525] Gesetz vom 4. Juli 1991, WSND RSFSR 29/1991/1008, zuletzt geändert in SS 12/1997/1373, deutsche Übersetzung in HdB. WiRO Rus 380.

[526] Vgl. hierzu *Sagrebnew*, Die Zuständigkeit für Streitigkeiten unter Beteiligung ausländischer Investoren - juristischer Personen, ChiP 8/1996/85; *Schebanowa*, Über die Vorbereitung von Verfahren unter Beteiligung ausländischer juristischer Personen in den Wirtschaftsgerichten, WWAS 1/1997/99; *Tretjak*, Zur Zuständigkeit für Verwaltungsstreitigkeiten ausländischer Investoren in Rußland, WiRO 1997, S. 409.

[527] Vgl. Beispiele aus der Praxis in *Margolin/Osipenko*, Die Aktionärsversammlung im Prisma des Privatisierungsprogramms, ESh 14/1994/9.

[528] PD No. 1769 vom 27. Oktober 1993, SA PiP 44/1993/4192.

XII. Rechtsschutz

weg zu den Volks- oder Wirtschaftsgerichten auch die Beschwerde bei der Revisionskommission der Aktiengesellschaft möglich[529].

b) Klagebefugnis

Die Klagebefugnis setzt grundsätzlich die Geltendmachung der Verletzung eigener Rechte voraus, vgl. §§ 32 ff. WirtPO, §3 ZPO. Auch im russischen Prozeßrecht gilt hier ganz allgemein, daß solche Personen oder nichtrechtsfähige Personenvereinigungen klagebefugt sind, die durch Gesetz mit eigenen Rechten und Pflichten ausgestattet sind, §§ 11, 12 ZGB[530].

Bei Privatisierungsfolgestreitigkeiten ergeben sich hier keine Besonderheiten: Klagebefugt sind in solchen Verfahren die nach dem Aktienrecht mit eigenen Rechten und Pflichten ausgestatteten Personen oder Organe, darunter auch jeder einzelne Aktionär, vgl. §§ 49 Abs. 8 Gesetz "Über die Aktiengesellschaften" (AktG)[531].

Bei zivilrechtlichen Privatisierungsstreitigkeiten, in denen es um die gerichtliche Feststellung der Unwirksamkeit bzw. der Anfechtung eines in der Privatisierung geschlossenen Rechtsgeschäftes geht, ist durch die Spezialvorschrift des § 29 Abs. 1 PrivG ein erweiterter Personenkreis mit dem Recht zur Klageerhebung ausgestattet[532].

Gegen Ausschreibungsergebnisse und in der Privatisierung abgeschlossene Kauf- oder Pachtverträge können danach außer den Partei-

---

[529] Kritisch hierzu *Fetisow*, Der Schutz der Rechte der Aktionäre, ESh 10/1995/6.

[530] Vgl. Entscheidung des Obersten Wirtschaftsgerichts No. 8431/95 vom 12. November 1996, abgedruckt in Sakon 5/1997/94; Dozent an der St. Petersburger Universität *Lebedew*, Die Anfechtung von Beschlüssen der Aktionärsversammlung vor Gericht, Sakon 5/1997/99.

[531] Gesetz vom 24. November 1995, SS 1/1996/1, zuletzt geändert in SS 25/1996/2956.

[532] Zum Verhältnis zwischen der durch das allgemeine Zivilrecht und das Privatisierungsrecht eingeräumten Klagebefugnis vgl. *Sintschenko/Gasarjan*, Anfechtbare und nichtige Rechtsgeschäfte in der Praxis des Unternehmertums, ChiP 2/1997/120 (128).

1. Zivilrechtsschutz

en des Rechtsgeschäftes auch die Regierung der Russischen Föderation, die Staatsorgane der Subjekte der Föderation, die Organe der kommunalen Selbstverwaltung und die Komitees zur Verwaltung des Staatsvermögens vorgehen.

Daneben ist von der Rechtsprechung auch die Klagebefugnis der Belegschaft anerkannt soweit ihr im Privatisierungsgesetz eigene Rechte verliehen sind, vgl. Nr. 2 der Verordnung des Obersten Wirtschaftsgerichts "Über einige Fragen der Entscheidung von Streitigkeiten, die im Zusammenhang mit der Anwendung der Gesetzgebung über die Privatisierung staatlicher und kommunaler Unternehmen entstehen" in Verbindung mit § 22 Abs. 4 WirtPO.

Die Klagebefugnis des privatisierten Unternehmens selber, etwa beim unrechtmäßigen Verkauf seiner Aktien in der Privatisierung, wird von der Rechtsprechung abgelehnt[533]. Dies gilt jedoch nicht, wenn das Unternehmen eigene Aktien hält. Die Stellung als Aktionär begründet dann die Klagebefugnis.

Eine Besonderheit des russischen Prozeßrechts und Durchbrechung des Grundsatzes der Parteiherrschaft ist, daß die Staatsanwaltschaft aufgrund ihrer allgemeinen Rechtsaufsicht befugt ist, Klage zu erheben, §§ 21, 35 ff. Gesetz über die Staatsanwaltschaft (StaG)[534] in Verbindung mit §§ 4 Abs. 2, 41 WirtPO und der Verordnung "Über die Aufgaben der Staatsanwaltschaft bei der Realisierung ihrer Befugnisse im Wirtschaftsprozeß"[535], bzw. §§ 4 Ziffer 2, 41, 236 ff. ZPO[536] und

---

[533] Vgl. VO des Obersten Wirtschaftsgerichts No. 16 vom 23. Mai 1995 ohne Namen, abgedruckt in Sakonnost 11/1995/56.

[534] Gesetz vom 17. Januar 1992, WSND RF 8/1992/366, zuletzt geändert in SS 47/1995/4472, deutsche Übersetzung in JOR 1993, S. 159; vgl. auch *Schroeder*, Die russische Staatsanwaltschaft kämpft um ihren Besitzstand, WiRO 1994, S. 290.

[535] Befehl der Generalstaatsanwaltschaft der Russischen Föderation No. 59 vom 24. Oktober 1996, abgedruckt in Sakon 5/1997/95; hierzu auch der Mitarbeiter der Generalstaatsanwaltschaft *Karlin*, Der Staatsanwalt hat im Wirtschaftsgericht etwas zu tun, Sakon 5/1997/98.

[536] Dazu *Schroeder*, Die außerprozessuale Tätigkeit der Staatsanwaltschaft in Rußland, WiRO 1995, S. 155 (155).

XII. Rechtsschutz

§ 29 Abs. 1 PrivG. Die Rechtsaufsicht besteht sowohl im Zivil- als auch im Verwaltungsverfahren.

Während die Staatsanwaltschaft in den Verfahren vor den Wirtschaftsgerichten gemäß § 4 Abs. 2 WirtPO nur beim Vorliegen eines öffentlichen Interesses Klage erheben kann, darf sie in den Volksgerichtsverfahren gemäß § 41 ZPO auch im ausschließlichen Interesse von Bürgern tätig werden[537]. Das öffentliche Interesse wird von der Staatsanwaltschaft definiert und unterliegt nicht der gerichtlichen Nachprüfung[538]. Im Verfahren vor den Volksgerichten wird gemäß § 33 Abs. 2 ZPO hierbei die Person Kläger, in deren Interesse das Verfahren eingeleitet wurde[539]; im Wirtschaftsgerichtsprozeß hat der Staatsanwalt gemäß § 41 Abs. 3 WirtPO die Stellung des Klägers inne. Stimmt derjenige, in dessen Interesse geklagt wird, jedoch der Klage nicht zu, so darf das Verfahren nicht durchgeführt werden, § 4 Abs. 5 WirtPO.

Nach § 12 des Gesetzes "Über den Wettbewerb und die Begrenzung monopolistischer Tätigkeit auf Warenmärkten" (AntimonG)[540] ist das Antimonopolkomitee im Falle des Verstoßes eines Vertrages gegen das Wettbewerbsrecht ebenfalls klagebefugt.

In Nr. 13 der Verordnung "Über einige Fragen der Entscheidung von Streitigkeiten, die im Zusammenhang mit der Anwendung der Gesetzgebung über die Privatisierung staatlicher und kommunaler Unternehmen entstehen" ist ausdrücklich bestimmt, daß Klagen auf Nichtigerklärung der Protokolle über die Ergebnisse von Auktionen

---

[537] Kritisch hierzu *Ferens-Sorozki*, Bemerkungen über die Wirtschaftsprozeßordnung, Prawowedenije 6/1992/40 (46); vgl. auch *Apranitsch/Pelewin*, Einige streitige Fragen der Wirtschaftsgesetzgebung, Prawowedenije 5/1992/102.

[538] Entscheidung des Obersten Wirtschaftsgerichts No. 843/96 vom 14. Mai 1996, abgedruckt in Sakon 12/1996/99.

[539] Vgl. auch den Mitarbeiter des Rostower Bezirksgerichts *Mamaj*, Besonderheiten von Streitigkeiten im Zusammenhang mit der Privatisierung von Unternehmen, ChiP 10/1994/72 (76).

[540] Gesetz vom 22. März 1991, WSND RSFSR 16/1991/499, zuletzt geändert in SS 22/1995/1977, deutsche Übersetzung in HdB. WiRO Rus 400.

1. Zivilrechtsschutz

und Ausschreibungen auch von widerrechtlich übergangenen oder nicht zugelassenen Bewerbern erhoben werden können.

c) Vorverfahren

Vorverfahren sind in Zivilsachen nur für bestimmte Arten von Streitigkeiten, bspw. im Transportrecht, vorgesehen, vgl. §§ 4 Abs. 3 WirtPO, 129 Ziffer 3 ZPO. Das früher nach der alten Wirtschaftsprozeßordnung[541] obligatorische außergerichtliche Güteverfahren[542] ist abgeschafft, vgl. § 10 Einführungsgesetz zur WirtPO[543].

d) Zuständigkeit, Klagefrist

Die Wirtschaftsgerichtsbarkeit ist gemäß §§ 23 ff. des Gesetzes "Über das Gerichtssystem in der Russischen Föderation" (GVG)[544], § 3 des Gesetzes "Über die Wirtschaftsgerichte in der Russischen Föderation" (WirtGG)[545] in drei Stufen gegliedert. Die unterste Ebene bilden die Wirtschaftsgerichte der Subjekte der Föderation, die nächste Stufe die Bundeswirtschaftsgerichte des Bezirks[546] und die oberste Stufe das Oberste Wirtschaftsgericht der Russischen Föderation.

---

[541] Gesetz vom 5. März 1992, WSND RF 16/1992/836, zuletzt geändert in WSND RF 32/1993/1236.

[542] Vgl. dazu *Puseizer*, Arbitragegerichte in Rußland, WiRO 1994, S. 149 (154); *Fursow*, Das Vorverfahren und die außergerichtliche Streitbeilegung, ChiP 5/1995/108; Beraterin des Obersten Wirtschaftsgerichts *Kulikowa*, Das vorgerichtliche Anspruchsverfahren zur Streitbeilegung, Delo i Prawo 8/1996/38.

[543] Gesetz vom 5. Mai 1995, SS RF 19/1995/1710.

[544] Gesetz vom 31. Dezember 1996, SS 1/1997/1, deutsche Übersetzung mit Einführung in WiRO 1997, S. 307.

[545] Gesetz vom 5. April 1995, SS 18/1995/1589.

[546] Vgl. hierzu den Vorsitzenden des Wirtschaftsgerichts des Ostsibirischen Bezirks *Amosow*, Die Bundeswirtschaftsgerichte des Bezirks, ChiP 8/1996/114.

XII. Rechtsschutz

Nach § 24 WirtPO sind in erster Instanz immer die Wirtschaftsgerichte der Subjekte der Russischen Föderation zuständig. Auf dieser Stufe wird gewöhnlich durch Einzelrichter entschieden. In den Rechtsmittelinstanzen sind die Wirtschaftsgerichte mit aus drei, in Einzelfällen auch aus 5 Richtern bestehenden Kollegien besetzt, § 14 WirtPO. Örtlich zuständig ist grundsätzlich das Gericht am Sitz des Beklagten, § 25 WirtPO.

Die Volksgerichtsbarkeit ist nach §§ 20 ff. GVG wie folgt gegliedert: Auf unterster Ebene befinden sich die Rajonsgerichte, dann kommen die Obersten Gerichte der Republiken, Gebiete, der Städte mit Bundesbedeutung, der autonomen Gebiete und der autonomen Kreise und dann das Oberste Gericht der Russischen Föderation. Die mit dem Gerichtsverfassungsgesetz erstmalig seit der Revolution wieder eingeführten Friedensgerichte sollen ihrer Konzeption nach eine mit Laien besetzte Schlichtungsstelle auf unterster Instanz darstellen[547]. Indes sind nähere Regelungen zu ihnen bisher noch nicht ergangen und entsprechend wurden sie auch in der Praxis noch nicht eingeführt.

Eingangsinstanz ist nach § 113 ZPO das Rajonsgericht. Auf dieser Stufe kann durch Einzelrichter entschieden werden; üblich sind jedoch Kollegien aus einem Richter und zwei Volksbeisitzern, § 6 ZPO.

Örtlich zuständig ist ist auch bei den Volksgerichten grundsätzlich das Gericht am Sitz des Beklagten, § 117 ZPO.

Eine zivilrechtliche Klage muß innerhalb der von Amts wegen zu berücksichtigenden Verjährungsfristen erhoben werden. Nichtige Rechtsgeschäfte können innerhalb von 10 Jahren seit Beginn ihrer Erfüllung im gerichtlichen Verfahren für unwirksam erklärt werden, § 181 Abs. 1 ZGB. Klagen auf die im gerichtlichen Verfahren durchzuführende Anfechtung von Rechtsgeschäften sind innerhalb eines Jahres seit dem Tag, an dem der Anfechtungsberechtigte Kenntnis vom Anfechtungsgrund erlangt hat oder hätte erlangen müssen zu erheben, § 181 Abs. 2 ZGB. Im übrigen gilt die allgemeine Verjährungsfrist von drei Jahren, § 196 ZGB.

---

[547] Vgl. Entwurf des Gesetzes "Über die Friedensgerichte in der Russischen Föderation", abgedruckt in Ross. Just. 1/1997/54.

1. Zivilrechtsschutz

e) *Klagegegenstand*

Der Klagegegenstand ist im Zivilprozeß nicht ausdrücklich begrenzt. Übliche Klagearten sind die Leistungsklage und die Feststellungsklage bei der Anfechtung und Nichtigerklärung von Rechtsgeschäften. Ob darüber hinaus besondere Klagearten wie die, auch vorbeugende, Unterlassungsklage zulässig sind, ist angesichts des Fehlens rechtlicher Regelungen, vor allem im Zwangsvollstreckungsrecht, zweifelhaft[548].

f) *Rechtsmittel*

Gegen die erstinstanzliche Entscheidung[549] des Wirtschaftsgerichts ist die sogenannte Appellationsbeschwerde[550] zu einer speziellen Kammer beim selben Gericht gegeben, § 146 WirtPO. Das Verfahren ist als neue Tatsacheninstanz ausgestaltet.

Anschließend, oder auch bei Versäumnis der Frist für die Apellationsbeschwerde, kann ein weiteres Rechtsmittel, die sogenannte Kassationsbeschwerde[551], bei der nächsthöheren Instanz, dem Bundeswirtschaftsgericht des Bezirks, eingelegt werden, §§ 26 WirtGG, 161 ff. WirtPO. Das Kassationsverfahren ist, ähnlich wie bei der

---

[548] Vgl. hierzu auch den Dozenten an der St. Petersburger Universität *Lebedew*, Die Anfechtung von Beschlüssen der Aktionärsversammlung vor Gericht, Sakon 5/1997/99 (102).

[549] Vgl. allgemein hierzu *Fursow*, Das prozessuale Regime der Tätigkeit des Wirtschaftsgerichts in erster Instanz.

[550] Vgl. hierzu den Professor der Moskauer Staatlichen Universität *Scherstjuk*, Die Einreichung einer Appellationsbeschwerde beim Wirtschaftsgericht, ChiP 10/1996/91; *ders.*, Die Entscheidung einer Sache in der Appellationsinstanz, ChiP 1/1997/58.

[551] Vgl. hierzu *Sagrebnew*, Die Appellations- und Kassationsinstanz der Wirtschaftsgerichte: Gemeinsamkeiten und Unterschiede, ChiP 2/1997/101; Beraterin des Obersten Wirtschaftsgerichts *Solowewa*, Über einige Fragen im Zusammenhang mit der Entscheidung von Sachen in der Kassationsinstanz, ChiP 1/1997/125.

XII. Rechtsschutz

deutschen Revision, eine reine Rechtsinstanz, das heißt es prüft nur Rechtsmängel. Das angefochtene Urteil kann hier geändert, aber auch lediglich aufgehoben und zur Neuentscheidung zurückverwiesen werden.
Die vorgenannten Rechtsmittel können von jeder Partei, d. h. auch der am Prozeß beteiligten Staatsanwaltschaft oder sonstigen Beteiligten, eingelegt werden. Auf Antrag des Vorsitzenden des Obersten Wirtschaftsgerichts, des Generalstaatsanwalts oder ihrer Stellvertreter können Entscheidungen aller Wirtschaftsgerichte, auch wenn sie bereits rechtskräftig sind, im Wege des Aufsichtsverfahrens vom Präsidium des Obersten Wirtschaftsgerichts aufgehoben werden, §§ 180 ff. WirtPO. Entsprechende Petitionen der Parteien bei den zur Einleitung des Aufsichtsverfahrens befugten Personen haben jedoch nur in den seltensten Fällen Erfolg.

Im Volksgerichtsprozeß wird Berufung, die sogenannte Kassation, beim nächsthöheren Gericht eingelegt, § 283 Abs. 1 ZPO. Die Kassationsinstanz ist eine neue Tatsacheninstanz, § 294 ZPO. Wie im Wirtschaftsprozeß kann das Gericht das erstinstanzliche Urteil ändern, oder aufheben und zur Neuentscheidung zurückverweisen.

Die Staatsanwaltschaft kann, anders als im Wirtschaftsprozeß, unabhängig davon ob sie im Verfahren Partei war, Berufung einlegen § 283 Abs. 2 ZPO.

Eine Revisionsmöglichkeit besteht auch im Volksgerichtsverfahren grundsätzlich nicht, § 312 ZPO. Wie im Wirtschaftsgerichtsprozeß ist jedoch ein Aufsichtsverfahren vorgesehen, §§ 319 ff. ZPO. Unabhängig von der Rechtskraft des Urteils können Urteile auf Antrag des Vorsitzenden des Obersten Gerichts oder des Generalstaatsanwalts vom Präsidium des Obersten Gerichts aufgehoben werden. Auf Antrag der Vorsitzenden der Obersten Gerichte der Republiken, Gebiete, der Städte mit Bundesbedeutung, der autonomen Gebiete und der autonomen Kreise können Entscheidungen dieser Gerichte auch vom Präsidium dieses Gerichts aufgehoben werden.

Erscheint der Beklagte nicht zum Termin, so gibt es im russischen Zivilprozeß nicht, wie in Deutschland, die Möglichkeit ein Versäumnisurteil zu beantragen. Stattdessen kann sich das Gericht entweder vertagen, oder aber ein gewöhnliches Urteil erlassen, gegen das dann die gewöhnlichen Rechtsmittel zulässig sind, vgl. §§ 119, 120 WirtPO, 157 ZPO.

1. Zivilrechtsschutz

g) Gerichtsgebühren

Die Gerichtsgebühren bemessen sich in Verfahren vor den staatlichen Gerichten nach dem Gesetz "Über die staatliche Gebühr" (GKG)[552] in Verbindung mit §§ 89 ff. WirtPO, 79 ff. ZPO. Die Gebühren für zivilrechtliche Verfahren sind vor den Volksgerichten niedriger als den Wirtschaftsgerichten. Bei ersteren betragen sie maximal 1,5 % der Klagesumme bzw. bei nicht ohne weiteres bewertbaren Klagen 10 % des gesetzlichen Mindestlohns (ein gesetzlicher Mindestlohn sind knapp DM 30) für Bürger und den zehnfachen Mindestlohn bei juristischen Personen. Vor den Wirtschaftsgerichten bewegt sich die Gebühr zwischen mindestens 5 % und höchstens 17 Mio. Rubel plus 0,5 % der Klagesumme. Geht es um die Anfechtung eines Vertrages, so muß hier das Zwanzigfache des gesetzlichen Mindestlohns als Gebühr gezahlt werden.

h) Einstweiliger Rechtsschutz

Der einstweilige Rechtsschutz hat in Rußland in der Praxis noch keine große Bedeutung. Zwar sind entsprechende Maßnahmen sowohl in der Wirtschafts- als auch in der Zivilprozeßordnung vorgesehen, §§ 75 ff. WirtPO, 133 ff. ZPO, doch ist es in der Praxis äußerst schwierig, ein Gericht vorab und kurzfristig zur Sicherung eines Anspruchs zu bewegen. Maßnahmen des einstweiligen Rechtsschutzes können nur ergriffen werden, wenn die Streitsache bereits anhängig gemacht wurde[553]. Außer dem dinglichen Arrest gibt es die Möglichkeit einige, im Gesetz abschließend aufgezählte Maßnahmen, darunter

---

[552] Gesetz vom 9. Januar 1991, WSND RF 11/1991/521, zuletzt geändert in SS 35/1996/4128.
[553] Vgl. Beraterin des Obersten Wirtschaftsgerichts *Falkowitsch*, Der Arrest von Geldmitteln des Beklagten als Maßnahme des einstweiligen Rechtsschutzes, ESh 20/199719.

XII. Rechtsschutz

die in der Praxis sehr bedeutsame Pfändung von Bankkonten[554], anzuordnen. Für den Fall der Zuwiderhandlung gegen das Verbot eine bestimmte Handlung vorzunehmen, kann im Wirtschaftsgerichtsprozeß ein Ordnungsgeld in Höhe von bis zu 50 % des Streitwertes oder 200 gesetzlichen Mindestlöhnen verhängt werden, § 76 WirtPO. Im Volksgerichtsprozeß beträgt das Ordnungsgeld 100 gesetzliche Mindestlöhne, § 134 ZPO.

i) Zwangsvollstreckung

Das Zwangsvollstreckungswesen in Rußland ist in einem katastrophalen Zustand. Die größte Schuld hieran mag man dem Gesetzgeber zuschieben, der erst 1997 ein neues Zwangsvollstreckungsgesetz (ZVG)[555] verabschiedete. Die zuvor einzig geltenden Regeln über die Zwangsvollstreckung in der Zivilprozeßordnung waren vollkommen veraltet.

Die Vollstreckung erfolgt nur durch die Volksgerichte und nach den Bestimmungen der Zivilprozeßordnung und des Zwangsvollstreckungsgesetzes. Die Wirtschaftsprozeßordnung enthält nur wenige eigenständige Regelungen zur Zwangsvollstreckung und verweist im wesentlichen auf das allgemeine Vollstreckungsrecht, vgl. § 197 WirtPO. Ergänzt werden diese Vorschriften durch das Präsidialdekret "Über einige Maßnahmen zur Durchsetzung von Entscheidungen über die Zwangsvollstreckung in das Vermögen von Organisationen"[556].

---

[554] Vgl. hierzu VO des Plenums des Obersten Wirtschaftsgerichts No. 13 vom 31. Oktober 1996 "Über die Anwendung der Wirtschaftsprozeßordnung durch die erstinstanzlichen Wirtschaftsgerichte", Informationsbrief des Obersten Wirtschaftsgerichts No. 6 vom 25. Juli 1996 "Über die Ergebnisse der Prüfung einiger Fragen der gerichtlichen Praxis durch das Präsidium des Obersten Wirtschaftsgerichts der Russischen Föderation", Befehl der Zentralbank der Russischen Föderation No. 02-52 vom 1. März 1996 "Ordnung über das Verfahren zur Durchführung von Operationen zur Pfändung von Mitteln auf Korrespondenzkonten (Unterkonten) von Kreditinstituten", alle jur. Datenbank Kodex.
[555] Gesetz v. 21. Juli 1997 "Über die Zwangsvollstreckung", SS 30/1997/3591.
[556] Präsidialdekret No. 199 vom 14. Februar 1996, SS 8/1996/741.

1. Zivilrechtsschutz

Wie in Deutschland, bilden ein vollstreckbarer Titel und ein gerichtlicher Vollstreckungsauftrag die Voraussetzung für die Vollstreckung. Die Durchführung erfolgt auch hier grundsätzlich durch den Gerichtsvollzieher[557].

Der Schwerpunkt der Regelungen liegt in der Zwangsvollstreckung wegen Geldforderungen, die durch Pfändung von beweglichen und unbeweglichen Sachen oder Forderungen und anderen Vermögensrechten erfolgt. Ebenfalls bekannt ist die Zwangsvollstreckung zur Erwirkung der Herausgabe von Sachen.

Die Vollstreckung zur Erwirkung von Handlungen oder Unterlassungen ist eine nur im einstweiligen Rechtsschutz vorgesehene Maßnahme. Dort ist auch die Verhängung eines Ordnungsgeldes bei Zuwiderhandlungen geregelt. Entsprechende Vollstreckungshandlungen sind jedoch auch bei der Zwangsvollstreckung aus gewöhnlichen Titeln zulässig, vgl. §§ 127 Abs. 3, 131 WirtPO, 358 Abs. 5 ZPO.

Aufgrund der unzureichenden rechtlichen Regelungen ist es indes in der Praxis sehr schwierig, die Gerichte zur Anordnung solcher Maßnahmen zu bewegen. So kommt es bei Privatisierungsfolgestreitigkeiten vor, daß ein Investor, der die Nichtigerklärung eines Beschlusses der Aktionärsversammlung erstritten hat, in der Folgezeit erneut klagen muß, um seine aus dem Gerichtsurteil erwachsende Rechtsposition auch durchzusetzen[558].

Kommt der Schuldner einer Pflicht zur Vornahme einer vertretbaren Handlung nicht nach, kann der Gläubiger die Handlung auf Kosten des Schuldners vornehmen lassen. Die Vollstreckung zur Erwirkung einer unvertretbaren Handlung ist indes wenig effektiv: Als Mittel zur Durchsetzung eines solchen Anspruchs ist lediglich ein Zwangsgeld in Höhe von bis zu 200 gesetzlichen Mindestlöhnen vorgesehen, § 85 ZVG. Eine dem § 894 deutsche ZPO entsprechende Bestimmung, nach der die Abgabe einer Willenserklärung mit der Rechtskraft des Urteils fingiert wird, gibt es nicht. Ein Gläubiger hat

---

[557] Vgl. Gesetz vom 21. Juli 1997 "Über die Gerichtsvollzieher", SS 30/1997/3590.
[558] Vgl. Dozent an der St. Petersburger Universität *Lebedew*, Die Anfechtung von Beschlüssen der Aktionärsversammlung vor Gericht, Sakon 5/1997/99 (102).

XII. Rechtsschutz

daher nur in eingeschränktem Umfang die Möglichkeit, einen Anspruch beispielsweise auf Zustimmung, oder auf Abschluß eines Vertrages, im Wege der Zwangsvollstreckung durchzusetzen.

2. Öffentlich-rechtlicher Rechtsschutz

a) Rechtsweg

Die Abgrenzung von zivil- und öffentlich-rechtlichen Streitigkeiten ist in Rußland nicht leicht[559], und die von der russischen Rechtswissenschaft angebotenen Abgrenzungsversuche führen nicht immer zu einer eindeutigen Zuordnung. So fehlt in Gerichtsurteilen oftmals jeder Hinweis, ob bei einer Klage auf Auflösung oder Nichtigerklärung einer in der Privatisierung unter Verstoß gegen gesetzliche Vorschriften gegründeten Aktiengesellschaft (Anfechtung der Registrierung) ein zivil- oder öffentlich-rechtliches Verfahren durchgeführt wurde. In der Literatur wird ein Wahlrecht des Klägers in Erwägung gezogen, bei der Anfechtung eines Beschlusses eines Organs einer Aktiengesellschaft entweder im Zivil- oder im Verwaltungsrechtsweg vorzugehen[560].

Verweise auf den Verwaltungsrechtsschutz finden sich in verschiedenen Gesetzen: Art. 46 Abs. 2 der russischen Verfassung garantiert jedermann den Rechtsweg gegen Handlungen oder Unterlassungen staatlicher Stellen. Nach §§ 11, 12 und 13 ZGB kann eine natürliche oder juristische Person Einzelentscheidungen staatlicher Behörden und

---

[559] Zur Abgrenzung vgl. *Andrejewa*, Die Zuständigkeit in Streitverfahren, Sakon 9/1995/37; *Nosdratschew/Tichomirow*, Die ausführende Macht in der Russischen Föderation, S. 162 ff.

[560] Dozent an der St. Petersburger Universität *Lebedew*, Die Anfechtung von Entscheidungen der Aktionärsversammlung vor Gericht, Sakon 5/1997/99 (100).

2. Öffentlich-rechtlicher Rechtsschutz

in den gesetzlich bestimmten Fällen auch Gesetze, die ihre Rechte verletzen, im gerichtlichen Verfahren für unwirksam erklären lassen[561]. Im Privatisierungsrecht finden sich nur wenige Verweise auf den Verwaltungsrechtsweg: Gemäß §§ 4 Abs. 4, 5 Abs. 3 des alten Privatisierungsgesetzes werden Streitigkeiten, die im Zusammenhang mit Entscheidungen der Komitees zur Verwaltung des Staatsvermögens in Ausführung des Privatisierungsprogramms enstehen, im von den allgemeinen Gesetzen vorgesehenen Verfahren vor den Volks- oder Wirtschaftsgerichten entschieden. Eine entsprechende Regelung wurde in das neue Privatisierungsgesetz nicht mit aufgenommen. Nr. 6 Einführungsgesetz zum Änderungsgesetz des Privatisierungsgesetzes[562] sieht vor, daß Klagen von Bürgern gegen Verletzungen des Privatisierungsrechts durch die staatlichen Behörden nach dem Gesetz "Über die Beschwerdeführung bei Gericht über Handlungen und Entscheidungen, die die Rechte und Freiheiten der Bürger verletzen" (BeschwG)[563] zu erheben sind. Nr. 4.10. der "Grundlegenden Bestimmungen des staatlichen Programms für die Privatisierung staatlicher und kommunaler Unternehmen in der Russischen Föderation nach dem 1. Juli 1994" (Grundbestimmungen)[564] ordnet an, daß bei Streitigkeiten über die Zulässigkeit einer durch die öffentliche Verwaltung erfolgenden Belastung einer Immobilie mit Dienstbarkeiten oder Nutzungsbeschränkungen der Rechtsweg eröffnet ist.

Der Verwaltungsrechtsweg zu den Wirtschaftsgerichten ist in § 22 Abs. 2 WirtPO, zu den Volksgerichten in §§ 1 ff. BeschwG, 239 (1) ff. ZPO geregelt. Die darin gegebenen Definitionen des anfechtbaren Verwaltungshandelns sind uneinheitlich: Die Wirtschaftsgerichte sind für die "Unwirksamerklärung rechtswidriger nicht normativer Akte

---

[561] Zu den Arten des russischen Verwaltungshandelns vgl. *Nosdratschew/Tichomirow*, Die ausführende Macht in der Russischen Föderation, S. 160 ff.; *Alexin/Karmolizki/Koslow*, Das Verwaltungsrecht der Russischen Föderation, S. 218 ff.

[562] Gesetz vom 5. Juni 1992, WSND RF 28/1992/1615.

[563] Gesetz vom 27. April 1993, WSND RF 19/1993/685, zuletzt geändert in SS 51/1995/4970, deutsche Übersetzung mit Einführung in WiRO 1994, S. 209.

[564] Präsidialdekret No. 1535 vom 22. Juli 1994, SS 13/1994/1478.

XII. Rechtsschutz

staatlicher Behörden, von Organen der kommunalen Selbstverwaltung und anderen Stellen zuständig, die die Rechte oder gesetzlich geschützten Interessen eines als Unternehmer handelnden Bürgers bzw. einer juristischen Person verletzen" zuständig. Vor den Volksgerichten können "Bürger gegen rechtswidrige Handlungen oder Entscheidungen staatlicher Behörden, Organe der kommunalen Selbstverwaltung und anderer Einrichtungen, Unternehmen und ihrer Vereinigungen, öffentlicher Vereinigungen, Amtspersonen oder staatlicher Angestellter, durch die ihre Rechte und Freiheiten verletzt werden", vorgehen. Im Vergleich: In einem neuen russischen Verwaltungsrechtslehrbuch wird öffentlich-rechtliches Verwaltungshandeln als "eine auf das Gesetz gegründete einseitige rechtlich-hoheitliche Willenserklärung eines bevollmächtigten Subjektes der Exekutive, die auf die Setzung einer verwaltungsrechtlichen Norm oder die Entstehung, Änderung oder Beendigung einer verwaltungsrechtlichen Beziehung mit dem Ziel der Erfüllung der Aufgaben und Funktionen der staatlich-leitenden Tätigkeit gerichtet ist" definiert[565].

Neben einem Vorgehen gegen einen Verwaltungsakt auf dem Verwaltungsrechtsweg besteht bei rechtswidrigem Handeln von Amtspersonen in der Privatisierung auch die Möglichkeit der Einleitung eines Ordnungswidrigkeitenverfahrens nach dem Gesetz "Über das Verwaltungsunrecht"[566], vgl. § 31 des alten Privatisierungsgesetzes.

b) Klagebefugnis

Auch im öffentlich-rechtlichen Klageverfahren ist grundsätzlich die Geltendmachung der Verletzung eigener Rechte Voraussetzung für die Klagebefugnis.

Nach § 29 Abs. 1 PrivG sind neben dem Käufer und dem Verkäufer auch die Regierung der Russischen Föderation, die Staatsorgane der Subjekte der Föderation, die Organe der kommunalen Selbstver-

---

[565] *Koslow* in *Alexin/Karmolizki/Koslow*, Das Verwaltungsrecht der Russischen Föderation, S. 227; vgl. auch *Bachrach*, Verwaltungsrecht, S. 1.

[566] Gesetz der RSFSR vom 20. Juni 1984, WWS RSFSR 27/1984/909, zuletzt geändert in SS 14/1997/1603.

2. Öffentlich-rechtlicher Rechtsschutz

waltung und die Komitees zur Verwaltung des Staatsvermögens in öffentlich-rechtlichen Verfahren, in denen es um die Anfechtung von in der Privatisierung erlassenen Verwaltungsakten geht, klagebefugt. Die Klagebefugnis der Staatsanwaltschaft folgt auch hier aus dem Gesetz "Über die Staatsanwaltschaft".

c) Vorverfahren

Dem öffentlich-rechtlichen Verfahren vor den Volksgerichten kann gemäß §§ 239 (4) ZPO, 4 BeschwG ein formloses behördliches Vorverfahren vorausgehen; dieses ist jedoch nicht zwingend vorgeschrieben.

d) Zuständigkeit, Klagefrist

Für öffentlich-rechtliche Streitigkeiten vor den Volksgerichten gelten neben den allgemeinen Vorschriften der §§ 113 ff. ZPO die Spezialvorschriften der §§ 239 (1) ff. ZPO. Danach können solche Klagen nach der Wahl des betroffenen Bürgers bei einem Volksgericht der untersten Instanz sowohl am Ort seines Wohnsitzes als auch dem Sitz der beklagten Behörde anhängig gemacht werden.

Die Klagefrist beträgt drei Monate seit der Kenntnis der Rechtsverletzung, oder, im Falle eines behördlichen Vorverfahrens, einen Monat seit Abgabe des Widerspruchs ohne Erhalt einer Antwort oder eines Monats seit Erhalt eines ablehnenden Widerspruchsbescheids, §§ 5 BeschwG, 239 (5) ZPO.

In öffentlich-rechtlichen Streitigkeiten vor den Wirtschaftsgerichten ist keine Klagefrist vorgesehen. Jedoch kommt die analoge Anwendung der in der im Volksgerichtsverfahren vorgesehenen Fristen in Betracht, vgl. § 11 Abs. 4 WirtPO.

Dadurch, daß bei der Anfechtung von Verwaltungsakten auf die Kenntnis des Anfechtungsberechtigten vom Anfechtungsgrund abgestellt wird und eine rechtliche Figur wie Bestandskraft nicht bekannt sind, spielen Anfechtungsfristen im verwaltungsgerichtlichen Verfahren praktisch keine Rolle.

XII. Rechtsschutz

e) Klagegegenstand

Der Umfang, in dem Akte der Verwaltung gerichtlich überprüfbar sind, und damit auch die Entscheidungskompetenz der Gerichte, sind weitgehend ungeklärt[567]. Wie eingangs bereits ausgeführt, gibt es keine einheitliche Definition des anfechtbaren Verwaltungshandelns. Weder in der Wirtschaftsprozeß- noch in der Zivilprozeßordnung sind bestimmte Klagearten normiert. Auch der Umfang der Überprüfbarkeit des Verwaltungsermessens und die Abgrenzung der behördlichen und gerichtlichen Kompetenzen sind den Vorschriften nur mittelbar zu entnehmen.

Grundsätzlich existiert in öffentlich-rechtlichen Streitigkeiten lediglich die Möglichkeit der gerichtlichen Nichtigerklärung eines Aktes der Verwaltung[568]. Ein gerichtlicher Verpflichtungsausspruch ist ausnahmsweise nur bei der widerrechtlichen Verweigerung einer gesetzlich zwingend vorgeschriebenen Registrierung, beispielsweise einer Gesellschaft oder eines dinglichen Rechts, vorgesehen, §§ 22, 132 Abs. 2 WirtPO. Dies beruht darauf, daß den Behörden weite gerichtsfreie Beurteilungsspielräume zugebilligt werden[569].

Im Unterschied zum Wirtschaftsprozeß kann im Verfahren vor den Volksgerichten auch schlichtes Handeln von Amtspersonen angefochten werden. Dieser Widerspruch ist gemäß Nr. 4 der Verordnung "Über einige Fragen der Zuständigkeit der Volks- und Wirtschaftsgerichte" dahingehend zu lösen, daß vor den Wirtschaftsgerichten nur solche Handlungen von Amtspersonen angefochten werden können, die einen schriftlichen Niederschlag gefunden haben. Werden die

---

[567] Vgl. hierzu *Bachrach*, Verwaltungsrecht, S. 51.

[568] Vgl. *Ljubimowa*, Das Wirtschaftsgericht stellte die Nichtigkeit fest, ChiP 9/1994/113 (113); Übersicht über Privatisierungsstreitigkeiten in Ross. Just. 17/1993/22; Richter am Rjasaner Wirtschaftsgericht *Schtscheltschikow*, Die Unternehmensprivatisierung: Die Gesetzgebung und Probleme der wirtschaftsgerichtlichen Praxis, ChiP 11/1995/78 (87).

[569] Vgl. den stellvertretenden Vorsitzenden des Obersten Wirtschaftsgerichts *Witrjanski* in *Jakowlew* u. a., Kommentar zur Wirtschaftsprozeßordnung, § 22, Nr. 1; *Nosow*, Verwaltungsakte bei der Privatisierung staatlicher und kommunaler Unternehmen, S. 67 ff.

2. Öffentlich-rechtlicher Rechtsschutz

Rechte einer sonst auf den Wirtschaftsgerichtsweg verwiesenen Person durch nicht schriftlich fixierte Entscheidungen einer Amtsperson verletzt, so ist hiergegen der Klageweg zu den Volksgerichten zu beschreiten. Damit ist der von den Volksgerichte gewährte Rechtsschutz umfassender.

Während Akte der Verwaltung in den verwaltungsgerichtlichen Verfahren vor den Wirtschaftsgerichten für unwirksam erklärt werden, §§ 22 Abs. 2, 132 WirtPO, ist für die öffentlich-rechtlichen Volksgerichtsverfahren systematisch ein Beschwerde-, nicht aber ein Anfechtungsverfahren vorgesehen. Nach § 239 (7) ZPO spricht das Volksgericht im Falle einer begründeten Beschwerde die Verpflichtung der Behörde aus, die Verletzung der Rechte und Freiheiten des Bürgers zu beheben. Mit der Rechtskraft der Entscheidung wird der den Bürger belastende Akt der Verwaltung dann unwirksam, § 239 (8) ZPO.

f) Rechtsmittel

Bei den Rechtsmitteln bestehen im öffentlich-rechtlichen Verfahren keine Besonderheiten. Es gilt das zum Zivilprozeß Gesagte.

g) Gerichtsgebühren

Im Verwaltungsstreitverfahren sind die Gerichtsgebühren gering. Sie betragen nach den hier ebenfalls einschlägigen Vorschriften des Gerichtskostengesetzes in Verbindung mit §§ 89 ff. WirtPO, 79 ff. ZPO vor den Volksgerichten 15 % des gesetzlichen Mindestlohns und vor den Wirtschaftsgerichten 20 % des gesetzlichen Mindestlohns für Bürger und das Zehnfache des gesetzlichen Mindestlohns für juristische Personen.

h) Zwangsvollstreckung

Eine Zwangsvollstreckung gegen den Staat aus im öffentlich-rechtlichen Verfahren ergangenen Urteilen findet nicht statt. Die staatlichen Behörden sind lediglich gesetzlich zur Beachtung der in der Entscheidung getroffenen Feststellungen verpflichtet, ohne daß jedoch Sanktio-

XII. Rechtsschutz

nen verhängt werden könnten, §§ 135 Abs. 3 WirtPO, 239 (7), 239 (8) ZPO.

3. Zwischenergebnis

Der Rechtsschutz in der Privatisierung dient vor allem der Gewährleistung der Gesetzlichkeit des Prozesses der Entstaatlichung und erst in zweiter Linie dem Schutz der Interessen von Investoren. Die vom russischen materiellen und Prozeßrecht eingeräumten weitgehenden Möglichkeiten der Nichtigerklärung von im Privatisierungsverfahren erlassenen Verwaltungsakten und der Anfechtung von in der Privatisierung durchgeführten Ausschreibungen oder abgeschlossenen Kaufverträgen haben eine große Rechtsunsicherheit hinsichtlich der Beständigkeit der von einem Investor in der Privatisierung erworbenen Rechtsposition zur Folge. Die Erwerber von Aktien privatisierter Betriebe haben oft große Probleme die mit ihrer Aktionärsstellung verbundenen Rechte gegenüber der privatisierten Aktiengesellschaft durchzusetzen. Bei solchen Privatisierungsfolgestreitigkeiten ist der dem Investor gewährte Rechtsschutz, vor allem aufgrund des unzureichenden Gerichtswesens in Rußland nicht zufriedenstellend.

XIII. Besonderheiten der Privatisierung in einzelnen Branchen

Seit Anbeginn der Privatisierung wurden für bestimmte Industrien Sonderregeln erlassen. Während das allgemeine Privatisierungsrecht "blind" ist, indem es von einer standardisierten rechtlichen Lösung für isolierte Einzelunternehmen ausgeht, erfüllt das Sonderprivatisierungsrecht die Aufgabe den wirtschaftlichen Zusammenhängen, Abhängigkeiten, dem Monopolismus[570] und den zentralistisch ausgerichteten Strukturen vieler Industrien Rechnung zu tragen. Trotz der Vielzahl der Vorschriften ist das Sonderprivatisierungsrecht einheitlich. Es besteht in der Regel nur aus verwaltungsaktähnlichen Anordnungen, nach denen bestimmte Unternehmen in Holdings zusammenzufassen sind und legt fest, wieviel Prozent der Aktien im Staatsbesitz verbleiben und wieviel nach den Vorschriften des allgemeinen Privatisierungsrechts verkauft oder verteilt werden.

Das Sonderprivatisierungsrecht ist, wie auch das sonstige Privatisierungsrecht, wenig gegliedert. Es besteht aus Regierungsverordnungen, Präsidialdekreten und Verordnungen des Komitees für die Verwaltung des Staatsvermögens, allgemeinen und Einzelfallregelungen. Die in Nr. 6.16. Privatisierungsprogramm 1995 versuchte Systematisierung des Rechtsgebiets ist als gescheitert anzusehen, da sie lediglich aus einer unvollständigen Aneinanderreihung von Vorschriften besteht.

---

[570] Vgl. Gesetz vom 17. August 1996 "Über natürliche Monopole", SS 34/1995/3426; RegVO No. 1352 vom 13. November 1996 "Über die überbehördliche Kommission zur Vorbereitung von Plänen zur Strukturreform im Bereich der natürlichen Monopole unter Berücksichtigung der durchgeführten Privatisierung", SS 47/1996/5341; RegVO No. 987 vom 7. August 1997 "Über die Bestätigung des Maßnahmenprogramms zur Strukturreform, Privatisierung und Verstärkung der Kontrolle im Bereich der natürlichen Monopole", SS 34/1997/3970.

XIII. Besonderheiten der Privatisierung in einzelnen Branchen

1. Energiewirtschaft

Die Unternehmen der Energiewirtschaft lassen sich in die Gruppen Erdöl, Erdgas, Kohle sowie Elektrizitäts- und Gasversorgung einteilen[571]. Grundlegend für die Privatisierung ist das Präsidialdekret "Über die Besonderheiten der Umwandlung von staatlichen Unternehmen, Vereinigungen und Organisationen des Kraftstoff- und Energiekomplexes in Aktiengesellschaften"[572]. Darin wird die Privatisierung der Unternehmen zur Förderung, Raffinierung und zum Pipelinetransport von Erdöl und Erdgas sowie der Kohleförderung, der Hersteller von Förderanlagen sowie der Elektrizitäts- und Gasversorgungsunternehmen einem Sonderregime unterstellt und ausdrücklich von der Geltung des allgemeinen Privatisierungsrechts ausgenommen.

a) Erdölindustrie

Grundlegend für die Privatisierung der Erdölindustrie sind die Präsidialdekrete "Über die Besonderheiten der Privatisierung von staatlichen Unternehmen, Industrie- und wissenschaftlich-industriellen Vereinigungen des Erdöl- und erdölverarbeitenden Sektors sowie der dazugehörigen Versorgungsindustrie und ihre Umwandlung in Aktiengesellschaften"[573] und "Über vorrangige Maßnahmen zur Vervollkommnung der Tätigkeit der Ölgesellschaften"[574]. Neben diesen allgemeinen Rechtsvorschriften gibt es zahlreiche untergesetzliche Vorschriften mit dem Charakter von Verwaltungsakten, die Regelungen für die Privatisierung einzelner Betriebe enthalten.

---

[571] Zur Bedeutung dieser Industrien vgl. *Pappe*, Russische Wirtschaftseliten: ein schematisches Porträt, Sakon 4/1995/115.

[572] PD No. 922 vom 14. August 1992, SA PiP 9/1992/591.

[573] PD No. 1403 vom 17.11.1992, SA PiP 22/1992/1878, ergänzt durch VO GKI No. 350-r vom 24. Februar 1993 ohne Namen, abgedruckt in Priv. II, S. 362.

[574] PD No. 327 vom 1. April 1995 "Über vorrangige Maßnahmen zur Vervollkommnung der Tätigkeit der Ölgesellschaften", SS 15/1995/1284.

1. Energiewirtschaft

Aufgrund der vorgenannten Regelungen wurden die Unternehmen aus den Bereichen Erdölförderung, -verarbeitung, Erdöltransport und Förderanlagenbau in Aktiengesellschaften umgewandelt. 25 % der Aktien dieser Betriebe wurden entsprechend dem Vergünstigungsmodell 1 unentgeltlich an die Betriebsangehörigen verteilt[575]. Die übrigen Aktien gingen in 11 neugebildete Holdings ein: Jukos, Lukoil, Östliche Ölgesellschaft[576], Rosneft[577], Sibneft[578], Sidanko, Slawneft[579], Surgutneftegas, Transneft, Transnefteprodukt[580] und die Wolgaölgesellschaft.

---

[575] Vgl. Moscow Times vom 14. März 1996, State Considers Quick Sale of Rosneft.

[576] Vgl. RegVO No. 499 vom 20. Mai 1994 "Über die Gründung der offenen Aktiengesellschaft Östliche Ölgesellschaft", zuletzt geändert in SS 37/1997/4308; RegVO No. 1376-r vom 26.9.1997 "Verfahren der Durchführung einer kommerziellen Ausschreibung mit Investitionsbedingungen zum Verkauf der im Bundeseigentum stehenden Aktien der Östlichen Ölgesellschaft (Tomsk)", SS 40/1997/4612.

[577] RegVO No. 971 vom 29. Oktober 1995 "Über die Umwandlung des staatlichen Unternehmens Rosneft in die offene Aktiengesellschaft Ölgesellschaft Rosneft", SS 41/1995/3902, zuletzt geändert in SS 36/1997/4196; vgl. auch Moscow Times vom 26. Juli 1997, Rosneft Control.

[578] PD No. 872 vom 24. August 1995 "Über die Gründung der offenen Aktiengesellschaft Sibirische Ölgesellschaft", SS 36/1995/3530; PD No. 972 vom 29. Oktober 1995 "Über die Formierung der offenen Aktiengesellschaft Sibirische Ölgesellschaft", SS 41/1995/3903.

[579] Vgl. RegVO No. 1590-r vom 5. November 1997 "Verfahren der Durchführung einer kommerziellen Ausschreibung mit Investitionsbedingungen zum Verkauf der im Bundeseigentum stehenden Aktien der offenen Aktiengesellschaft Öl- und Gasgesellschaft Slawneft (Moskau)", SS 47/1997/5321.

[580] Vgl. PD No. 327 vom 1. April 1995 "Über vorrangige Maßnahmen zur Vervollkommnung der Tätigkeit von Erdölgesellschaften", SS 15/1995/1284; RegVO No. 1083 vom 2. November 1995 "Über die Erhöhung des Satzungskapitals der Aktiengesellschaften für den Erdöltransport Transneft und für den Transport von Erdölprodukten Transnefteprodukt", SS 45/1995/4338.

XIII. Besonderheiten der Privatisierung in einzelnen Branchen

Kontrollierende Aktienpakete der meisten dieser Holdings verbleiben bis auf weiteres im Staatseigentum. Um die 20 % der Aktien wurden während der Voucherprivatisierung auf Scheckauktionen verkauft. Weitere Aktien werden allmählich auf Geldauktionen und Investitionsausschreibungen verkauft[581]. Der Erwerb durch Ausländer ist in der Regel auf 15 % der Aktien beschränkt.
Nur bei wenigen Ölgesellschaften wurde die staatliche Kontrolle bisher aufgegeben. 86 % der Aktien von Jukos wurden von der russischen Menatep Bank, teils nach dem kontroversen Verpfändungsschema[582], teils auf einer Investitionsausschreibung und teils auf einer Geldauktion erworben. Danach gingen 33,3 % der Aktien Ende 1996 nach einem, dem Verpfändungsschema ähnelnden, Verfahren an die russische Gesellschaft Monblan. Damit hält der Staat hier nur noch 0,1 % der Aktien[583]. Die russische Internationale Finanzierungsgesellschaft erhielt 51 % der Aktien von Sidanko nach dem Verpfändungsschema[584]. Die auf gleichem Wege erfolgte Vergabe von 51 % der Aktien von Sibneft an ein Konsortium bestehend aus der Stolitschny Bank und der Neftjanaja Finansowaja Kompanija wurde von einem übergangenen Bewerber erfolglos vor Gericht angefochten[585]. 40 % der Aktien von Surgutneftegas gingen, gleichfalls nach dem Verpfän-

---

[581] Vgl. die Mitarbeiterin der Zerich-Bank *Polkowa* und die Dozentin der Moskauer Staatlichen Universität *Krylowa*, Spezialauktionen: Nicht nur die Ölholdings haben sich verrechnet, ESh 52/1995/33; Moscow Times vom 16. August 1997, Oil Tender Pricing Formula Proposed.

[582] Vgl. PD No. 889 vom 31. August 1995 "Über das Verfahren der Verpfändung von im Bundeseigentum befindlichen Aktien im Jahre 1995", SS 36/1995/3527.

[583] Vgl. Moscow Times vom 24. Dezember 1996, "Managed" Yukos Sale Fetches $160M und vom 20. Februar 1997, Yukos Cedes Control to Rosprom.

[584] Vgl. auch Moscow Times vom 11. Dezember 1996, Unexim Likely Sidanko Buyer.

[585] Vgl. Moscow Times vom 23. Juli 1996, Sibneft Sale Ruled Valid und vom 12. Mai 1997, Sibneft Bid: Real, or Done Deal?

1. Energiewirtschaft

dungsschema, an den Rentenfonds der Gesellschaft[586]; 56 % ihrer Aktien werden von der Surgut Holding kontrolliert, an der der Staat wiederum die Mehrheit hat[587]. 47,2 % der Aktien der Ostsibirischen Öl- und Gasgesellschaft wurden Ende 1996 in zwei Paketen auf Geldauktionen verkauft, nachdem zuvor 15 % in breiter Streuung versteigert worden waren. Der Staatsanteil bei dieser Gesellschaft beträgt damit noch 38 %[588].

b) Erdgasindustrie

Während die Erdölförderung auf mehrere, unabhängig voneinander operierende und miteinander konkurrierende Unternehmen aufgeteilt wurde, blieb die Förderung und der Vertrieb von Erdgas fest in der Hand des Monopolisten Gasprom, de facto der Nachfolger des Erdgasministeriums[589]. Gemäß dem Präsidialdekret "Über die Umwandlung des staatlichen Gaskonzerns Gasprom in eine Aktiengesellschaft"[590] und der Regierungsverordnung "Über die Gründung der Russischen Aktiengesellschaft Gasprom"[591] wurde auch Gasprom in die Rechtsform der Aktiengesellschaft überführt. Zu seinem Vermögen gehören alle örtlichen Gasförderunternehmen zu 100 % und mindestens 51 % der Aktien sonstiger Betriebe der Gasindustrie aus den Bereichen Pipelinetransport, Service und ähnlichem.

Obwohl zum Teil privatisiert, ist Gasprom immer noch mehr Staats- als privatwirtschaftlicher Betrieb. 40 % der Aktien verbleiben bis auf

---

[586] Vgl. Moscow Times vom 29. Januar 1997, Property Fund Sets Criteria for Bidders on Surgut Stake und vom 26. Februar 1997, Obscure Pension Fund Snaps up Surgut Shares.

[587] Vgl. Moscow Times vom 16. November 1996, Surgut Says Share Dilution Was Legal, Safe.

[588] Vgl. Moscow Times vom 30. November 1996, Oil Share Auction Set.

[589] Vgl. Die Zeit vom 11. Oktober 1996, Der russische Krake.

[590] PD No. 1333 vom 5. November 1992, SA PiP 19/1992/1607.

[591] RegVO No. 138 vom 17. Februar 1993, SA PiP 9/1993/738.

XIII. Besonderheiten der Privatisierung in einzelnen Branchen

weiteres im Staatseigentum[592]. 15 % wurden vergünstigt an die Betriebsangehörigen ausgegeben, 33 % wurden zum Teil gegen Privatisierungsschecks, zum Teil auf Geldauktionen an ausgewählte Käufer veräußert[593]. 10 % der Aktien werden von Gasprom selber, 2 % von Sonstigen gehalten. Für den Weiterverkauf von Gaspromaktien ist die Zustimmung der Betriebsleitung erforderlich. Der Erwerb durch Ausländer war zunächst untersagt, später dann auf 9 % der Aktien begrenzt, Ziffer 1 des Präsidialdekrets "Über das Verfahren des Umlaufs von Aktien der RAO Gasprom und der Dauer des Behalts von Aktien der RAO Gasprom im Bundeseigentum"[594].

Die Privatisierung sonstiger Unternehmen der Gaswirtschaft ist im Präsidialdekret "Über die Umwandlung von staatlichen Unternehmen, Vereinigungen und Organisationen der Gaswirtschaft in Aktiengesellschaften und ihre Privatisierung"[595] geregelt. Danach wurden solche Unternehmen, die überwiegend im Bereich der örtlichen Gasversorgung tätig sind, ebenfalls in Aktiengesellschaften umgewandelt. Die Angestellten erhielten Aktien nach den Vergünstigungsmodellen 1 oder 2. Im Staatsbesitz verbleibende Aktienpakete um die 20 % wurden als Einlagen in die ebenfalls in Aktiengesellschaften umgewandelten regionalen Gasversorgungsunternehmen eingebracht.

Das Staatsunternehmen Rosstrojgasifikazija wurde in die Aktiengesellschaft Rosgasifikazija umgewandelt. In diese Gesellschaft wurde ein Teil der dem Staat gehörenden Aktien von Gasprom eingebracht. Um die Verflechtung mit den örtlichen Gasversorgern herzustellen, haben die Vertreter des staatlichen Eigentümers im Direktorenrat von Rosgasifikazija das Recht, auch in den Direktorenräten der örtlichen Gasversorger den staatlichen Eigentümer von Aktienpaketen zu vertreten. Im

---

[592] Zur Verwaltung der Staatsaktien vgl. PD No. 478 vom 12. Mai 1997 "Über Maßnahmen zur Gewährleistung der staatlichen Verwaltung der im Bundeseigentum befindlichen Aktien der RAO Gasprom", SS 20/1997/2236.

[593] Vgl. PD No. 1931 vom 17. Oktober 1994 "Über den Verkauf der Aktien der Russischen Aktiengesellschaft Gasprom", SS 22/1994/1931.

[594] PD No. 529 vom 28. Mai 1997, SS 22/1997/2569.

[595] PD No. 1559 vom 8. Dezember 1992, SA PiP 25/1992/2224, ergänzt durch VO GKI No. 765-r vom 30. April 1993 ohne Namen, abgedruckt in Priv. II, S. 348.

1. Energiewirtschaft

Gegenzug wiederum wurden 40 % der dem Staat gehörenden Aktien von Rosgasifikazija in das Satzungskapital der örtlichen Gasversorger eingebracht.

c) Stromversorgung

Die Privatisierung der Elektrizitätsversorgungsunternehmen ist in den Präsidialdekreten "Über die Organisation der Leitung des elektroenergetischen Komplexes der Russischen Föderation unter den Bedingungen der Privatisierung"[596] und "Über die Durchführung des Präsidialdekrets No. 922 vom 14. August 1992 "Über die Besonderheiten der Umwandlung von staatlichen Unternehmen, Vereinigungen und Organisationen des Kraftstoff- und Energiekomplexes in Aktiengesellschaften in der elektroenergetischen Industrie"[597] geregelt.

Danach wurden die örtlichen Stromversorger in Aktiengesellschaften umgewandelt und mindestens 49 % der Aktien jeder Gesellschaft in die neugegründete Staatliche Russische Aktiengesellschaft für Energetik und Elektrifizierung, auf russisch RAO EES, eingebracht, die das nationale Elektrizitätsnetz betreibt und zu der die 26 größten Kraftwerke Rußlands gehören[598]. 51 % der Aktien dieser neuen Aktiengesellschaft haben bis auf weiteres im Staatsbesitz zu verbleiben[599]. 20 %

---

[596] PD No. 923 vom 15. August 1992, SA PiP 9/1992/923, ergänzt durch VO GKI No. 371-r vom 26 Februar 1993 ohne Namen, abgedruckt in Priv. II, S. 426.

[597] PD No. 1334 vom 5. November 1992, SA PiP 19/1992/1581, ergänzt durch VO GKI No. 415-r vom 11. März 1993 ohne Namen, abgedruckt in Priv. II, S. 415 und No. 331-r vom 22. Februar 1993 ohne Namen, abgedruckt in Priv. II, S. 424.

[598] Vgl. auch Moscow Times vom 19. Dezember 1995, Electrified Russia Ill-Equipped for Future und vom 31. Mai 1997, Reformer Brevnov Takes Helm at UES.

[599] Zu ihrer Verwaltung vgl. RegVO No. 439 vom 22. April 1997 "Über Maßnahmen zur Sicherstellung der staatlichen Verwaltung von im Bundeseigentum befindlichen Aktien der RAO EES Rußland", SS 17/1997/2005, geändert in SS 29/1997/3535.

XIII. Besonderheiten der Privatisierung in einzelnen Branchen

wurden auf Scheckauktionen, 8,5 % auf einer Geldauktion[600] verkauft. Die Angestellten der in die Holding eingegangenen Aktiengesellschaften konnten nach ihrer Wahl vergünstigte Aktien ihres Betriebes oder der Holding erhalten, jedoch insgesamt nicht mehr als 49 % der Aktien der Holding.

d) Kohleindustrie

Grundlegend für die Privatisierung der Kohleindustrie ist das Präsidialdekret "Über die Umwandlung von Vereinigungen, Unternehmen und Organisationen der Kohleindustrie in Aktiengesellschaften und ihre Privatisierung"[601] und die Verordnung "Über das Verfahren der Umwandlung von industriellen Vereinigungen der Kohlewirtschaft in Aktiengesellschaften"[602].

Danach waren auch die zur Kohlewirtschaft zählenden Unternehmen ausnahmslos in Aktiengesellschaften umzuwandeln, wobei der Erwerb von Aktien durch die Betriebsangehörigen bei manchen bedeutenderen Betrieben auf das Vergünstigungsmodell 1 beschränkt wurde. Einen Teil der Aktien solcher Betriebe erhielten die Subjekte der Russischen Föderation zu ihrer freien Verwendung. Bei zahlreichen

---

[600] Vgl. Moscow Times vom 29. November 1996, Privatization on Track Without Foreign Banks, vom 24. Dezember 1996, UES Selloff Set Despite Protest, vom 16. Januar 1997, UES Stake Sold off to Gazprom Group und vom 11. März 1997, Charged Deregulation Battle Centers on UES.

[601] PD No. 1702 vom 30. Dezember 1992, SA PiP 2/1993/100, ergänzt durch VO GKI No. 603-r vom 8. April 1993 "Vorläufige Änderungen und Ergänzungen zur Mustersatzung von offenen Aktiengesellschaften, die auf der Grundlage von Produktionsvereinigungen und staatlichen Unternehmen der Kohleindustrie gegründet wurden", abgedruckt in Priv. II, S. 390 und No. 634-r vom 9. April 1993 "Über das Verfahren zur Umwandlung von Industrievereinigungen der Kohlewirtschaft in Aktiengesellschaften", abgedruckt in Priv. II, S. 393; vgl. auch PD No. 168 vom 9. Februar 1996 "Über Maßnahmen zur weiteren Vervollkommnung der Struktur der Kohleindustrie in der Russischen Föderation", SS 7/1996/673, zuletzt geändert in SS 47/1997/5381.

[602] VO GKI No. 634-r vom 9. April 1993 , abgedruckt in Priv. II, S. 393.

1. Energiewirtschaft

Unternehmen wurde der Verbleib kontrollierender Aktienpakete im Bundeseigentum angeordnet[603]. Diese Aktien wurden zum Teil der neugeschaffenen Holding Rosugol[604], übergeben[605], die bis auf weiteres in 100 %igem Staatsbesitz verbleibt[606]. Im übrigen werden Beteiligungen nach den allgemeinen Bestimmungen des Privatisierungsrechts verkauft. Die Staatsaufsicht über die Kohleindustrie ist im Gesetz "Über die staatliche Regulierung im Bereich der Förderung und Nutzung von Kohle und über die Besonderheiten des sozialen Schutzes der Angestellten von Organisationen der Kohleindustrie"[607] geregelt.

e) Atomindustrie

Die Atomindustrie ist gemäß dem Präsidialdekret "Über die Besonderheiten der Privatisierung von Unternehmen, die dem Bundesministerium für Atomenergie unterstellt sind, und ihre Leitung unter den Bedingungen der Entwicklung der Marktwirtschaft"[608] in Verbindung

---

[603] Vgl. zu den geplanten Verkäufen dieser Aktien Moscow Times vom 7. Juni 1997, World Bank Coal Program Gets Lukewarm Reception.

[604] RegVO No. 651 vom 6. Juni 1996 "Über die Umwandlung des staatlichen Unternehmens Russische Kohlegesellschaft in die offene Aktiengesellschaft Russische Kohlegesellschaft", SS 24/1996/2930, zuletzt geändert in SS 14/1997/1648.

[605] Vgl. hierzu VO GKI No. 284-r "Mustervertrag über die kommerzielle Verwaltung von im Staatseigentum befindlichen Aktien durch das Unternehmen Rosugol", abgedruckt in Priv. III, S. 203.

[606] Vgl. PD No. 168 vom 9. Februar 1996 "Über Maßnahmen zur weiteren Vervollkommnung der Struktur der Kohleindustrie der Russischen Föderation", SS 7/1996/673, zuletzt geändert in SS 47/1997/5381.

[607] Gesetz vom 20. Juni 1996, SS 26/1996/3033; zur Strukturreform in der Kohleindustrie vgl. *Kisilowa*, Die Paradoxa der Kohlereform oder wo sind die Gelder der Weltbank? ESh 49/1996/12.

[608] PD No. 446 vom 15. April 1993, SA PiP 16/1993/1342; vgl. auch PD No. 166 vom 8. Februar 1996 "Über die Vervollkommnung der Leitung von Nuklearbrennstoffunternehmen", SS 7/1996/672.

XIII. Besonderheiten der Privatisierung in einzelnen Branchen

mit Nr. 2.1.18. Privatisierungsprogramm 1994 von der Privatisierung ausgenommen.

2. Kommunikations- und Medienindustrie

Die Privatisierung des zukunftsträchtigen Kommunikations- und Mediensektors kommt nur langsam voran. Hauptgründe hierfür sind die katastrophale Unterentwicklung des Kommunikationswesens, die extrem hohe Investitionen erforderlich macht und die fehlende Deregulierung des Marktes[609].

a) *Rundfunk und Post*

Für sämtliche der zu Sowjetzeiten in einem einheitlichen ministerialen Komplex organisierten Unternehmen der Rundfunk- und Postbranche gilt zunächst ein Privatisierungsverbot[610]. Die Post wurde als Bundespostdienst dem Bundeskommunikationsministerium unterstellt[611].

---

[609] Vgl. Moscow Times vom 20. November 1996, State Shunning Anti-Monopoly Policies.

[610] VO GKI No. PM-10/10685 vom 14. Dezember 1992 ohne Namen, abgedruckt in Priv. II, S. 340.

[611] Vgl. PD No. 1390 vom 16. Oktober 1992 "Über die Gründung der Bundesverwaltung für Post beim Kommunikationsministerium der Russischen Föderation" (außer Kraft), jur. Datenbank Kodex; RegVO No. 1022 vom 25. Dezember 1992 "Ordnung über das Kommunikationsministerium der Russischen Föderation", SA PiP 15/1993/1250; Gesetz vom 9. August 1995 "Über die Post", SS 33/1995/3334; PD No. 1043 vom 17. Oktober 1995 "Über den Bundespostdienst der Russischen Föderation" (außer Kraft), SS 43/1995/4035; RegVO No. 76 vom 27. Januar 1996 "Ordnung über den Bundespostdienst der Russischen Föderation", jur. Datenbank Kodex (außer Kraft); PD No. 1177 vom 14. August 1996 "Über die Struktur der Bundesexekutivorgane", SS 34/1996/4082; RegVO No. 1342 vom 10. Novemver 1996 "Ordnung über den Bundesdienst Rußlands für die Regulierung von natürlichen Monopolen im Kommunikationsbereich", SS 47/1996/5336;

2. Kommunikations- und Medienindustrie

Die Rundfunk- und Fernsehsender und dazugehörigen Betriebe wurden zum Teil in die Form der Aktiengesellschaft, zum Teil in die des Staatsbetriebes überführt[612]. Einigen wenigen privaten Anbietern wurden in der Regel regional und zeitlich begrenzte Sendelizenzen erteilt. Eine Privatisierung des staatlichen Rundfunks oder ernsthafte Deregulierung des Marktes fand nicht statt.

RegVO No. 1362 vom 16. November 1996 "Fragen des Kommunikationsministeriums", SS 48/1996/5467, zuletzt geändert in SS 10/1997/1170.

[612] RegVO No. 1003 vom 22. Dezember 1992, "Über die Privatisierung von Kommunikationsunternehmen", SA PiP 26/1992/2405; PD No. 2255 vom 22. Dezember 1993 "Über die Vervollkommnung der staatlichen Leitung im Bereich der Masseninformation", SA PiP 52/1993/5067; RegVO No. 458 vom 7. Mai 1994 "Ordnung über den Bundesdienst Rußlands für Rundfunk", SS 6/1996/572; PD No. 1019 vom 6. Oktober 1995 "Über die Vervollkommnung des Rundfunks in der Russischen Föderation", SS 41/1995/3878; RegVO No. 1232 vom 13. Dezember 1995 "Über den staatlichen Fonds für Fernseh- und Rundfunkprogramme", SS 51/1995/5073; RegVO No. 1233 vom 13. Dezember 1995 "Über einige Fragen der Tätigkeit regionaler staatlicher Rundfunkorganisationen", SS 51/1995/5074; RegVO No. 1234 vom 13. Dezember 1995 "Über die Gewährleistung der Verbreitung von Programmen landesweiter und regionaler staatlicher Rundfunkgesellschaften", SS 51/1995/5075; PD No. 1386 vom 20. September 1996 "Über die Stabilisierung der Tätigkeit und die Verbesserung der Qualität der Ausstrahlung der allrussischen staatlichen Rundfunkgesellschaft und der Fernsehgesellschaft NTV", SS 39/1996/4534, in Verbindung mit RegVO No. 144-r vom 29. Januar 1997 "Über die Ausführung des Dekrets des Präsidenten der Russischen Föderation vom 20. September 1996 No. 1386 über die Stabilisierung der Tätigkeit und die Verbesserung der Qualität der Ausstrahlung der allrussischen staatlichen Rundfunkgesellschaft und der Fernsehgesellschaft NTV"; RegVO No. 218 vom 22. Februar 1997 "Fragen des russischen Bundesdienstes für Rundfunk", SS 10/1997/1172.

XIII. Besonderheiten der Privatisierung in einzelnen Branchen

b) Telefon[613]

Der bisherige Alleinanbieter von Fern- und Auslandsleitungen, die Rostelekom, wurde in eine Aktiengesellschaft umgewandelt und ein Teil ihrer Aktien vergünstigt an die Beschäftigten ausgegeben, ein Teil auf Voucherauktionen verkauft. Auch die regionalen Telefongesellschaften wurden in Aktiengesellschaften umgewandelt. Kontrollpakete ihrer Aktien, sowie ein staatliches Aktienpaket in Höhe von 38 % an Rostelekom, wurden in eine neugeschaffene Holding, die Swjasinwest eingebracht[614]. 51 % der Swjasinwest-Aktien verbleiben auf unbestimmte Zeit im Staatseigentum. Ein Paket von 25 % der Aktien wurde an ein von der Russischen Uneximbank geführtes Konsortium verkauft, an dem u. a. auch die Deutsche Bank beteiligt ist[615].

c) Verlagswesen

Nach der Regierungsverordnung "Über die Privatisierung von Verlagen, Druckereien und Unternehmen des Buchgroßhandels des Komitees der Russischen Föderation für Druck- und Pressewesen"[616] wurden die Unternehmen des Sektors Druck und Papiermedien in drei

---

[613] Vgl. hierzu *Long*, Developments in Russian Telecoms Law, International Business Lawyer 1995, S. 460.

[614] Vgl. RegVO No. 1297 vom 25. November 1994 "Über die Gründung der OAO Swjasinwest", SS 32/1994/2273, zuletzt geändert in SS 22/1997/ 2593; PD No. 1202 vom 30. November 1995 "Über die Aktiengesellschaft Swjasinwest", SS 49/1996/4774, außer Kraft gesetzt durch PD No. 427 vom 28. April 1997 "Über Maßnahmen zur weiteren Entwicklung der elektrischen Verbindungen und zur Verfügung über Aktien der im Bundeseigentum befindlichen Aktiengesellschaften Swjasinwest, Rostelekom, Zentraltelegraf, Jekaterinburger Städtisches Telefonnetz und Giproswjas", SS 18/1997/2133; RegVO No. 618 vom 23. Mai 1997 "Über den Verkauf von Aktien der OAO Swjasinwest", SS 22/1997/2593.

[615] Vgl. Moscow Times vom 16. November 1996, Analysts Take Puls of Svyaz Plan, vom 20. November 1996, State Shunning Anti-Monopoly Policies und vom 26. Juli 1997, State Nets $1.9Bln from Svyazinvest Sale.

[616] RegVO No. 1119 vom 1. Oktober 1994, SS 24/1994/2641.

3. Transport- und Verkehrsbetriebe

Gruppen geteilt. Die der ersten unterliegen einem Privatisierungsverbot, die der zweiten werden unter Beibehalt einer dreijährigen Staatsbeteiligung in Form einer Goldenen Aktie privatisiert. Die der dritten Gruppe werden ohne Einschränkungen privatisiert.

Mitarbeiter von Zeitungen und Zeitschriften, die früher Teil der Verlage waren und später herausgelöst wurden sowie sonstige freie Mitarbeiter des Betriebes haben das Recht, vergünstigt Aktien zu erwerben, soweit ihr Unternehmen der Privatisierung unterliegt.

3. Transport- und Verkehrsindustrie

Nach der Verordnung "Über die Besonderheiten der Umwandlung in Aktiengesellschaften und der Privatisierung von Unternehmen des Luft-, See-, Fluß- und Straßenverkehrs und der Wegewirtschaft"[617] dürfen Transportunternehmen von überörtlicher Bedeutung nur mit Zustimmung des Verkehrsministeriums privatisiert werden. Diese Behörde kann außerdem darüber bestimmen, ob ein Teil der Aktien im Staatseigentum verbleiben soll. Bei der Privatisierung von Flugzeug- und Schiffsreparaturbetrieben müssen 25,5 % der Aktien dieser Betriebe in das Satzungskapital der Transportgesellschaften der jeweiligen Branche eingebracht werden.

Die Flug-[618], See- und Binnenhäfen, die zu Sowjetzeiten üblicherweise Teil des Vermögens der Transportgesellschaften waren, werden gesondert privatisiert. Für die Privatisierung von Binnenhäfen sieht die Verordnung "Über die Besonderheiten der Privatisierung von Binnenhäfen"[619] vor, daß 25,5 % der Aktien bei Privatisierung von Binnenhäfen auf drei Jahre im Staatseigentum verbleiben. Die Privatisie-

---

[617] VO GKI No. 444-r vom 16. September 1992, abgedruckt in Priv. II, S. 336.
[618] Vgl. auch Moscow Times vom 5. März 1997, Funding Woes Plague Russian Airports.
[619] VO GKI No. 1206-r vom 23. Dezember 1992, abgedruckt in Priv. II, S. 339.

XIII. Besonderheiten der Privatisierung in einzelnen Branchen

rung der Seehäfen erfolgt nach der Verordnung "Über die Besonderheiten der Privatisierung von Seehäfen"[620].

Der bisherige Alleinanbieter im internationalen Luftverkehr, die Aeroflot[621], wurde in zwei Aktiengesellschaften aufgespalten, die Aeroflot International und die nationale Aeroflot. Auch hier besitzt der Staat weiterhin kontrollierende Aktienpakete; 49 % der Aktien wurden an die Angestellten privatisiert[622].

Die Eisenbahn wird nicht privatisiert; eine aus Mitteln der Weltbank finanzierte Strukturreform ist jedoch geplant[623].

4. Holz- und Papierindustrie

Zum waldwirtschaftlichen Komplex, einem in Rußland sehr bedeutenden Indstriesektor, zählen Unternehmen zur Holzgewinnung und Herstellung von Zellulose und Papier. Nach der Regierungsverordnung "Über die Gründung von waldwirtschaftlichen Holdings"[624] wurden hier mehrere größere Holdings gegründet, in die kontrollierende

---

[620] VO GKI No. 770-r vom 4. November 1992, jur. Datenbank Kodex.

[621] Vgl. RegVO No. 314 vom 12. April 1994 "Über die Bestätigung der Satzung der Aktiengesellschaft Aeroflot", SS 20/1994/2292.

[622] Vgl. Moscow Times vom 7. Juni 1997, Aeroflot Stock Stages Mysterious Takeoff.

[623] Vgl. den Eisenbahnminister *Sajzew*, Eine Privatisierung um der Privatisierung willen wird es nicht geben, ESh 39/1996/12.

[624] RegVO No. 1311 vom 21. Dezember 1993, SA PiP 52/1993/5143, ergänzt durch VO GKI No. 723-r vom 5. April 1994 ohne Namen, abgedruckt in Priv. III, S. 262 und gemeinsame VO GKI/FI No. 749-r und No. 140 vom 30. Mai 1995, zuletzt geändert durch gemeinsame VO vom 7. Juli 1995 "Über die Privatisierung von Holdinggesellschaften des waldwirtschaftlichen Komplexes", jur. Datenbank Kodex; vgl. auch PD No. 933 vom 25. August 1997 "Über die Privatisierung des Staatsunternehmens Russische Staatliche Waldwirtschaftliche Gesellschaft Roslesprom", SS 35/1997/4057.

5. Rüstungsindustrie

Aktienpakete der Tochterunternehmen eingebracht wurden[625]. Ein Teil der Aktien dieser Holdings wurde vergünstigt an die Betriebsangehörigen sowie an Unternehmen des Papiergroßhandels verkauft. 20 % der Aktien übergab der Bund den Subjekten der Russischen Föderation zur freien Verwendung. Aktienpakete von 15 bis 20 % werden auf Investitionsausschreibungen veräußert[626].

5. Rüstungsindustrie

Für die Privatisierung dieses Sektors gelten im Vergleich zur Energiewirtschaft nur wenige Sonderregeln. Nach den Präsidialdekreten "Über die Besonderheiten der Privatisierung und zusätzliche Maßnahmen zur staatlichen Regulierung der Tätigkeit von Unternehmen der Rüstungsindustrie" und "Über Maßnahmen zur Gewährleistung der Effektivität der staatlichen Kontrolle über die Privatisierung von Unternehmen der Rüstungsindustrie"[627] unterliegen ausgewählte Betriebe einem Privatisierungsverbot. Die Mehrzahl der Betriebe wird in Aktiengesellschaften umgewandelt und, unter Behalt einer kontrollierenden Staatsbeteiligung, nach den allgemeinen Bestimmungen des Privatisierungsrechts verkauft.

---

[625] Vgl. Moscow Times vom 12. März 1996, Paper Tiger: Bratsk's Model Turnaround.
[626] Vgl. Kommersant Daily vom 18. August 1995, Die Gruppe Menatep konkurriert mit den Roten Direktoren.
[627] PD No. 1267 vom 19. August 1993, Panorama Priwatisatzii 1993, No. 22; PD No. 541 vom 13. April 1996, SS 16/1996/1840; *Opitz*, die Privatisierung der russischen Rüstungsindustrie, Osteuropa 1995, S. 150.

VII. Eigentumsübergang

6. Lebensmittelindustrie

Sonderbestimmungen gelten nur für den Teil der Lebensmittelindustrie, der Agrarprodukte direkt verarbeitet. Nach Nr. 6.4. Privatisierungsprogramm 1994 in Verbindung mit dem Präsidialdekret "Über die Besonderheiten der Privatisierung von Unternehmen zur Verarbeitung von landwirtschaftlichen Produkten und zur technischen Unterstützung und Versorgung des agroindustriellen Komplexes"[628] werden den Betriebsangehörigen hier nur Aktien nach dem Vergünstigungsmodell 1 gewährt. Der überwiegende Teil der Aktien wurde, bis auf wenige Ausnahmen[629], ausschließlich an die Agrarerzeuger verkauft, um so die Monopolstellung der Unternehmen dieses Industriezweiges zu neutralisieren.

7. Forschung

Bedeutende industrielle Forschungseinrichtungen sollen vorläufig nicht privatisiert werden[630]. Manche dieser Einrichtungen, vor allem in der Flugzeugbau- und Raumfahrtindustrie, haben internationalen Standard und sind weltberühmt.

---

[628] PD No. 2205 vom 20. Dezember 1994, SS 35/1994/3691, ergänzt durch VO GKI No. 339-r vom 15. Februar 1994 "Ordnung über den Verkauf der Aktien von Aktiengesellschaften, die im Verlauf der Privatisierung von Unternehmen zur Verarbeitung landwirtschaftlicher Produkte, Fischerei- und sonstiger Meeresprodukte, zur industriell-technischen Versorgung und materiell-technischen Unterstützung des agrarindustriellen Komplexes gegründet wurden", abgedruckt in Priv. III, S. 257, außer Kraft gesetzt durch VO GKI No. 698-r vom 7. August 1997 ohne Namen.

[629] Vgl. VO GKI No. 718-r vom 5. April 1994 "Ordnung über die Besonderheiten der Privatisierung von Unternehmen zum Ankauf, zur Weiterverarbeitung und Lagerung von Getreide und zur Herstellung von Backwaren", abgedruckt in Priv. III, S. 260.

[630] RegVO No. 870 vom 26. Juli 1994 "Über die Privatisierung von Objekten des wissenschaftlich-technischen Bereichs", SS 15/1995/1783.

8. Bauindustrie

Soweit die Privatisierung von Forschungseinrichtungen zugelassen ist, darf sie nur mit Zustimmung höchster staatlicher Stellen und nur im Wege der Ausschreibung erfolgen. Zu den Verkaufsbedingungen muß zwingend die Beibehaltung des Arbeitsfeldes für drei Jahre und der Zahl der Angestellten auf ein Jahr gehören.

8. Bauindustrie

Unternehmen der Bauwirtschaft, die in der Sowjetunion üblicherweise in größeren Baukombinaten zusammengefaßt waren, können nur dann einzeln privatisiert werden, wenn sie nicht so eng mit anderen Kombinatsbetrieben verflochten sind, daß eine sogenannte technologische Verbindung besteht[631]. Andernfalls unterliegen sie der Zusammenfassung in Holdings, deren Aktien dann verkauft werden.

9. Zwischenergebnis

Im Sonderprivatisierungsrecht verfolgt der Gesetzgeber das Ziel, besonders bedeutsame Industrien zu integrieren. Die Instrumente hierfür sind die Schaffung von Holdingstrukturen und Vergabe staatlicher Aktienpakete bestimmter Gesellschaften an ausgewählte Unternehmen. In fast allen, dem Sonderprivatisierungsrecht unterliegenden, Industriezweigen behält der Staat in der Regel auf unbestimmte Zeit kontrollierende Aktienpakete.

---

[631] RegVO No. 763 vom 10. August 1993 "Über die Privatisierung von Unternehmen und Organisationen der Bauwirtschaft und zur Herstellung von Baumaterialien", SA PiP 34/1993/3179.

XIV. Besonderheiten bei der Beteiligung ausländischer Investoren

In- und Ausländer sind in Rußland grundsätzlich gleichgestellt, Art. 62 Abs. 3 Verfassung, §§ 3, 35 ff. AIG. Dies gilt auch für das Privatisierungsrecht, Nr. 8 Privatisierungsprogramm 1992, Nr. 10.1. Privatisierungsprogramm 1994[632]. Tatsächlich unterliegt die Teilnahme von Ausländern an der Privatisierung nur wenigen Beschränkungen und Besonderheiten. Dennoch hält sich die Beteiligung von Ausländern an der russischen Privatisierung in Grenzen[633].

1. Beschränkungen des Erwerbs bestimmter Industrien

Aus Gründen des nationalen Interesses sind ausländische Investitionen gemäß Nr. 10.1. Privatisierungsprogramm 1994 in bestimmten Industrien verboten oder einem Erlaubnisvorbehalt unterstellt[634]. Untersagt

---

[632] Dazu auch der stellvertretende Leiter der Abteilung für ausländische Investitionen beim Komitee für die Verwaltung des Staatsvermögens *Bulygin*, Wie ein Ausländer in Rußland Eigentümer wird, ESh 8/1995/25 und 10/1995/25; *Moguilewskaja/Meinel*, Post-Voucher-Privatisierung in Rußland und Beteiligung ausländischer Investoren, WiRO 1995, S. 91 (93); *Dolbanow*, Der ausländische Investor auf dem russischen Markt, ESh 44/1995/42.

[633] Vgl. den ehemaligen Vorsitzenden des Komitees zur Verwaltung des Staatsvermögens *Koch*, Privatisierung: Gibt es keinen Weg zurück?, ESh 10/1996/6.

[634] Dazu auch *Boguslawski*, Die Rechtslage ausländischer Investitionen in den Nachfolgestaaten der Sowjetunion, S. 71; stellvertretender Leiter der Abteilung für ausländische Investitionen beim Komitee zur Verwaltung des

1. Beschränkungen des Erwerbs bestimmter Industrien

ist die Teilnahme an der Privatisierung von Unternehmen, die in Sperrbezirken angesiedelt sind. Bei Rüstungsbetrieben sowie bei Unternehmen der Gas- und Erdölwirtschaft, zur Förderung und Verarbeitung strategischer Materialien, Edel- und Halbedelsteine, Edelmetalle, radioaktiver und seltener Elemente, des Transportwesens und der Telekommunikation, deren Privatisierung nach Nr. 2.2. Privatisierungsprogramm 1994 der Erlaubnis der russischen Regierung bedarf, wird zugleich mit der Privatisierungsentscheidung darüber befunden, ob ausländische Investoren zur Teilnahme zugelassen werden. Findet daraufhin ein Erwerb durch einen ausländischen Investor statt, so muß dies dem Nachrichtendienst der Russischen Föderation gemeldet werden. Er ist befugt, bei der russischen Regierung Widerspruch einzulegen, woraufhin die Durchführung des Rechtsgeschäfts untersagt werden muß.

Bei der Privatisierung von Betrieben des Handels, alltäglichen Dienstleistungsgewerbes oder Gaststättenwesens sowie kleinerer, bis 200 Angestellte beschäftigender, Industrie-, Bau- oder Automobiltransportunternehmen besteht für die Teilnahme ausländischer Investoren an der Privatisierung ein Erlaubnisvorbehalt zugunsten der örtlichen Behörden. Diese Beschränkung dient der Stärkung des inländischen Mittelstandes und ist nur von geringer Bedeutung.

Weitere Erlaubnisvorbehalte bestehen nach Nr. 3.2., 3.3. der Anlage 2 zum Privatisierungsprogramm 1994 bei der Privatisierung in den arktischen Gebieten Rußlands und ihm gleichgestellter Territorien, in denen vor allem das Engagement örtlicher Investoren erwünscht ist.

Die Beschränkungen beziehen sich ihrem Wortlaut nach nur auf ausländische Investoren. Offen bleibt, ob sie auch für russische Unternehmen mit ausländischer Beteiligung und insbesondere 100 %ige Tochtergesellschaften ausländischer Investoren, gelten.

Staatsvermögens *Bulygin*, Wie ein Ausländer in Rußland Eigentümer wird, ESh 8/1995/25 und 10/1995/25.

XIV. Besonderheiten bei der Beteiligung ausländischer Investoren

2. Devisenrechtliche Beschränkungen

Transferiert ein Käufer ausländische Währung nach Rußland, um damit in der Privatisierung zu bezahlen, sind die devisenrechtlichen Bestimmungen der Russischen Föderation zu beachten[635]. Von Bedeutung sind das Gesetz "Über die Devisenkontrolle" (DevG)[636] und die Verordnung der russischen Zentralbank "Über die Eröffnung und Führung von Rubelkonten für Nichtresidenten durch bevollmächtigte Banken"[637].

Nach § 12 Abs. 1 PrivG müssen Zahlungen im Rahmen der Privatisierung in Inlandswährung geleistet werden. Nach der Zentralbankverordnung dürfen Nichtresidenten für die Abwicklung ihrer Privatisierungsgeschäfte sowie für ihre sonstige Investitionstätigkeit nur zweckgebundene Rubelkonten, sogenannte Investitionskonten, benutzen. Von laufenden Rubel- oder Korrespondenzkonten ausländischer Banken dürfen solche Zahlungen nicht getätigt werden[638]. Die Nichtbeachtung dieser Vorschriften kann dazu führen, daß ein in der Privatisierung getätigtes Rechtsgeschäft für unwirksam erklärt wird[639].

---

[635] Vgl. auch *Moguilewskaja/Meinel*, Post-Voucher-Privatisierung in Rußland und Beteiligung ausländischer Investoren, WiRO 1995, S. 91 (95); *Braginski* in *Rüster*, Markt Rußland, Nr. 11 (Devisenrecht) Rz. 15.

[636] WSND RF 45/1992/2542, deutsche Übersetzung in HdB. WiRO Rus 550.

[637] VO No. 16 vom 16. Juli 1993, abgedruckt in dem Sammelband Devisenregelung und -kontrolle in der Russischen Föderation, S. 343 ff.

[638] Dazu auch *Lasarewa* in *Klejn* u. a., Unternehmensrecht, S. 419 ff; *Schaer*, Investment in Russian Securities, International Business Lawyer 1995, S. 33 (36).

[639] Vgl. Moscow Times vom 14. August 1997, Telecom Investors Say Deal Was Legal.

3. Anwendbares Recht

Bei Rechtsgeschäften mit Ausländern, sogenannten Außenhandelsgeschäften, ist nach russischem internationalem Privatrecht eine Rechtswahlvereinbarung grundsätzlich zulässig, § 166 Abs. 1 Grundlagen der Zivilgesetzgebung der UdSSR und der Republiken (ZivGrdlG)[640]. Eine Ausnahme gilt jedoch nach § 166 Abs. 4 ZivGrdlG für Verträge, die auf Auktionen oder Versteigerungen geschlossen werden. Hier ist stets das Recht des Landes maßgeblich, in dem sie durchgeführt wurden. Eine weitere Ausnahme gilt nach § 164 ZivGrdlG für den Erwerb und Verlust des Eigentums an in Rußland befindlichen Sachen. Auch hierauf wird ausschließlich russisches Recht angewandt.

Da staatliches Vermögen in der Privatisierung ausschließlich auf Auktionen oder Ausschreibungen verkauft wird und es zugleich stets auch um den Eigentumserwerb an in Rußland befindlichen Sachen geht, sind Rechtswahlvereinbarungen beim Erwerb in der Privatisierung nicht möglich.

4. Zwischenergebnis

Ausländer sind Inländern beim Kauf in der russischen Privatisierung grundsätzlich gleichgestellt. Nur für wenige Industrien gelten Ausnahmen in der Form von Genehmigungsvorbehalten oder quantitätsmäßigen Beschränkungen. Bei dem Transfer von Devisen zur Bezahlung in der Privatisierung erworbenen Vermögens sind die devisenrechtlichen Bestimmungen zu beachten. Überweisungen nach Rußland werden hierdurch jedoch nicht eingeschränkt. Rechtswahlvereinbarungen sind bei in der Privatisierung geschlossenen Verträgen nicht möglich. Es findet immer russisches Recht Anwendung.

---

[640] WSND SSSR 26/1991/733, zuletzt geändert in SS 5/1996/411.

XV. Zusammenfassung der Ergebnisse und Ausblick

Der Kauf von Unternehmen, Unternehmensbeteiligungen und sonstigem Staatsvermögen in der russischen Privatisierung ist schwierig und mit verschiedenen rechtlichen Risiken behaftet. Bei den Schwierigkeiten ist zum einen die Zersplitterung der für den Kaufvertrag maßgeblichen Rechtsgrundlagen zu nennen. Statt eines einheitlichen und in sich schlüssigen Privatisierungsrechts gibt es eine kaum erfaßbare Zahl von Vorschriften. Je nachdem, ob das zu privatisierende Eigentum dem Bund, den Subjekten oder den Kommunen zugeordnet ist, kommt Bundes-, Subjekts- oder Kommunalrecht zur Anwendung. Innerhalb des Rechts der jeweiligen Verwaltungsebene sind die Kompetenzen der verschiedenen zur Rechtsetzung ermächtigten Gewalten mangelhaft voneinander abgegrenzt und aufeinander abgestimmt, was zu zahlreichen Widersprüchen im Privatisierungsrecht führt. Diese Verhältnisse spiegeln die nach dem Zerfall der alten staatlichen Ordnung auf allen Ebenen der staatlichen Gewalt ausgetragenen Machtkämpfe wieder. Mit der weiteren Konsolidierung des russischen Staates werden solche Gesetzeskonflikte daher in Zukunft abnehmen.

Weiterhin existieren zu viele verschiedene Privatisierungsverfahren, wodurch der Verkauf des staatlichen Eigentums unnötig verkompliziert wird. In Abhängigkeit von der Art des zu privatisierenden Vermögens und der Person des Käufers gelten unterschiedliche Rahmenbedingungen für den Verkauf. Die Grundkonzeption des Privatisierungsrechts ist an sich einfach: Danach werden die größeren staatlichen Gesellschaften in offene Aktiengesellschaften umgewandelt und anschließend ihre Aktien verkauft, die kleineren Betriebe im Wege des Asset Deal veräußert. Im folgenden differenziert das Privatisierungsrecht jedoch nach der Art des zu privatisierenden Vermögens, indem es zahlreiche Sonderregeln aufstellt: für gemischtes staatliches und privates betriebliches Vermögen, für zahlungsunfähige und aus bestimmten Gründen

XV. Zusammenfassung der Ergebnisse und Ausblick

liquidierte Unternehmen, für einst von der Arbeiterschaft gepachtete Betriebe sowie für Immobilien, wobei hier wiederum zwischen baulichen Anlagen und Grundstücken sowie nach deren Nutzer unterschieden wird. Die getrennte Privatisierung von Betrieb und dazugehörigem Grundstück ist hierbei als besonders unzureichende Regelung hervorzuheben.

Bei den Käufern gelten bisher für drei Gruppen mehr oder weniger umfangreiche Sonderregeln: Betriebsangehörige, die beim Erwerb ihres Betriebes bzw. dessen Aktien Vorteile erhalten, die russische Bevölkerung, die im Verlaufe der sogenannten Massenprivatisierung mit unentgeltlich ausgegebenen Anteilsscheinen bezahlen konnte und Ausländer, die bei manchen Privatisierungen Beschränkungen unterliegen.

Daneben gibt es mehrere Verkaufsverfahren für Aktien, bei denen Pakete oder breit gestreut kleinere Beteiligungen verkauft werden. Der Verkauf eines Aktienpaketes von mehr als 25 % erfolgt nur in Ausnahmefällen.

Der Inhalt der in der Privatisierung abgeschlossenen Kaufverträge ist weitgehend gesetzlich vorbestimmt. Dem staatlichen Verkäufer sind keine Gestaltungsspielräume für den Abschluß individueller Vereinbarungen eingeräumt. Stattdessen ist er gezwungen, die gesetzlich vorgeschriebenen Inhalte in den Kaufvertrag aufzunehmen. Solche zusätzlichen Bestimmungen dienen vor allem dem Sozialschutz wie z. B. Kündigungsverbote, sind zum Teil aber auch nur Ersatz für Lücken im Bau-, Bauplanungs-, Denkmalschutz- oder Umweltrecht. Durch die Aufnahme zahlreicher solcher Bestimmungen wird der Kauf in der Privatisierung ebenfalls verkompliziert.

Zu den vorgenannten Schwierigkeiten beim Unternehmenskauf in der Privatisierung treten die rechtlichen Risiken. Deren größtes besteht in den weitgehenden Möglichkeiten der nachträglichen gerichtlichen Unwirksamerklärung der Privatisierung nicht nur durch den Vertragspartner, sondern auch durch Dritte und der daraufolgenden Rückgängigmachung von in der Privatisierung abgeschlossenen Kaufverträgen. Das Privatisierungsrecht enthält mehrere spezielle Nichtigkeitsgründe, die die zivilrechtlichen Anfechtungs- und Nichtigkeitsvorschriften verschärfen. Außerdem ist der Kreis der Klageberechtigten auf verschiedene staatliche Stellen ausgeweitet.

XV. Zusammenfassung der Ergebnisse und Ausblick

Daneben ist vorgesehen, daß die Anfechtung eines dem Abschluß des Kaufvertrages vorangegangenen Verwaltungsaktes einer an der Privatisierung beteiligten Behörde auf den Kaufvertrag durchschlägt. Dies wirkt sich aus zwei Gründen verhängnisvoll aus: Zum einen, weil das russische Privatisierungsrecht keine gesetzliche Gesamtumwandlung der Betriebe, sondern ein der Privatisierung vorgeschaltetes und von allen Betrieben zu durchlaufendes formelles Verwaltungsverfahren vorsieht. Aufgrund der unzureichenden Verwaltungsorganisation in Rußland führt dies zu einem hohen Risiko, daß Formvorschriften nicht eingehalten wurden und die Privatisierung dadurch anfechtbar wird. Zum anderen, weil Verwaltungsakte in Rußland keine Bestandskraft erlangen und das Vertrauen in ihr Fortbestehen nicht geschützt ist. Unter Berücksichtigung dessen, daß bei der Privatisierung immer wieder Fälle von Korruption oder einfacher Unkenntnis des Gesetzes vorkamen, besteht hier bei allen Verträgen ein hoher Unsicherheitsfaktor.

Ein weiteres rechtliches Risiko besteht in der Haftungsübernahme durch Rechtsnachfolge. Zwar kann ein Übergang der Haftung direkt auf den Erwerber eines Unternehmens nur beim wirtschaftlich eher unbedeutenden Asset Deal eintreten. Jedoch können beim Kauf unerkannt gebliebene Verbindlichkeiten einer Aktiengesellschaft den Wert der erworbenen Aktien später erheblich mindern. Diese Gefahr ist nicht gering: Da sich die russische Wirtschaft seit mehreren Jahren in einer Zahlungskrise kaum vorstellbaren Ausmaßes befindet und Insolvenzverfahren so gut wie nicht durchgeführt werden, haben Staatsbetriebe zum Teil Lohnrückstände, Steuer- und andere Schulden in Millionenhöhe angehäuft. Die Bilanzen, die nach international nicht anerkannten Grundsätzen geführt werden, geben die wahre Vermögenslage eines Unternehmens indes nicht immer richtig wieder.

Zu den vorgenannten Problemen beim Unternehmenskauf kommt ein negatives Investitionsklima hinzu. Es ist charakterisiert durch politische Instabilität, hohe Steuerbelastung, widersprüchliche oder fehlende Gesetze, schlechtes Funktionieren der Rechtspflege, Kapitalflucht, Wirtschaftskriminalität und die fortlaufende Schrumpfung der Volkswirtschaft.

Die Entstaatlichung der ehemals sozialistischen Volkswirtschaft ist in Rußland ein schwieriger und langwieriger Prozeß. Der Unternehmenskaufvertrag in der Privatisierung wird daher auch in Zukunft für

XV. Zusammenfassung der Ergebnisse und Ausblick

Rechtstheoretiker wie -praktiker aktuell bleiben. Nach der in den Jahren 1991 bis 1994 durchgeführten kleinen Privatisierung, bei der hauptsächlich Beteiligungen an kleinen und mittleren Unternehmen und Dienstleistungsunternehmen verkauft wurden, wurde gegen erhebliche gesellschaftliche Widerstände die Entstaatlichung der Großindustrie begonnen. Hier geht es nur zögerlich voran, fehlt es doch an inländischem privaten Kapital und dem politischen Willen, Ausländer zum Zuge kommen zu lassen. Aufgrund des Erstarkens der der Privatisierung traditionell feindlich gesinnten Kommunisten bei den 1995 und 1996 durchgeführten Parlaments- und Präsidentschaftswahlen kam die russische Privatisierung im Jahre 1996 darüber hinaus fast zum Stillstand[641]. Die, mehrheitlich von konservativen Kräften dominierte Duma nimmt demzufolge auch durchweg eine privatisierungsfeindliche Haltung ein. Ein Minister forderte einst eine Renationalisierung der "Blue Chips" unter den russischen Unternehmen, wie des Gasproduzenten Gasprom, der einträglichen Ölgesellschaften Lukoil oder Jukos, der großen Kraftfahrzeughersteller Sil, Awtowas und Kamas, oder die Verstaatlichung der erfolgreichen neuen russischen Banken mit ihren zahlreichen Industriebeteiligungen[642]. Parlamentarische Kommissionen untersuchen regelmäßig größere Privatisierungsprojekte, wie beispielsweise auch die des staatlichen Versicherungskonzerns Ingosstrach[643].

Den meisten Widerstand der Duma gab es jedoch Anfang 1996, als ein Untersuchungsausschuß die Rechtmäßigkeit der im Herbst 1995 eiligst noch vor den Wahlen durchgeführten Privatisierung kontrollierender Staatsbeteiligungen an Unternehmen der Großindustrie nach einem Verpfändungsschema überprüfte[644]. Die Regeln für diese Ver-

---

[641] Vgl. Moscow Times vom 20. März 1996, State Mulls Reversal on Sell-Offs.

[642] Vgl. Moscow Times vom 19. März 1996, Insider Banks Rebuild the Soviet Monopolies.

[643] Vgl. *Figurowski*, Die Privatisierung von Gosstrach, Ekonomitscheskaja Nedelja 20/1997/5.

[644] Vgl. Moscow Times vom 2. April 1996, Panel Sees No Reversal of Sell-Offs; VO der Duma vom 21. Februar 1996 "Über den Verlauf der Privatisierung der Russischen Aktiengesellschaft Norilsk Nickel und die dadurch hervorgerufenen sozio-ökonomischen Probleme und die Einsetzung einer parlamentarischen Kommission zur Überprüfung der Privatisierung der

XV. Zusammenfassung der Ergebnisse und Ausblick

gabe waren kurzfristig per Präsidialdekret erlassen worden und sahen vor, daß kontrollierende Aktienpakete an ausgewählte russische Banken gingen, die dem Staat dafür Darlehen gewährten. Hierbei wurde vereinbart, daß die Beteiligungen an die Darlehensgeber fallen sollten, wenn die, zinslosen, Darlehen nicht binnen Jahresfrist zurückgezahlt würden.

Obwohl offiziell als Pfandgeschäft ausgestaltet, gingen die vertragschließenden Parteien davon aus, daß das Darlehen nicht zurückgezahlt werden würde und die erwerbenden Banken gerierten sich sogleich auch als Eigentümer der erhaltenen Aktien. Und obwohl das Geschäft als Versteigerung ausgestaltet war, gewannen stets die mit der Organisation des Verkaufs betrauten Banken. Mitbieter wurden mit der Begründung, die vorgelegten Garantien über das tatsächliche Vorhandensein der Darlehenssumme reichten nicht aus, zurückgewiesen[645].

Dies rief den Verdacht hervor, daß es sich um eine verbotene Insider-Privatisierung handelte[646]. Nach Abschluß der Ermittlungen des Untersuchungsausschusses wurden belastende Materialien an die Staatsanwaltschaft übergeben, die daraufhin ein Ermittlungsverfahren gegen den Vorsitzenden des Komitees für die Verwaltung des Staatsvermögens, Koch, einleitete, das jedoch später eingestellt wurde[647].

Daneben forderte die Duma die Regierung auf, Mittel zur Verfügung zu stellen, aus denen die Darlehen getilgt werden sollten, damit die Aktien wieder in staatliche Hände zurückkehren. Indes löste der Staat die Aktien nicht aus. Im Fall der Menatep Bank, die fast sämtliche Aktien der Ölgesellschaft Jukos erhalten hatte, wurde der

---

RAO Norilsk Nickel und der dadurch hervorgerufenen sozio-ökonomischen Probleme", SS 10/96/863; VO der Duma vom 3. September 1997 ohne Namen zur Einsetzung einer parlamentarischen Kommission, die die Verkäufe von Swjasinwest und Norilsk Nickel überprüft, SS 37/1997/4237.

[645] Vgl. Informationsbrief Russia and the Other States of the CIS, Clifford Chance, February 1996, S. 20, Legal Update: Loans for Shares Redux.

[646] Vgl. Moscow Times vom 31. August 1996, Banks Likely to Keep Shares und Government Must Collect for its Shares.

[647] Vgl. Moscow Times vom 16. August 1997, Yeltsin Blasts Kokh for Bias in Privatizations.

XV. Zusammenfassung der Ergebnisse und Ausblick

Konflikt dadurch beigelegt, daß der Staat ein größeres Beteiligungspaket an Menatep erhielt[648].

1996 wurden auch von verschiedenen Fraktionen in der Duma Gesetzesentwürfe für ein neues Privatisierungsgesetz vorgelegt, die zum Teil so weit gingen, daß sie die erneute Unterstellung privatisierter Betriebe unter staatliche Kontrolle vorsahen, soweit das öffentliche Interesse dies gebieten sollte[649]. Das 1997 verabschiedete neue Privatisierungsgesetz brachte dann jedoch keine Rückschritte.

Die vielbefürchtete[650] Umkehr der Privatisierung wird ausbleiben[651]. Enteignungen können nur aufgrund Gesetzes und gegen Entschädigung erfolgen. Für ein entsprechendes Gesetz gibt es keine Mehrheiten und für die Bezahlung der Entschädigungssummen fehlen dem Staat die Mittel. Auch ist bereits ein so großer Teil des Eigentums an Produktionsmitteln in private Hände übergegangen, daß die Rückkehr zu einem vom staatlichen Eigentum an den Produktionsmitteln dominierten Wirtschaftssystem politisch nicht mehr durchsetzbar erscheint. Zwar scheiterte die Bodenprivatisierung und Neuordnung der Agrarwirtschaft bisher am Widerstand der Reformgegner. Dafür ging die Entstaatlichung von Teilen der Industrie und des gesamten Dienstleistungssektors jedoch zügig und oftmals sogar vorbildlich[652] voran.

---

[648] Vgl. den Mitarbeiter von Menatep *Tschernjawski*, Über den Tausch von Aktien der Menatep-Bank gegen Aktien von Industrieunternehmen, Expert 10/1996/22.

[649] Vgl. Moscow Times vom 21. März 1996, Yeltsin Moves to Forestall Nationalization Backlash.

[650] Vgl. die Beiträge des ehemaligen Vorsitzenden des Komitees zur Verwaltung des Staatsvermögens *Koch* u. a., Privatisierung: Gibt es keinen Weg zurück?, ESh 6/1996/6.

[651] Vgl. auch Moscow Times vom 19. Juli 1996, Privatization Back in Vogue in Yeltsin's Kremlin; Interview mit dem Vorsitzenden des Dumaausschusses für Eigentum, Privatisierung und wirtschaftliche Tätigkeit *Bunitsch*, Privatisierung: Übergang von der Quantität zur Qualität, ESh 3/1997/11.

[652] Vgl. Moscow Times vom 12. März 1996, Paper Tiger: Bratsk's Model Turnaround.

XV. Zusammenfassung der Ergebnisse und Ausblick

Zu einer Rückgängigmachung der Privatisierung kam es bisher nur in Einzelfällen durch gerichtliche Anfechtung oder freiwillig[653].

Rußland wird, vor allem aus Finanzknappheit, nicht umhinkommen, größere Beteiligungen an Unternehmen der Rohstoffbranche und der Infrastrukturindustrie wie dem Betreiber des nationalen Elektrizitätsnetzes oder der nationalen Telefongesellschaft, an strategische, auch ausländische, Investoren zu verkaufen[654]. Eine weitere bevorstehende Aufgabe ist auch das Vertrauen der russischen Anleger in ihr Land wiederzugewinnen um die Kapitalflucht zu beenden. Nur so können die alten und ineffektiven Wirtschaftsstrukturen aufgebrochen[655] und die Voraussetzungen dafür geschaffen werden, daß die dringend benötigten privaten Investitionen endlich nach Rußland fließen.

---

[653] Vgl. Moscow Times vom 24. Juli 1996, Farm Bank Returns to State's Fold.

[654] Vgl. Moscow Times vom 4. September 1996, Revenue Shortfall Poses Policy Puzzle.

[655] Zu solchen Folgeproblemen vgl. auch Moscow Times vom 16. Juli 1996, The Great Boardroom Revolution, und vom 18. Juli 1996, Owners Steamed in War for Smelter.

Literaturverzeichnis

I. Russische Monographien

Abdulatipow, R. G.: Der Föderationsvertrag und die Perspektiven der Entwicklung der Beziehungen zwischen den Nationen (Federalny dogowor i perspektiwy raswitija otnoschenii meshdu nazijami), Moskau 1993

Alexin, A. P. / *Karmolizki*, A. A. / *Koslow*, Ju. M.: Das Verwaltungsrecht der Russischen Föderation (Administratiwnoje prawo Rossiskoj Federazii), Moskau 1996

Bachrach, D. N.: Verwaltungsrecht (Administratiwnoje prawo), Moskau 1993

Daijew, T. M.: Die öffentlich-rechtliche Regulierung der Umwandlung in Aktiengesellschaften in der Russischen Föderation (Gosudarstwenno-prawowoje regulirowanije akzionirowanija w Rossiskoj Federazii), Dissertation Moskau 1995

Frolow, G. M. u. a.: Der rechtliche Mechanismus für die Umsetzung der Bestimmungen des Föderationsvertrages (Prawowoj mechanism realisazii poloshenii federatiwnowo dogowora), Moskau 1993

Fursow, D. A.: Das prozessuale Regime bei der Tätigkeit des Wirtschaftsgerichts in erster Instanz (Prozessualny reshim dejatelnosti arbitrashnowo suda perwoj instanzii), Moskau 1997

Gerasimenko, S. A.: Die Pacht als organisationsrechtliche Form des Unternehmertums (Arenda kak organisazionno-prawowaja forma predprinimatelstwa), Moskau 1992

Golitschenkow, A. K.: Praktikum im Umweltrecht (Praktikum po ekologitscheskomu prawu), Moskau 1996

Gontscharenko, R. G. u. a.: Die Vorbereitung eines Unternehmens zur Privatisierung und Umwandlung in eine Aktiengesellschaft (Podgo-

Literaturverzeichnis

towka predprijatija k priwatisazii i preobrasowaniju w akzionernoje obschtschestwo), St. Petersburg 1992

Jerofejew, W. W.: Umweltrecht (Ekologitscheskoje prawo), Moskau 1992

Kamyschanski, W. P.: Die rechtliche Regelung der Privatisierung staatlicher und kommunaler Unternehmen und ihre Effektivität (Prawowoje regulirowanije priwatisazii gosudarstwennych i munizipalnych predprijatii i ewo effektiwnost), Dissertation St. Petersburg 1994

Kantorowitsch, Ja. A.: Privater Handel und Wirtschaft nach der geltenden Gesetzgebung (Tschastnaja torgowlja i promyschlennost po dejstwujuschtschemu sakonodatelstwu), Leningrad 1925

Klejn, N. A. / *Tichomirow*, Ju. A.: Die Wirkung des Gesetzes (Dejstwije sakona), Moskau 1992

Klejn, N. A. u. a.: Unternehmensrecht (Predprinimatelskoje prawo), Moskau 1993

Kolpin, A. T. / *Masljajew*, A. J.: Zivilrecht. Erster Teil. Lehrbuch (Grashdanskoje prawo. Perwaja tschast. Utschebnik.), Moskau 1997

Korenew, A. P.: Das Verwaltungsrecht Rußlands. Teil Zwei (Administratiwnoje prawo Rossii. Tschast wtorajauch), Moskau 1997

Kurennoj, A. M.: Das Arbeitsrecht: Auf dem Weg zum Markt (Trudowoje prawo: na puti k rynku), Moskau 1995

Kutafin, O. E. u. a.: Das Staatsrecht der Russischen Föderation (Gosudarstwennnoje prawo Rossiskoj Federazii), Moskau 1996

Kutafin, O. E. / *Fadejew*, W. I.: Das Kommunalrecht der Russischen Föderation (Munizipalnoje Prawo Rossiskoj Federazii), Moskau 1997

Majkowa, L. N.: Besonderheiten der Immobilienprivatisierung (Osobennosti priwatisazii nedwishimosti), Moskau 1995

Nosdratschew, A. F. / *Tichomirow*, Ju. A. (Hrsg.): Die ausführende Macht in der Russischen Föderation (Ispolnitelnaja wlast w Rossiskoj Federazii), Moskau 1996

Nosow, S. I.: Verwaltungsakte bei der Privatisierung staatlicher und kommunaler Unternehmen (Akty uprawlenija w sfere priwatisazii gosudarstwennych i munizipalnych predprijatii), Dissertation Moskau 1994

Orlowski, Ju. P.: Das Arbeitsrecht Rußlands (Trudowoje prawo Rossii), Moskau 1995

Petrow, W. W.: Das Umweltrecht Rußlands (Ekologitscheskoje prawo Rossii), Moskau 1995

Popondopulo, W. F. u. a.: Handelsrecht (Kommertscheskoje prawo), St. Petersburg 1993

Sawizki, W. M.: Die Organisation der Judikative in der Russischen Föderation (Organisazija sudebnoj wlasti w Rossiskoj Federazii), Moskau 1996

Schakarjan, M. S. u. a.: Der Zivilprozeß (Grashdanski prozess), Moskau 1993

Schtschennikowa, L. W.: Die Sachenrechte im Zivilrecht Rußlands (Weschtschnye prawa w grashdanskom prawe Rossii), Moskau 1996

Scheplow, S. A. u. a.: Das Pachtunternehmen (Arendnoje predprijatie), Moskau 1993

Sergejew, A. P. / *Tolstoj*, Ju. K. (Hrsg.): Zivilrecht. Lehrbuch. Teil Zwei. (Grashdanskoje prawo. Utschebnik. Tschast wtorajauch), Moskau 1997

Subkowa, N. W.: Die Privatisierung staatlicher und kommunaler Unternehmen auf Versteigerungen (Priwatisazija gosudarstwennych i munizipalnych predprijatii putjom aukziona), Dissertation St. Petersburg 1993

Suchanow, Je. A. u. a.: Zivilrecht (Grashdanskoje prawo) Band I und II, Moskau 1994

Tichomirow, Ju. A.: Juristische Kollision (Juriditscheskaja kollisija), Moskau 1994

- Öffentliches Recht (Administratiwnoje prawo), Moskau 1995

Tichomirow, Ju. A.: u. a.: Verfassung, Gesetz, untergesetzlicher Akt (Konstituzija, sakon, podsakonny akt), Moskau 1994

Winogradowa, E. A.: Die Schiedsgerichtsbarkeit in Rußland (Tretejski sud w Rossii), Moskau 1993

Literaturverzeichnis

II. Russische Gesetze und Gesetzessammlungen

Der Boden als unbewegliches Vermögen (Semlja kak nedwishimost), *Kowernik* N. S. (Hrsg.), St. Petersburg 1995

Die Bodenpachtbeziehungen in Moskau (Semelno-arendnye otnoschenija w Moskwe), *Dorofejew*, S. D. (Hrsg.), Moskau 1995

Das Bodenrecht der Russischen Föderation (Semelnoje prawo Rossiskoj Federazii), *Osokin*, N. N. (Hrsg.), Moskau 1995

Die Boden- und Agrarreform in Rußland (Semelno-agrarnaja reforma w Rossii), *Ageschin*, Ju. A. (Hrsg.), Moskau 1994

Devisenregulierung in Rußland (Waljutnoje regulirowanije w Rossii), *Basarowa*, T. P. u. a. (Hrsg.), Moskau 1996

Die Lizenzierung einiger Arten von Tätigkeiten (Lizensirowanije otdelnych widow dejatelnosti), *Sacharowa*, N. N. u. a. (Hrsg.), Band I und II, Moskau 1995

Privatisierung (Priwatisazija), *Fursow*, D. A. (Hrsg.), Moskau 1997

Privatisierung im technisch-wissenschaftlichen Bereich (Priwatisazija w nautschno-technitscheskoj sfere), *Kulagin*, A. S. (Hrsg.), Band I und II, Moskau 1993

Privatisierung in Rußland (Priwatisazija w Rossii), Band I, *Syrodojew*, N. A. (Hrsg.), Moskau 1993, Band II und III, *Mostowoj*, P. P. (Hrsg.), Moskau 1994 und 1995

Strafen, Säumnisgebühren, Verzugszinsen (Peni, neustojki, nedoimki), (ohne Angabe eines Herausgebers), Moskau 1995

Die Verfassungen der Republiken der Russischen Föderation (Konstituzii respublik w sostawe Rossiskoj Federazii), *Michalewa*, N. A. (Hrsg.), Moskau 1995

Unbewegliches Vermögen in der Stadt und dem Bezirk Moskau (Nedwishimost w gorode Moskwe i w Moskowskoj Oblasti), (ohne Angabe eines Herausgebers), Moskau 1993

Wertpapiere (Zennye bumagi), *Kischin*, W. A. (Hrsg.), Moskau 1994

Das Zivilgesetzbuch der Russischen Föderation (Grashdanski kodex Rossiskoj Federazii), mit Einleitung von *Jakowlew*, W. F., Moskau 1995

III. Russische Kommentare

Abdulatipow, R. G. u. a.: Der Föderationsvertrag (Federatiwny dogowor), Moskau 1992

Braginski, M. I. u. a.: Kommentar des ersten Teils des Zivilgesetzbuches der Russischen Föderation (Kommentarii tschasti perwoj grashdanskowo kodexa Rossiskoj Federazii), Moskau 1995

Gujew, A. N.: Die Grundlagen der Zivilgesetzgebung der UdSSR und der Republiken (Osnowy grashdanskowo sakonodatelstwa SSSR i respublik), Moskau 1993

Jakowlew, W. F. u. a.: Die Wirtschaftsprozeßordnung der Russischen Föderation. Kommentar. (Arbitrashny prozessualny kodex Rossiskoj Federazii. Kommentarii.), Moskau 1994

Klejn, N. I. (Hrsg.): Kommentar zur Gesetzgebung der Russischen Föderation über die Privatisierung von Unternehmen (Kommentarii k sakonodatelstwu o priwatisazii predprijatii), Moskau 1993

Korschunow, Ju. N. u. a.: Der Ersatz von Schäden, die der Gesundheit von Arbeitnehmern bei der Erfüllung ihrer Arbeitspflichten zugefügt werden, durch den Arbeitgeber (Wosmeschtschenie rabotodatelem wreda, pritschinjonnowo sdorowju rabotnika pri ispolnenii trudowych objasannosti), Moskau 1994

Krassow, O. I.: Die Grundlagen der Waldgesetzgebung der Russischen Föderation. Kommentar. (Osnowy lesnowo sakonodatelstwa Rossiskoj Federazii. Kommentarii.), Moskau 1995

Okunkow, L. A. u. a.: Kommentar zur Verfassung der Russischen Föderation (Kommentarii k Konstituzii Rossiskoj Federazii), Moskau 1994

Orlowski, Ju. P.: Kommentar zur Gesetzgebung über Betriebsvereinbarungen und Kollektivverträge (Kommentarii k sakonodatelstwu o kollektiwnych dogoworach i soglaschenijach), Moskau 1993

Sadikow, O. N. u. a.: Kommentar zum Zivilgesetzbuch der Russischen Föderation. Des ersten Teils. (Kommentarii k grashdanskomu kodexu Rossiskoj Federazii. Tschasti perwoj.), Moskau 1995, Kommentar zum Zivilgesetzbuch der Russischen Föderation. Des zweiten

Teils (Kommentarii k grashdanskomu kodexu Rossiskoj Federazii. Tschasti wtoroj), Moskau 1996

Suchanow, Je. A.: Das Eigentumsgesetz (Sakon o sobstwennosti), Moskau 1993

Tichomirow, Ju. A. u. a.: Kommentar zum Bundesgesetz über Aktiengesellschaften (Kommentarii k federalnomu sakonu ob akzionernych obschtschestwach), Moskau 1996

Topornin, B. N. u. a.: Die Verfassung der Russischen Föderation. Kommentar. (Konstituzija Rossiskoj Federazii. Kommentarii.), Moskau 1995

Witrjanski, W. W. u. a.: Das Gesetz über die Zahlungsunfähigkeit (Bankrott) von Unternehmen. Kommentar. (Sakon o nesostojatelnosti (bankrotstwe) predprijatii. Kommentarii.), Moskau 1994

IV. Russische Zeitschriftenaufsätze

Amosow, S.: Die Bundeswirtschaftsgerichte des Bezirks, Chosjajstwo i Prawo 8/1996/144

Andrejew, O.: Die Pacht, Sakon 4/1993/36

Andrejewa, T.: Zur Frage über die rechtliche Regelung der Bodenverhältnisse, Westnik Wysschtschewo Arbitrashnowo Suda 5/1994/92

- Die Zuständigkeit in Streitverfahren, Sakon 9/1995/37

Apranitsch, Ju. P. / *Pelewin*, N. W.: Einige streitige Fragen der Wirtschaftsgerichtsgesetzgebung, Prawowedenije 5/1992/102

Archipow, N. W.: Wirtschaftsgerichte und Wirtschaftsprozeß in Rußland, Prawowedenije 4/1994/108

Bachrach, D. / *Krolis*, L.: Die Einziehung von Verzugszinsen und Strafen von Steuerzahlern, Chosjajstwo i Prawo 9/1995/36 und 10/1995/48

- Die Gesetzlichkeit der Anwendung von Sanktionen für die Verletzung des Steuerrechts, Chosjajstwo i Prawo 3/1996/149

Beljajew, S.: Auf der neuen Etappe der Privatisierung, Shurnal dlja Akzionerow 6/1995/2

Bereshnaja, T.: 12:1 für die Arbeitskollektive, Westnik Priwatisazii 14/1994/74

Bobrowa, N. A.: Einige Aspekte der Gesetzgebungstätigkeit der Subjekte der Russischen Föderation, Gosudarstwo i Prawo 11/1995/43

Bogoljubow, S. A.: Das Eigentum an Naturressourcen: Der heutige Aspekt, Prawo i Ekonomika 19-20/1994/164

- Die Rechtsetzung der Föderationssubjekte im Bereich der Ökologie und der Bodennutzung, Prawo i Ekonomika 13-14/1996/125

Braginski, M. I.: Rechtsgeschäfte. Vertretung. Fristen. Klagefrist. Kommentar zum ZGB RF, Chosjajstwo i Prawo 6/1995/3

Braginski, M. I. / *Suchanow*, Je. A. / *Jaroschenko*, W. S.: Objekte ziviler Rechte, Chosjajstwo i Prawo 5/1995/3

Brintschuk, M. M.: Rechtliche Probleme der Erhaltung und Regenerierung der Umwelt in den von ethnischen Minderheiten besiedelten Gebieten, Prawowedenije 4/1994/101

Brintschuk, M. M. / *Bogoljubow*, S. A. / *Dubowik*, N. O. / *Supataewa*, L. F.: Entwicklungsprobleme des russischen Umweltrechts, Gosudarstwo i Prawo 2/1995/53

Brysgalin, A. / *Bernik*, W.: Steuerhinterziehung: Rechtsverletzung oder objektives Phänomen? Sakon 4/1995/113

- Inhalt und Arten finanzieller Rechtsverstöße in der russischen Steuergesetzgebung, Chosjajstwo i Prawo 5/1995/136 und 6/1995/144

Busow, A.: Die Horizonte des Hypothekengeschäfts, Shurnal dlja Akzionerow 3/1995/43

Degtjarew, O.: Die Führung des Aktionärsregisters und Probleme der Registrierung von Geschäften mit Aktien privatisierter Unternehmen, Westnik Priwatisazii 1/1994/92

Djatschenko, S. N. / *Korobow*, W. S.: Rückständige Lohnzahlungen: Wie dagegen vorgehen? Rossiskaja Justizija 2/1995/28

Dolbanow, W.: Die Privatisierung des russischen Anteils in Gemeinschaftsunternehmen, Panorama Priwatisazii 13/1994/32

Dosorzew, W. A.: Rechtsgeschäfte mit Immobilien, Delo i Prawo 10/1996/10

Literaturverzeichnis

Ebsejew, B. S. / *Karapetjan*, L. M.: Der russische Föderalismus: Gleichheit und Asymmetrie des Verfassungsstatus der Subjekte, Gosudarstwo i Prawo 3/1995/3

Erdelewski, N. O.: Die Haftung für moralischen Schaden, Rossiskaja Justizija 7/1994/35

Ferens-Sorozki, W. S.: Bemerkungen über die Wirtschaftsprozeßordnung, Prawowedenije 6/1992/40

Fursow, D.: Das zivilrechtliche Vorverfahren und die außergerichtliche Streitbeilegung, Chosjajstwo i Prawo 5/1995/108

Gljanzew, A.: Zur Frage der Anwendbarkeit des § 43 der Regeln über den Ersatz von Schäden, die Arbeitnehmer bei der Erfüllung ihrer Arbeitspflichten durch Körperverletzung, Berufskrankheit oder andere Gesundheitsbeschädigung erleiden, durch den Arbeitgeber, Westnik Wysschtschewo Suda 5/1995/15

Goremykina Je.: Die rechtliche Regelung der Pacht von gewerblich genutzten baulichen Anlagen, Sakon 11/1994/96

- Der Verkauf unbeweglichen Vermögens in Moskau, Sakon 12/1994/88

Ikonizkaja, I. I. / *Bystrow*, G. E. / *Gorbowa*, W. F. / *Fajsullin*, G. G. u. a.: Probleme bei der Entwicklung des Bodenrechts in der Russischen Föderation, Gosudarstwo i Prawo 8/1993/3

Jakowlew, W.: Neue Signale, neue und alte Probleme des Wirtschaftsgerichts, Sakon 5/1996/112

Jerschow, S. P.: Streitigkeiten im Zusammenhang mit zusätzlichen Kündigungsgründen, Rossiskaja Justizija 1/1994/21

- Die gerichtliche Behandlung von Streitigkeiten im Zusammenhang mit einer Kündigung nach § 33 Abs. 3 Arbeitsgesetz, Rossiskaja Justizija 2/1994/25

- Die Kündigung eines Arbeitsvertrages durch den Arbeitgeber gemäß § 33 Abs. 1 Arbeitsgesetz, Rossiskaja Justizija 3/1994/25

Jusupow, N. A.: Die Pacht als Etappe der Privatisierung, Prawowedenije 5/1992/86

Kabalkin, A.: Der Begriff und die Bedingungen des Vertrages, Rossiskaja Justizija 6/1996/19

Literaturverzeichnis

Kalinitschenko, S. I.: Die Kontrolle über Umweltschutz und natürliche Ressourcen, Gosudarstwo i Prawo 7/1995/74

Karlin, A.: Der Staatsanwalt im Wirtschaftsgerichtsprozess: Die Verstärkung der Prinzipien des kontradiktorischen Charakters und der Gleichheit der Parteien, Sakonnost 5/1996/2

- Die Staatsanwaltschaft hat im Wirtschaftsgericht etwas zu tun, Sakon 5/1997/98

Klejn, N. I. / *Tschubarow,* W. W.: Der Kauf gepachteten Vermögens als Art der Privatisierung, Sakonodatelstwo i Ekonomika 14/1992/5

Kolbasow, O. S.: Der Ersatz ökologischer Schäden an Bürger, Gosudarstwo i Prawo 10/1994/107

Konow, Ju.: Gewerbliches Eigentum im Satzungskapital von Gesellschaften, Woprosy Isobretatelstwa 7-8/1994/9

Korokina, T.: Die Privatisierung von Apotheken: Probleme und Lösungen, Panorama Priwatisazii 24/1995/23

Korschunow, Ju.: Kommentar zu den Regeln über den Ersatz von Schäden, die Arbeitern bei der Erfüllung ihrer Arbeitspflichten zugefügt werden, Chosjajstwo i Prawo 5/1996/135 und 6/1996/133

Krascheninnikow, P. W.: Der Verkehr mit Inhaberwertpapieren, Chosjajstwo i Prawo 10/1994/21

Krassow, O. I.: Entwicklungsperspektiven der Gesetzgebung über das Privateigentum, Gosudarstwo i Prawo 5/1994/62

Krassow, O. I. / *Rjumina,* R. W.: Das staatliche Eigentum an Naturvorkommen, Gosudarstwo i Prawo 9/1995/33

Kulikowa, L. A.: Das vorgerichtliche (Anspruchs-) Verfahren zur Streitbeilegung, Delo i Prawo 8/1996/38

- Aus Materialien der wirtschaftsrechtlichen Praxis bei der Entscheidung von Streitigkeiten im Zusammenhang mit der Anwendung von Vorschriften des Zivilgesetzbuches über Verträge, Delo i Prawo 11/1996/51 (57)

Kuljajew, G.: Ökologische Rechtsverletzungen beim Bau und der Nutzung von Erholungsstätten, Sakonnost 6/1995/36

Kurbatow, W.: Fragen der Verhängung von Bußgeldern für die Verletzung von Steuervorschriften, Chosjajstwo i Prawo 1/1995/63

Literaturverzeichnis

Kurskorrektur. Aus dem Bericht des Komitees zur Verwaltung des Staatsvermögens "Die Ergebnisse der Privatisierung im Jahre 1995 und der Gang der Ausführung des Präsidialdekrets No. 478 vom 11. Mai 1995 "Über Maßnahmen zur Sicherstellung der garantierten Einnahmen in den Bundeshaushalt aus der Privatisierung" und der Aufgaben im Jahre 1996", Panorama Priwatisazii 7/1996/3

Lasarewski, A.: Investitionen und der Boden, Shurnal dlja Akzionerow 3/1995/2

Lebedew, K.: Die Anfechtung von Beschlüssen der Aktionärsversammlung vor Gericht, Sakon 5/1997/99

Ljubimowa, R.: Das Wirtschaftsgericht stellte die Nichtigkeit fest, Chosjajstwo i Prawo 9/1994/113

- Der Immobilienverkauf in Moskau, Sakon 12/1994/88

Lomakin, D.: Die rechtliche Regelung der Übergabe von Aktien, Chosjajstwo i Prawo 8/1996/141 und 9/1996/170

Lysichin, P.: Die Privatisierung von staatlichen und kommunalen Unternehmen: Rechtliche Regelungen, Rynok Zennych Bumag 5/1994/43

Mamaj, W.: Besonderheiten von Streitigkeiten im Zusammenhang mit der Privatisierung von Unternehmen, Chosjajstwo i Prawo 10/1994/72

- Besonderheiten bei Grundstücksstreitigkeiten, Chosjajstwo i Prawo 7/1995/96

- Die Umwandlung in Aktiengesellschaften und Privatisierung von Unternehmen im Prisma gerichtlicher Streitigkeiten, Chosjajstwo i Prawo 8/1995/91

Masewitsch, M. G. / Tscheutschewa, S. N.: Der Unternehmensverkauf, Delo i Prawo 7/1996/26

Masewitsch, M. G. / Scharikow, Ju. G.: Die rechtliche Regulierung von Immobilienbeziehungen, Prawo i Ekonomika 5-6/1996/4, 7/1996/3, 8/1996/3, 9/1996/3, 10/1996/3, 12/1996/17, 13-14/1996/125

Masljajew D.: Das Eigentum der gesellschaftlichen Organisationen, Sakon 2/1993/32

Maximow, B. / Sesekin, W.: Im Prozeß der Privatisierung auftretende Fragen der Regulierung von Eigentumsbeziehungen, die mit Objekten des geschützten geistigen Eigentums im Zusammenhang stehen, Chosjajstwo i Prawo 10/1995/121
- Technologie unter den Bedingungen der Privatisierung, Chosjajstwo i Prawo 1/1996/127

Medwedew, A.: Die Treuhandverwaltung - buchhalterische Erfassung und Besteuerung, Chosjajstwo i Prawo 5/1997/44

Nefedow, D.: Einige Rechte des Eigentümers eines privatisierten Unternehmens, Chosjajstwo i Prawo 2/1996/112

Nikitina, O. A.: Die Unternehmensprivatisierung: Die Gesetzgebung und Probleme der wirtschaftsgerichtlichen Praxis, Delo i Prawo 5/1996/52
- Die Anwendung der Gesetzgebung über die Privatisierung staatlichen und kommunalen Vermögens, Delo i Prawo 12/1996/42

Nowoselowa, L.: Über die Beurteilung des Vorliegens von Vertragsbeziehungen durch die Wirtschaftsgerichte, Chosjajstwo i Prawo 9/1994/101

Nowoselzew, N.: Die Wirtschaftsprüfung beim geistigen Eigentum, Chosjajstwo i Prawo 12/1995/46
- Die Wirtschaftsprüfung geistigen Eigentums bei der Bewertung immaterieller Aktiva, Chosjajstwo i Prawo 4/1997/144

Osokin, N. N.: Zur Frage der Abgrenzung zwischen Naturressourcen des Bundes und der Subjekte der Russischen Föderation, Westnik Moskowskowo Uniwersiteta 6/1996/36

Otnjukowa, G.: Die Erfüllung von Verpflichtungen, Rossiskaja Justizija 3/1996/16

Pappe, Ja. Sch.: Russische Wirtschaftseliten: Ein schematisches Porträt, Sakon 4/1995/115

Pawlow, W.: Die Grundprinzipien der Registrierung von Rechten an Immobilien, Rossiskaja Justizija 5/1995/26

Petrowa, S.: Über die Entscheidung von Streitigkeiten über die Unwirksamerklärung von Akten staatlicher Behörden der Selbstverwaltungsorgane und anderer Stellen, Chosjajstwo i Prawo 10/1997/62

Literaturverzeichnis

Pjatkow, D.: Das Staatsunternehmen als Gegenstand eines Kaufvertrages, Chosjajstwo i Prawo 1/1998/80

Polonski, B.: Einige Feinheiten des Wirtschaftsprozesses, Sakon 6/1996/119

Primow, N.: Die Sphäre der gerichtlichen Anfechtbarkeit erweitern, Rossiskaja Justizija 3/1996/46

Putschinski, W.: Gerichtsverfahren unter Beteiligung ausländischer Personen. Kommentar zur Wirtschaftsprozeßordnung, Chosjajstwo i Prawo 4/1996/16 und 5/1996/13

Rossiskaja Justizija, Redaktionsbeitrag, Die Tätigkeit des Wirtschaftsgerichts im Jahre 1996, Rossiskaja Justizija 4/1997/57

Sagrebnew, S.: Die Zuständigkeit für Streitigkeiten unter Beteiligung ausländischer Investoren - juristischer Personen, Chosjajstwo i Prawo 8/1996/85

- Die Appellations- und Kassationsinstanz der Wirtschaftsgerichte: Gemeinsamkeiten und Unterschiede, Chosjajstwo i Prawo 2/1997/101

Sawitschew, G. P.: Der Kauf gepachteten Vermögens als eine Form des Eigentumserwerbs, Westnik Moskowskowo Uniwersiteta 2/1996/34

Schebanowa, N. A.: Über die Vorbereitung von Verfahren unter Beteiligung ausländischer juristischer Personen in den Wirtschaftsgerichten, Westnik Wysschstschewo Arbitrashnowo Suda 1/1997/99

Scherstjuk, W.: Die Einreichung einer Appellationsbeschwerde beim Wirtschaftsgericht, Chosjajstwo i Prawo 10/1996/91

- Die Entscheidung einer Sache in der Appellationsinstanz, Chosjajstwo i Prawo 1/1997/58

Schewakin, W. N.: Allgemeine Probleme des Steuersystems in der Russischen Föderation, Gosudarstwo i Prawo 1/1995/71

Schilochwost, O.: Der Wechsel von Personen in einem Schuldverhältnis, Rossiskaja Justizija 2/1996/18

Schipijew, W.: Die örtliche Gesetzgebung sollte den Bundesgesetzen nicht widersprechen, Sakonnost 7/1995/2

Schtschedrin, O.: Maßnahmen der Gefahrenabwehr: Die Entwicklung der Theorie, Unterscheidungsmerkmale und die Klassifizierung, Prawowedenije 4/1994/91

Schtscheltschikow, O.: Die Unternehmensprivatisierung: Die Gesetzgebung und Probleme der wirtschaftsgerichtlichen Praxis, Chosjajstwo i Prawo 11/1995/78

Selesnow, M.: Die Vermutung ökologischer Gefährdung, Rossiskaja Justizija 4/1998/35

Sesekin, W.: Die Privatisierung und Objekte des geistigen Eigentums, Panorama Priwatisazii 8/1996/48

Shurawlewa, O.: Die gerichtliche Beschwerde gegen rechtswidrige Handlungen und Entscheidungen: Wie kann ihre Effektivität erhöht werden? Rossiskaja Justizija 1/1998/25

Sinatulin, L.: Die rechtliche Lage von im Verlauf der Privatisierung geschaffenen Aktiengesellschaften, Panorama Priwatisazii 6/1996/49

Sintschenko, S. / *Gasarjan*, B.: Anfechtbare und nichtige Rechtsgeschäfte in der Praxis des Unternehmertums, Chosjajstwo i Prawo 2/1997/120

Smirnowa, W. D.: Über Probleme bei der Durchführung des Föderationsvertrages, Gosudarstwo i Prawo 12/1993/13

Sokolow, W.: Es läuft die zweite, die Geldetappe der Privatisierung, Shurnal dlja Akzionerow 5/1995/7

Solowej, Ju. P.: Das russische Polizeirecht, Geschichte und Gegenwart, Gosudarstwo i Prawo 6/1995/75

Solowewa, L.: Über einige Fragen im Zusammenhang mit der Entscheidung von Sachen in der Kassationsinstanz, Chosjajstwo i Prawo 1/1997/125

Sork, D.: Wie man Ersatz für materiellen und moralischen Schaden erhält, Sakon 4/1997/61

Studenikina, M.: Die Verwaltungsgerichtsbarkeit: Welchen Weg soll man in Rußland wählen? Rossiskaja Justizija 5/1996/35

Suchanow, Je. A.: Juristische Personen, Sozialistitscheskoje Gosudarstwo i Prawo 11/1991/43

- Objekte des Eigentumsrechts, Sakon 4/1995/94

Literaturverzeichnis

Syrodojew, N. A.: Das Recht auf den Boden: Gestern und heute, Sakon 11/1995/89

Tichomirow, Ju. A.: Normenkollision, Macht und Rechtsordnung, Gosudarstwo i Prawo 1/1994/3
- Die rechtliche Regulierung der wirtschaftlichen Sphäre durch die Subjekte der Föderation, Prawo i Ekonomika 21-22/1994/145

Torkanowski, E.: Finanz-Industrie-Gruppen. Perspektiven und Probleme, Chosjajstwo i Prawo 4/1996/48 und 5/1996/28

Tschubajs, A.: Nach der Scheckprivatisierung: Wie geht es weiter? Panorama Priwatisazii 11/1994/3

Ustjukowa, W.: Kaufverträge über Grundstücke, Rossiskaja Justizija 3/1996/9

Wasilew, D.: Pachtbeziehungen und Privatisierung, Sakon 10/1994/86

Wasilewa, M. I.: Juristische Aspekte der Teilnahme von Bürgern am Umweltschutz, Gosudarstwo i Prawo 5/1995/128

Westnik Wysschtschewo Arbitrashnowo Suda, Redaktionsbeitrag, Über die Arbeit der Wirtschaftsgerichte der Russischen Föderation in den Jahren 1995 bis 1996, Westnik Wysschtschewo Arbitrashnowo Suda 4/1997/131

Winogradow, Ju. P. / *Kusmitsch*, N. A. / *Nasarewski*, P. D.: Die Bestimmung von ökologischen Krisengebieten auf dem Territorium der Russischen Föderation und ihre gesetzgeberische Ausarbeitung, Gosudarstwo i Prawo 4/1995/73

Witrjanski, W. W.: Das System der Wirtschaftsgerichte arbeitet, Chosjajstwo i Prawo 3/1993/3
- Eigentumsstreitigkeiten, Sakon 9/1993/86
- Die Reorganisation und Liquidierung juristischer Personen: Die Sorge um die Interessen der Gläubiger, Sakon 3/1995/98
- Einige Arten schuldrechtlicher Verpflichtungen, Chosjajstwo i Prawo 1/1996/4

Wlassow, W. I.: Der soziale Schutz unter den Bedingungen des Unternehmenskonkurses, Gosudarstwo i Prawo 4/1995/48

Wolkow, G.: Zahlungen für Umweltverschmutzung: Wer ist der Zahlende? Chosjajstwo i Prawo 1/1998/74

Wolowitsch, W. F.: Organisationsrechtliche Probleme des Umweltschutzes, Westnik Moskowkowo Uniwersiteta 1/1996/18

V. Russische Zeitungsartikel

Bakschinskaja, W.: Der Zessionsvertrag (die Forderungsabtretung), Ekonomika i Shisn 24/1997/21

Bashanowa, A.: Probleme der Ökonomie und des Rechts bei der Arbeit der Steuerinspektion, Ekonomika i Shisn 19/1995/16

Belousow, A.: Neues bei der Vollstreckung gerichtlicher Entscheidungen und bei der Sicherstellung der Tätigkeit der Gerichte, Ekonomika i Shisn 33/1997/19

Braginski, M.: Schuldrecht, Ekonomika i Shisn 23/1995/9

Bulygin, A.: Wie ein Ausländer in Rußland Eigentümer wird, Ekonomika i Shisn 8/1995/25 und 10/1995/25

Bunitsch, P.: Privatisierung: der Übergang von der Quantität zur Qualität, Ekonomika i Shisn 3/1997/11

- Privatisierung: Die neue Ordnung, Ekonomika i Shisn 29/1997/28

Burkow, S.: Die Version des Gesetzgebers, Ekonomika i Shisn 44/1995/6

Demuschkina, E.: Die Schaffung eines Systems bargeldloser Wertpapiere in Rußland: Rechtliche Aspekte, Ekonomika i Shisn 26/1995/15

Denisow, S.: Die wesentlichen Vertragsbedingungen, Ekonomika i Shisn 11/19998/21

Dolbanow, W., Der ausländische Investor auf dem russischen Markt, Ekonomika i Shisn 44/1995/42

Ekonomika i Shisn, Redaktionsbeitrag, Eigentum. Ergebnisse der Privatisierung, Ekonomika i Shisn 19/1996/12

Ekonomika i Shisn, Redaktionsbeitrag, Finanz-Industrie-Gruppen, Ekonomika i Shisn 50/1995/23

Fachrutdinowa, N.: Von der Pacht zum Eigentum - ein Schritt? Ekonomika i Shisn 3/1994/11

Literaturverzeichnis

Falkowitsch, M.: Der Arrest von Geldmitteln des Beklagten als Maßnahme des einstweiligen Rechtsschutzes, Ekonomika i Shisn 20/1997/19

Fetisow, A.: Der Schutz der Rechte der Aktionäre, Ekonomika i Shisn 10/1995/6

Figurowski, N.: Die Unvollendeten - Plus und Minus, Ekonomika i Shisn Moskowski Wypusk 22/1996/9
- Die Privatisierung von Gosstrach, Ekonomitscheskaja Nedelja 20/1997/5

Filosofow, L.: Sind die Unternehmen zahlungsunfähig? Nein, die Kriterien sind unzureichend, Ekonomika i Shisn 13/1995/6

Golubew, W.: Nur ein kluger Verwalter kann ein Unternehmen vor dem Konkurs retten, Ekonomika i Shisn 27/1995/24

Jakowlewa, I.: Grundstücke im rechtlichen Vakuum, Ekonomika i Shisn 48/1994/1
- Wann kommt ein effektiver Eigentümer? Ekonomika i Shisn 19/1995/1

Jusbekow, S.: Die Privatisierung in Dagestan: Die Suche nach optimalen Lösungen, Ekonomika i Shisn 7/1997/25

Kisilowa, L.: Die Paradoxa der Kohlereform oder wo sind die Gelder der Weltbank? Ekonomika i Shisn 49/1996/12

Kitajew, I.: Finanz-Industrie-Gruppen: Der Status gewährt keine Vergünstigungen, doch er eröffnet die Möglichkeit zum Wachstum, Ekonomika i Shisn 1/1997/10

Koblinskaja, L.: Die Privatisierung im Spiegel der Statistik, Ekonomika i Shisn 40/1996/6

Koch, A.: Privatisierung: Gibt es keinen Weg zurück? Ekonomika i Shisn 10/1996/6

Komitee zur Verwaltung des Staatsvermögens, Mitteilung, Das Bodenrecht. Überblick über die Gesetzgebung für die Monate Juli - August 1995, Ekonomika i Shisn 35/1995/26

Kommersant Daily vom 18. August 1995, Die Gruppe "Menatep" konkurriert mit den "Roten Direktoren"

Literaturverzeichnis

Kommersant Daily vom 28. März 1996, Die Gerichte haben das Unternehmen Russischer Bernstein zerstört

Konow, Ju.: Der Preis für Know-how, Ekonomika i Shisn 51/1994/18

Koslow, S. / *Jaurow*, S.: Erwerben Sie, sparen Sie, doch verletzen Sie nicht das Gesetz, Ekonomika i Shisn 19/1997/20

Kulikow, W.: Die Moskauer Privatisierung: Ein besonderer Kurs oder ein allgemeines Prinzip? Ekonomika i Shisn 24/1995/30

Kurennoj, A.: Die rechtliche Regelung der Arbeitsbeziehungen in der Aktiengesellschaft, Ekonomika i Shisn 9/1994/22

Majkowa, L.: Konfliktsituationen beim Verkauf von gewerblich genutzten baulichen Anlagen, Ekonomika i Shisn 30/1995/8

- Probleme der Immobilienprivatisierung, Ekonomika i Shisn 32/1995/8

Margolin, M. / *Osipenko*, O.: Die Aktionärsversammlung im Prisma des Privatisierungsprogramms, Ekonomika i Shisn 14/1994/9

Maximowski, M.: Verstöße gegen das Steuerrecht - Sanktionen sind unvermeidbar, Ekonomika i Shisn 6/1997/19

Melnitschenko, S.: Moskau hat den vorletzten Schritt zum privaten Grundstückseigentum getan, Ekonomika i Shisn 24/1995/16

Michailin, W.: Privatisierung auf kasanisch, Rossiskaja Gaseta vom 10. August 1994, S. 6

Muchatschow, W.: Die Sieger von Investitionsausschreibungen werden nicht gerichtet, Ekonomika i Shisn 47/1996/7

Nesterowa, S. / *Tkatschenko*, N.: Der Unternehmenskonkurs, Ekonomika i Shisn 30/1994/3

- Fragen der Organisation der Exekutive in den Subjekten der Russischen Föderation, Ekonomika i Shisn 44/1994/22

Nikolajew, N.: Die Privatisierung ist bei den unter Denkmalsschutz stehenden Gebäuden angelangt, Ekonomika i Shisn Moskowsky Wypusk 36/1995/8

Nowoselowa, L.: Die Abbuchung von Mitteln von einem Bankkonto, Ekonomika i Shisn 48/1996/32

Literaturverzeichnis

Orlow, S.: Gibt es einen zivilisierten Markt in Tatarstan? Ekonomika i Shisn 7/1994/20

Osipenko, O.: Die Investitionsausschreibung: Probleme der Verbesserung der rechtlichen Regelungen, Ekonomika i Shisn 38/1994/11

Paskal, A.: Zu Investitionen durch den Konkurs, Ekonomika i Shisn 16/1995/26

Polkowa, T. / *Krylowa*, L.: Spezialauktionen: Nicht nur die Ölholdings haben sich verrechnet, Ekonomika i Shisn 52/1995/33

Puchowa, M.: Immer noch die unverständlichen immateriellen Aktiva, Ekonomika i Shisn 6/1995/11

Ratschkow, B. / *Prudnikowa*, T.: Die Rüstungsindustrie und der Markt, Ekonomika i Shisn 20/1996/25

Rebelski, N.: Antimonopolkontrolle auf dem russischen Wertpapiermarkt, Ekonomika i Shisn 23/1994/16

Rogow, W.: Wie man Schwierigkeiten beim Grundstückskauf vermeiden kann, Ekonomika i Shisn 33/1996/22

Rossiskaja Gaseta vom 26. Juli 1994, S. 1, Redaktionsbeitrag, Nachwort zum Dekret

Sajzew, A.: Eine Privatisierung um der Privatisierung willen wird es nicht geben, Ekonomika i Shisn 39/1996/12

Schachraj, S.: Vor uns steht eine Etappe der Wiedergeburt, Rossiskaja Gaseta vom 30. November 1994, S. 1

Schapkina, G.: Der gerichtliche Schutz der Aktionärsrechte, Ekonomika i Shisn 20/1997/19

Schuwalowa, Je.: Der Boden bleibt zumindest noch einen Monat umsonst, Ekonomika i Shisn Moskowsky Wypusk 32/1996/1

- Die Häkchen von Koch, Ekonomitscheskaja Nedelja 18/1997/6

Seliwanowskaja, W.: Die Ausschreibungsteilnehmer werden zur Ordnung gerufen, Ekonomika i Shisn 27/1996/5

Sergewnin, S.: Das Eigentum erhielt einen Verteidiger, Ekonomika i Shisn 24/1995/26

Sokolow, W.: Die Unternehmen denken immer mehr über die Kapitalisierung ihrer Aktien nach, Ekonomika i Shisn 25/1995/1

Suchanow, E.: Über die Privatisierung, Ekonomika i Shisn 17/1995/9

Tartanow, Ju.: Die Privatisierung: Im Aktiv - der entgangene Gewinn, Ekonomika i Shisn 7/1997/1

Tichomirow, Ju.: Wie soll das Bundesvermögen verwaltet werden? Ekonomika i Shisn 14/1994/21

Tschernjawski, A.: Über den Tausch von Aktien der Menatep Bank gegen die Aktien von Industrieunternehmen, Expert 10/1996/22

Witrjanski, W.: Die Privatisierung in der Praxis des Wirtschaftsgerichts, Ekonomika i Shisn 3/1994/22
- Widersprüche in der Gesetzgebung, Ekonomika i Shisn 7/1994/22
- Insolvenz: Erwartungen und Realität, Ekonomika i Shisn 49/1994/22
- Die Liquidierung juristischer Personen, Ekonomika i Shisn 14/1995/3
- Die Paradoxa der Normsetzung: Das Gesetz sollte für alle gleich sein, Ekonomika i Shisn 48/1996/4

VI. Deutsch- und englischsprachige Monographien

Beisel, W. / *Klumpp*, H.: Der Unternehmenskauf, 2. Auflage, München 1991

Boguslawski, M.: Die Rechtslage ausländischer Investitionen in den Nachfolgestaaten der Sowjetunion, München 1993

Brunner, G. / *Schmid*, K. / *Westen*, K.: Wirtschaftsrecht der osteuropäischen Staaten, Baden-Baden 1991

Brunner, G. (Hrsg.): Politische und ökonomische Transformation in Osteuropa, Berlin 1996

Clarke, Th. (Hrsg.): International Privatisation, Berlin - New York 1994

Claudy, P.: Der Privatisierungsprozeß in Rußland, Wiesbaden 1995

Dallago, B. / *Ajani*, G. / *Grancelli*, B. (Hrsg.): Privatisation and Entrepreneurship in Post-Socialist Countries, New York 1992

Frydman, R. / *Rapaczynski*, A. u. a. (Hrsg.): The Privatization Process in Russia, Ukraine and the Baltics, London 1994

Literaturverzeichnis

Götz, H.: Allgemeines Polizei- und Ordnungsrecht, 11. Auflage, Göttingen 1993

Heidemann, Th.: Unternehmenshaftung in Rußland, Karlsruhe 1994 (zugleich Dissertation Passau 1993)

Holzapfel, D. / *Pöllath*, M.: Der Unternehmenskauf, München 1992

Herr, H. / *Westphal*, A. (Hrsg.): Transformation in Mittel- und Osteuropa - Makroökonomische Konzepte und Fallstudien, Frankfurt - New York 1993

Hölscher, J. / *Jacobsen*, A. / *Tomann*, A. / *Weisfeld*, H.: Bedingungen ökonomischer Entwicklung in Zentralosteuropa, Band II, Marburg 1994, Band IV, Marburg 1996

Krüßmann, Th.: Privatisierung und Umstrukturierung in Rußland, Dissertation Hamburg 1997

Offe, C.: Der Tunnel am Ende des Lichts. Erkundungen der politischen Transformation im Neuen Osten, Frankfurt am Main - New York 1994

Picot, G.: Kauf und Restrukturierung von Unternehmen, München 1995

Roggemann, H. (Hrsg.): Eigentum in Osteuropa, Berlin 1996

Roggemann, H. / *Kuss*, K.-J.: Unternehmensumwandlung und Privatisierung in Osteuropa, Berlin 1993

- Wirtschaften und Investieren in Osteuropa, Berlin 1994

Roggemann, H. / *Sundhaussen*, H. (Hrsg.): Umgestaltungsprozesse in den postsozialistischen Ländern, Multidisziplinäre Abhandlungen des Osteuropa-Instituts der Freien Universität Berlin, Berlin 1996

Rüster, L. (Hrsg.): Markt Rußland: Wirtschaftsbeziehungen, Freiburg - Berlin 1993

Siebert, H. (Hrsg.): The Transformation of Socialist Economies, Tübingen 1992

Smit, H. / *Pechota*, V. u. a. (Hrsg.): Privatization in Eastern Europe: Legal, Economic and Comparative Aspects, Dordrecht 1994

Svejnar, J.: The Czech Republic and Economic Transition in Eastern Europe, San Diego - New York - Boston - London u. a. 1995

Thieme, H.-J.: Privatisierungsstrategien im Systemvergleich, Berlin 1993

Wardomski, L.: Wirtschaftsbeziehungen zwischen Zentrum und Regionen in Rußland, Berichte des Bundesinstituts für ostwissenschaftliche Studien, Heft 18/1994

Wölk, T.: Wirtschaftsgerichtsbarkeit in der Russischen Föderation, Berlin 1997

VII. Deutsche Kommentare

Breidenbach, S. (Hrsg.): Handbuch Wirtschaft und Recht in Osteuropa, Band II, Loseblattsammlung, Stand März 1996, München

Gähler, E. / *Buddendiek*, H.: Kommentar zum Ordnungswidrigkeitengesetz, 11. Auflage, München 1995

Kühn, R. / *Kutter*, H. / *Hofmann*, R.: Kommentar zur Abgabenordnung, 16. Auflage, Stuttgart 1990

Münchner Kommentar zum BGB, Band 2, 3. Auflage, München 1994, Band 3, 3. Auflage, München 1995

Palandt, O.: Bürgerliches Gesetzbuch, Kommentar, 54. Auflage, München 1995

Solotych, S.: Das Zivilgesetzbuch der Russischen Föderation. Erster Teil, Baden-Baden 1996

Staudinger, Kommentar zum Bürgerlichen Gesetzbuch, §§ 433-580a, 12. Auflage, Berlin 1978

VIII. Deutsch- und englischsprachige Zeitschriftenaufsätze

Baller, O.: Publizität und Geheimhaltung in Rußland, Recht in Ost und West 1997, S. 93

Bauer, A.: Rechtliche Grundlagen eines sich entwickelnden Kapitalmarktes in der Russischen Föderation, Wirtschaft und Recht in Osteuropa 1994, S. 459

Literaturverzeichnis

Beljajew, S.: Die neuen Rechtsgrundlagen der Beziehungen zwischen der Russischen Föderation und Tatarstan, Osteuropa 1995, S. 121

Butler, W.: Russian Law Narrows the Title Gap, East European Business Law 3/1993/13

Central European 10/1993/45, Why Russian Companies Face the Threat of Takeover

Central European 9/1995/70, How to Buy a Russian Company

Fochler, M. / *Raabe*, Ch.: Grundstücke als Mittel der Kreditsicherung in der Rußländischen Föderation, WGO Monatsschrift für osteuropäisches Recht 1995, S. 165

Giemulla, E. / *van Schyndel*, H. / *Kexel*, Th.: Die Besonderheiten der Privatisierung im Transportwesen in der Russischen Föderation, Recht in Ost und West 1994, S. 41

Gutbrod, M.: Das Kaufrecht nach dem russischen Zivilgesetzbuch, Wirtschaft und Recht in Osteuropa 1996, S. 330

Heger, S.: Aktuelle Arbeitsgesetzgebung in Rußland, Recht der internationalen Wirtschaft 1993, S. 463

Heidemann, Th.: Umwelthaftung in der Russischen Föderation, Wirtschaft und Recht in Osteuropa 1993, S. 329

Hüper, Ch.: Das neue russische Privatisierungsrecht, Wirtschaft und Recht in Osteuropa, 1995, S. 45

Informationsbrief Russia and the Other States of the CIS, Clifford Chance, Legal Update: Loans for Shares Redux, February 1996, S. 20

Kasanzew, M.: Rechtliche Probleme der Wechselbeziehung zwischen der russischen Verfassung und dem Föderationsvertrag, Osteuropa Recht 1994, S. 383

Kirkow, P.: Roulette zwischen Zentrum und Regionen. Rußlands asymmetrischer Föderalismus, Osteuropa 1995, S. 1004

Koltschin, S. W.: Ausländische Investitionen im Gebiet Tjumen, Wirtschaft und Recht in Osteuropa 1994, S. 197

Krüßmann, Th.: Zur Novelle des russischen Antimonopolgesetzes vom 25. Mai 1995, Recht in Ost und West 1996, S. 225

- Finanz-Industrie-Gruppen in der Russischen Föderation, Wirtschaft und Recht in Osteuropa 1996, S. 447

Kuhn, A.: Das unstreitige Verfahren zur Einziehung von Zahlungsforderungen, Verbandsnachrichten des Verbandes der Deutschen Wirtschaft in der Russischen Föderation 5/1997/11

Kuss, K.-J.: Neue Investitionsmechanismen in Osteuropa, Recht der internationalen Wirtschaft 1993, S. 99

Laptew, W. W.: Die Regelung der Unternehmenstätigkeit in Rußland, Recht der internationalen Wirtschaft 1994, S. 372

Lippott, J.: Die Wirtschaftsgerichtsbarkeit in der Russischen Föderation, Recht der Internationalen Wirtschaft 1996, S. 106

Long, C.: Developments in Russian Telecoms Law, International Business Lawyer 1994, S. 460

Louvard, F. / *Joffroy,* K. / *Roglew,* L.: Privatisation in Russia, International Business Lawyer 1995, S. 260

Medwedjew, A.: Der Vertrag zwischen Rußland und Tatarstan. Ein Modell für die Zukunft? Osteuropa 1994, S. A 669

Medwedjewa, G.: Arbeitsverhältnisse in der privaten Wirtschaft Rußlands, Wirtschaft und Recht in Osteuropa 1992, S. 112

Micheler, E.: Zur Unwirksamkeit von Rechtshandlungen im Rahmen der Privatisierung in der Russischen Föderation, Osteuropa Recht 1994, S. 139

Mindach, Ch.: Vertragsabschluß nach dem neuen russischen Zivilrecht, Recht in Ost und West 1995, S. 159

Moecke, H.-J.: Stand der Privatisierung in Osteuropa, Recht der internationalen Wirtschaft 1996, S. 24

Moguilewskaja, G. / *Meinel,* J.: Post-Voucher-Privatisierung in Rußland und Beteiligung ausländischer Investoren, Wirtschaft und Recht in Osteuropa 1995, S. 91

Müller, M.: Kapitalerhöhung bei russischen Aktiengesellschaften, Wirtschaft und Recht in Osteuropa 1996, S. 284

Opitz, P.: Die Privatisierung der russischen Rüstungsindustrie, Osteuropa 1995, S. 150

Literaturverzeichnis

Osteuropa-Themen, Deutsche Bank Research, Nr. 260 vom 2. August 1996

Ostwirtschaftsreport, Nr. 23 vom 8. November 1996, Rechtspanorama Rußland: Neue und bevorstehende Regelungen

Puschkarewa, S. / Kullmann, A.: Überblick über die Änderungen im russischen kollektiven Arbeitsrecht, Wirtschaft und Recht in Osteuropa 1996, S. 292

Puseizer, E.: Arbitragegerichte in Rußland, Wirtschaft und Recht in Osteuropa 1994, S. 149

Rau, S.: Jüngste Entwicklungen des russischen Privatisierungsrechts und erste Ergebnisse seiner Anwendung, Wirtschaft und Recht in Osteuropa 1994, S. 11

Roggemann, H.: Unternehmensumwandlung und Privatisierung in Osteuropa, Recht in Ost und West 1992, S. 36

- Wandel der Eigentumsordnung in Osteuropa, Recht in Ost und West 1993, S. 321
- Privatisierungsinstitutionen in Ost und West, Recht in Ost und West 1994, S. 113
- Zum Verhältnis von Eigentum und Privatisierung in den postsozialistischen Ländern, Recht in Ost und West 1996, S. 89

Schachraj, S.: Drei Grundprinzipien für ein neues Rußland, Osteuropa 1994, S. A 669

Schaer, M.: Investment in Russian Securities, International Business Lawyer 1995, S. 33

Schmitt, H. / Weber, A.: Zum Inkrafttreten des Zweiten Teils des russischen ZGB, Wirtschaft und Recht in Osteuropa 1996, S. 86

Schrader, C.: Neueste Reformansätze im russischen Arbeitsrecht, Recht in Ost und West 1993, S. 225

Schramm, T.: Scheckprivatisierung und spezialisierte Scheckinvestitionsfonds in der Russischen Föderation, Osteuropa Recht 1994, S. 278

Schroeder, F.-Ch.: Die russische Staatsanwaltschaft kämpft um ihren Besitzstand, Wirtschaft und Recht in Osteuropa 1994, S. 290

- Die außerprozessuale Tätigkeit der Staatsanwaltschaft in Rußland, Wirtschaft und Recht in Osteuropa 1995, S. 155
- Gerichte und Richter in Rußland, Wirtschaft und Recht in Osteuropa 1995, S. 161

Struyck, R. J. / *Daniell*, J.: Housing Privatisation in Urban Russia, The economics of Transition 1995, Vol. 3, No. 2, S. 197

Thiemrodt, I. / *Seider*, R.: Neueste Entwicklungen im russischen Privatisierungsrecht, Wirtschaft und Recht in Osteuropa 1993, S. 5

Tretjak, S.: Zur Zuständigkeit für Verwaltungsstreitigkeiten ausländischer Investoren in Rußland, Wirtschaft und Recht in Osteuropa 1997, S. 409

Trunk, A.: Anfänge eines russischen Insolvenzrechts, Wirtschaft und Recht in Osteuropa 1992, S. 279

- Die neue Verfassung Rußlands als Wirtschaftsgrundgesetz, Wirtschaft und Recht in Osteuropa 1994, S. 33

v. Twickel, K.: Unternehmensgründung und Unternehmensbeteiligung durch einen ausländischen Investor in Rußland, Wirtschaft und Recht in Osteuropa 1993, S. 9

IX. Deutsch- und englischsprachige Zeitungsartikel

Blick durch die Wirtschaft vom 14. Februar 1996, Privatisierungen vor Gericht

Frankfurter Allgemeine Zeitung vom 7. August 1996, Der russische Aktienmarkt wird zunehmend interessanter

Frankfurter Allgemeine Zeitung vom 25. April 1997, Rechtliche Unsicherheit birgt Risiken

Frankfurter Allgemeine Zeitung vom 1. November 1997, Die "Neue Iswestija" will es besser machen als die alte, aber ihre Geldgeber will sie nicht verraten

Moscow Times vom 22. März 1994, Cargo Firm Prospers after Its Privatization Battle

Literaturverzeichnis

Moscow Times vom 5. April 1994, Enterprises Finally Start to Buy Industrial Land

Moscow Times vom 26. Juli 1994, Privatization Decree Disregards Duma

Moscow Times vom 15. August 1995, Tenders to Be Phased out

Moscow Times vom 24. November 1995, Bank Plans to Sue over Norilsk Tender

Moscow Times vom 30. November 1995, 3 Banks Blast Yukos Share Sale Terms

Moscow Times vom 19. Dezember 1995, Loans for the Sharks?

Moscow Times vom 10. Januar 1996, STET Still Hopes to Connect

Moscow Times vom 12. Januar 1996, Russia Seeks Recourse on Failed STET Deal

Moscow Times vom 18. Januar 1996, Key Sectors Lag in East Europe Sell-Off Sweeps

Moscow Times vom 13. Februar 1996, Nickel for a Dime?

Moscow Times vom 28. Februar 1996, Court Nixes Norilsk Nickel Auction Suit

Mocow Times vom 12. März 1996, Paper Tiger: Bratsk's Model Turnaround

Moscow Times vom 14. März 1996, State Considers Quick Rosneft Sale

Moscow Times vom 17. März 1996, First Gazprom Shares Sold at Auction

Moscow Times vom 19. März 1996, Insider Banks Rebuild the Soviet Monopolies

Moscow Times vom 20. März 1996 State Mulls Reversal on Sell-Offs

Moscow Times vom 21. März 1996, Yeltsin Moves to Forestall Nationalization

Moscow Times vom 2. April 1996, Panel Sees No Reversal of Sell-Offs

Moscow Times vom 20. April 1996, Norilsk Drops Suit Contesting Auction

Moscow Times vom 26. April 1996, Court Says Firm' s Sale Not Legal

Literaturverzeichnis

Moscow Times vom 30. April 1996, Russia's First Foreign Investment Pioneers

Moscow Times vom 7. Mai 1996, Investor to Lose Stake in Textile Factory

Moscow Times vom 24. Mai 1996, Arbitration Court Inundated with Tender Reviews

Moscow Times vom 1. Juni 1996, State to Sell Shares in Oil Firms, Prize Blue-Chips

Moscow Times vom 16. Juli 1996, The Great Boardroom Revolution

Moscow Times vom 18. Juli 1996, Owners Steamed in War for Smelter

Moscow Times vom 19. Juli 1996, Privatization Back in Vogue in Yeltsin's Kremlin

Moscow Times vom 23. Juli 1996, Court Backs Verdict on Textile Firm Stakes Sale

Moscow Times vom 23. Juli 1996, Sibneft Sale Ruled Valid

Moscow Times vom 24. Juli 1996, Farm Bank Returns to State's Fold

Moscow Times vom 6. August 1996, Showdown Looming over Privatization

Moscow Times vom 17. August 1996, UES Wants State to Keep Control

Moscow Times vom 20. August 1996, Freeing Factories of Social Burdens

Moscow Times vom 23. August 1996, Russia Plans to Close 34 Coal Mines

Moscow Times vom 30. August 1996, LUKoil to Offer 15 Percent Stake

Moscow Times vom 31. August 1996, Banks Likely to Keep Shares

Moscow Times vom 31. August 1996, Government Must Collect for Its Shares

Moscow Times vom 4. September 1996, Revenue Shortfall Poses Policy Puzzle

Moscow Times vom 4. September 1996, Transneft Plans Stock Shift

Literaturverzeichnis

Moscow Times vom 11. September 1996, Decree Extends Energy Control

Moscow Times vom 13. September 1996, Interros Oil Wins Stake in Sidanko

Moscow Times vom 14. September 1996, Foreign Investors Sought with 15 % Sibneft Stake

Moscow Times vom 21. September 1996, Interros Oil Wins Stake in Sidanko

Moscow Times vom 21. September 1996, Firm Buys Sibneft Stake with $45 Million Bid

Moscow Times vom 21. September 1996, UES Aims Bond Sale at Foreign Buyers

Moscow Times vom 24. September 1996, Red-Carpet Treatment Pays off for Tatarstan

Moscow Times vom 16. November 1996, Analysts Take Pulse of Svyaz Plans

Moscow Times vom 16. November 1996, Surgut Says Share Dilution Was Legal, Safe

Moscow Times vom 20. November 1996, State Shunning Anti-Monopoly Policies

Moscow Times vom 27. November 1996, British Garment Maker Wins Bolshevichka Restraint Order

Moscow Times vom 29. November 1996, Privatization on Track without Foreign Banks

Moscow Times vom 30. November 1996, Oil Share Auction Set

Moscow Times vom 11. Dezember 1996, Uneximbank Likely Sidanko Buyer

Moscow Times vom 24. Dezember 1996, "Managed" Yukos Stake Fetches $160M

Moscow Times vom 24. Dezember 1996, UES Selloff Set Despite Protest

Moscow Times vom 16. Januar 1997 UES Stake Sold off to Gazprom Group

Moscow Times vom 29. Januar 1997, Property Fund Sets Criteria for Bidders on Surgut Stake

Moscow Times vom 7. Februar 1997, Government Names Stakes to Be Offered

Moscow Times vom 12. Februar 1997, Tuva Highlights Constitutional Conflicts

Moscow Times vom 20. Februar 1997, Yukos Cedes Control to Rosprom

Moscow Times vom 26. Februar 1997, Obscure Pension Fund Snaps up Surgut Shares

Moscow Times vom 5. März 1997, Funding Woes Plague Russian Airports

Moscow Times vom 6. März 1997, Tax Debtors Ordered to Hand over Stakes

Moscow Times vom 11. März 1997, Charged Deregulation Battle Centers on UES

Moscow Times vom 27. März 1997, Property Committee Joins Novolipetsk Suit

Moscow Times vom 17. April 1997, Metals Investors in Court

Moscow Times vom 8. Mai 1997, Tatarstan Passes Oil Gas Law

Moscow Times vom 8. Mai 1997, Novolipetsk Round One to Investors

Moscow Times vom 12. Mai 1997, Sibneft Bid: Real or Done Deal?

Moscow Times vom 13. Mai 1997, Uneximbank Decries Sibneft Sale

Moscow Times vom 22. Mai 1997, Judge Again Rules Against Novolipetsk

Moscow Times vom 30. Mai 1997, Investor Wins Pave Way for More Rights Lawsuits

Moscow Times vom 31. Mai 1997, Reformer Brevnov Takes Helm at UES

Moscow Times vom 4. Juni 1997, Izvestia Signs Peace Deal with Lukoil

Literaturverzeichnis

Moscow Times vom 6. Juni 1997, Star Mining Awaits Fate in Revised Gold Charter

Moscow Times vom 7. Juni 1997, Aeroflot Stock Stages Mysterious Takeoff

Moscow Times vom 7. Juni 1997, World Bank Coal Program Gets Lukewarm Reception

Moscow Times vom 14. Juni 1997, Novolipetsk Shareholders Decry Agenda Snub

Moscow Times vom 19. Juli 1997, Izvestia Ends Power Struggle with Election of New Editor

Moscow Times vom 23. Juli 1997, Bidding Underway for 38 % of Norilsk

Moscow Times vom 24. Juli 1997, Court Decision No Help to Tea Trader

Moscow Times vom 24. Juli 1997, Army Trade Houses Slated for Sell-Off

Moscow Times vom 24. Juli 1997, Privatization Pushes Russian Banks to Dig Deep

Moscow Times vom 26. Juli 1997, Rosneft Control

Moscow Times vom 26. Juli 1997, Audit Chamber Says Auction of Norilsk Violates Decrees

Moscow Times vom 26. Juli 1997, State Nets $1.9Bln from Svyazinvest Sale

Moscow Times vom 1. August 1997, MOST Asks Premier to Join Svyazinvest Battle

Moscow Times vom 1. August 1997, Potantin Reveals Aggressive Bid Plans

Moscow Times vom 2. August 1997, Svyazinvest Group Will Divide Spoils

Moscow Times vom 2. August 1997, State Gets 2 Bids for Metals Giant

Moscow Times vom 5. August 1997, Premier Calls Halt to Charged Norilsk Sale

Literaturverzeichnis

Moscow Times vom 5. August 1997, Tyumen Board Ousts Foe Hari-Kari Style

Moscow Times vom 8. August 1997, Kirovsky Factory Trades Debt for Land

Moscow Times vom 8. August 1997, Steel Mill Investors Suffer First Court Defeats

Moscow Times vom 9. August 1997, Canada's Barrick Gold Eyes Sukhoi Log

Moscow Times vom 14. August 1997, Rosneft Makes Appeal for Purneftegaz

Moscow Times vom 14. August 1997, Telecom Investors Say Deal Was Illegal

Moscow Times vom 16. August 1997, Oil Tender Pricing Formula Proposed

Moscow Times vom 16. August 1997, Yeltsin Blasts Kokh for Bias in Privatizations

Moscow Tribune vom 1. März1997, Banker vom Russian Steel

Moscow Tribune vom 14. Juni 1997, Swords Cross in Fight for Steelmaking Giant

Der Spiegel 1997, Nr. 48, S. 206, Der letzte Fehler

St. Petersburg Press vom 21. Juni 1994, Land Auction Proves a Failure

Die Zeit vom 11. Oktober 1996, Der russische Krake

Osteuropa-Institut der Freien Universität Berlin und
Deutsche Stiftung für internationale rechtliche
Zusammenarbeit e.V. Bonn (Hrsg.)

Zivilgesetzbuch der Russischen Föderation (Erster Teil) von 1994

bearbeitet und eingeleitet von Herwig Roggemann und Wilfried Bergmann

Das neue Zivilgesetzbuch der Russischen Föderation, dessen erster Teil von der Duma 1994 verabschiedet wurde, stellt – neben der Verfassung von 1993 – eine der wichtigsten Rechtsschöpfungen des russischen Gesetzgebers nach dem Ende des sowjetischen Staats- und Parteisozialismus dar. Wahrscheinlich greift die Wirkung dieser Zivilkodifikation sogar noch tiefer als die Verfassung in das Leben der Bürger ein, da sie der früheren Sowjetwirtschaft den langen Weg in die bürgerliche Gesellschaft privater Rechts- und Wirtschaftssubjekte und -objekte einer Marktwirtschaft ebnet.

Mit der vorliegenden Ausgabe setzt das Osteuropa-Institut der Freien Universität Berlin in seinem Arbeitsbereich Recht und Wirtschaft die Tradition der bearbeiteten Übersetzungen grundlegender ost-, ostmittel- und südosteuropäischer Gesetzeswerke fort. Sie ist Ergebnis der Zusammenarbeit des Osteuropa-Instituts mit der Deutschen Stiftung für internationale rechtliche Zusammenarbeit in Bonn.

Die Übersetzung versucht, einen für den deutschen Leser gangbaren Mittelweg zwischen wortgetreuer Wiedergabe und sinngemäßer Übertragung von Regelungen und Rechtsbegriffen zu finden, denn Ziel ist die Benutzbarkeit und Verständlichkeit für den mit der deutschen Rechtssprache vertrauten Leser. Zur Klärung von Zweifelsfragen sowie zur weitergehenden Erklärung wie auch zum Zweck thematischer Verweisung und Vertiefung sind Anmerkungen der Bearbeiter in den Text eingefügt worden.

*1997, 330 S., kart., 68,- DM, 496,- öS, 62,- sFr, ISBN 3-87061-527-3
(Quellen zur Rechtsvergleichung, Bd. 44)*

 BERLIN VERLAG Arno Spitz GmbH
Pacelliallee 5 · D-14195 Berlin · Tel. 030 / 841770-0 · Fax 030 / 841770-21